PROGRESSIVE PERSPEKTIVEN

Europas Sozialdemokratie in Zeiten der Krise

Edition Renner-Institut, Band 2

HerausgeberInnen der Reihe:
Karl A. Duffek, Direktor des Karl-Renner-Instituts
Barbara Rosenberg, stv. Direktorin des Karl-Renner-Instituts
www.renner-institut.at
RennerInstitut

PROGRESSIVE PERSPEKTIVEN

Europas Sozialdemokratie in Zeiten der Krise

Karl A. Duffek, Barbara Rosenberg (Hg.)

Löcker

Herstellung: General Druckerei GesmbH, Szeged
ISBN 978-3-85409-556-9

INHALT

VORWORT
Barbara Rosenberg, Karl A. Duffek 7

DEMOKRATIE UND KAPITALISMUS
Progressive Perspektive Europa:
Auf der Suche nach dem guten Populismus
Werner A. Perger 11

CHANCEN DER KRISE
Europas Volksparteien
und die Herausforderung der Demokratie
Peer Steinbrück im Gespräch 27

DAS SCHWEDISCHE MODELL
UND DIE GLOBALE FINANZKRISE
Auf der Suche nach einem neuen Anfang
Pär Nuder im Gespräch 55

GEFAHREN, ÄNGSTE, CHANCEN
Europas Sozialdemokratie
und die globalen Herausforderungen des 21. Jahrhunderts
Frank-Walter Steinmeier im Gespräch 83

DEMOKRATIE, MULTIKULTUR UND POPULISMUS
Was uns zusammenhält und was uns spaltet:
das niederländische Menetekel
Job Cohen im Gespräch 115

STRATEGIEN GEGEN DIE »POSTDEMOKRATIE«
Frauen fördern, Bildung wagen, Gleichheit schaffen

Jutta Allmendinger im Gespräch 143

AUS DER »EMPÖRUNG« LERNEN
Stresstest für Demokratie und Wirtschaft:
Was gegen den Verlust an Vertrauen zu tun ist

Brigitte Ederer und Henrik Enderlein im Gespräch 173

DIE DEMOKRATISCHE LINKE
UND DIE KRISE DES EUROPÄISCHEN PROJEKTS
Gemeinsame Perspektiven gegen populistischen
Rückschritt und nationalistischen Kleinmut

Daniel Cohn-Bendit und Hannes Swoboda im Gespräch 207

NEUE BRÜCKEN GESUCHT
Die europäische Sozialdemokratie und Amerikas *Progressives* –
Innenansichten eines transatlantischen Denkers

Norman Birnbaum 253

NACHBEMERKUNG

Karl A. Duffek 271

VORWORT

Die europäischen Demokratien stehen vor der größten Herausforderung seit dem Ende des Kalten Krieges. Weltweite Krisen und neue Konfliktlinien gefährden die ökonomische und politische Stabilität sowie den sozialen Zusammenhalt unserer Gesellschaften. Neue radikale, zum Teil nationalistische und antidemokratische Parteien gewinnen spürbaren Einfluss auf die nationale Meinungsbildung in Kernfragen der europäischen Politik. Ein Rückfall in die Politik der nationalen Egoismen wäre aber das Ende der europäischen Vision und der Verankerung des demokratischen Sozialstaatsgedankens in unseren Gesellschaften.

Wie reagieren Parteien der linken Mitte auf die Finanz- und Bankenkrise und auf neue gesellschaftliche Konfliktlinien? Wie analysieren progressive Politikerinnen und Politiker, Expertinnen und Experten das Entstehen neuer populistischer Parteien und die wachsende Skepsis gegenüber der repräsentativen Demokratie? Welche Schlussfolgerungen ziehen sie, welche Vorschläge und Visionen haben sie?

Diese Fragen standen im Zentrum einer Gesprächsreihe des Karl-Renner-Instituts, deren Ziel es war, die Konturen einer progressiven europäischen Perspektive sichtbar zu machen. Geführt wurden diese Gespräche von dem Journalisten Werner A. Perger. Die Leitlinie seiner Gesprächsführung wird durch den Titel seines Essays »Demokratie und Kapitalismus. Progressive Perspektive Europa: Auf der Suche nach dem guten Populismus« auf den Punkt gebracht. Die Dialogveranstaltungen mit Politikerinnen und Politikern, Expertinnen und Experten aus Schweden, den Niederlanden, Frankreich, Deutschland und Österreich fanden im Zeitraum von Oktober 2010 bis Oktober 2011 in Wien statt.

Der vorliegende Band dokumentiert diese Debatten. Die Aufzeichnungen wurden transkribiert und sprachlich bearbeitet. Die Gespräche mit Job Cohen und Pär Nuder wurden von Erika Obermayer aus dem Englischen ins Deutsche übertragen. Alle Texte wurden von den Gesprächspartnerinnen und Gesprächspartnern autorisiert. Ergänzt wurden sie um den schon erwähnten Beitrag von Werner A. Perger, durch einen Essay des amerikanischen Sozialwissenschaftlers Norman Birnbaum und durch eine Nachbemerkung von Karl A. Duffek. Der Beitrag von Norman Birnbaum weitet den Blick über die Grenzen Europas hinaus, er beleuchtet die Frage des Verhältnisses zwischen der europäischen Sozialdemokratie und den *Progressives* in den USA. Übersetzt wurde er von Wolfgang Astelbauer.

Trotz aller Unterschiedlichkeit der Zugänge und Blickwinkel, so wird doch in der Zusammenschau der Beiträge deutlich, welche Kernfragen eine progressive Politik heute beantworten und – was wohl die eigentliche Herausforderung ist – in konkrete Politikprojekte übersetzen muss. Sie muss aufzeigen, was Solidarität heute bedeutet, welche Wege es zu mehr ökonomischer und sozialer Gerechtigkeit gibt; wie sich ein funktionierender Sozialstaat mit wirtschaftlichem Erfolg verbinden lässt; wie Freiheit und Selbstbestimmung gestärkt und gleichzeitig das Bedürfnis nach Identität und Zugehörigkeit befriedigt werden können; was zur Regulierung der Finanzmärkte und zur Sicherung der finanziellen Handlungsfähigkeit der Staaten und damit ihrer Souveränität notwendig ist; und wie das Verhältnis der Bürgerinnen und Bürger zur Politik neu gestaltet und verloren gegangenes Vertrauen wieder hergestellt werden kann.

Als der britische Politikwissenschafter und Soziologe Colin Crouch, der in seinen Büchern »Postdemokratie« und »Das befremdliche Überleben des Neoliberalismus« die aktuellen Herausforderungen weitsichtig formuliert hat, im Mai 2012 in Wien zu Gast war, hat er auf die Frage, wovor er sich am meisten fürchte, geantwortet: »Dass die Macht des Neoliberalismus und die Versuchung des Rassismus zusammen die realistischen, praktischen Alternativen für eine kräftige Wirtschaft und eine gute Gesellschaft, die wir mit wohlstrukturierten Sozialstaaten und Arbeiterbewegungen bauen können, unsichtbar machen. (…) Der größte Feind ist jene Art von Pessimismus, der uns unfähig macht.«

Diesem Pessimismus entgegenwirken will die Publikation der Gesprächsreihe »Progressive Perspektiven«. In den mitunter sehr persönlichen Reflexionen werden nicht nur Erfahrungen und Probleme aufgezeigt, sondern auch Schlussfolgerungen und damit eine Reihe von realistischen und praktischen Alternativen.

Besonders bedanken möchten wir uns an dieser Stelle bei Werner A. Perger – nicht nur für die Konzeption und Durchführung der Gespräche und die Redaktion der Texte, sondern auch für die inspirierende Zusammenarbeit im Rahmen der unterschiedlichen Module des Gesamtprojekts. Für das professionelle Projektmanagement der Dialogreihe bedanken wir uns bei Nina Abrahamczik und für die umsichtige Unterstützung der Buchproduktion bei Christine Eichinger.

Ein großes Danke gilt auch all jenen, die sich im Rahmen der öffentlichen Veranstaltungen an den Diskussionen beteiligt und ihre Erfahrungen, Ideen und Vorschläge eingebracht haben – den Referentinnen und Referenten ebenso wie den Teilnehmerinnen und Teilnehmern der lebhaften Gespräche. Denn nur in einer breiten, öffentlichen und offenen Debatte kann progressive Politik die Diskurshoheit in Europa zurückgewinnen und ihren Beitrag zur Stabilisierung und Weiterentwicklung der sozialen und politischen Demokratie leisten.

Barbara Rosenberg
Karl A. Duffek
Wien, Dezember 2012

DEMOKRATIE UND KAPITALISMUS

Progressive Perspektive Europa: Auf der Suche nach dem guten Populismus

Werner A. Perger

»Bis vor kurzem war es einfach: Man war Demokrat und Europäer. Heute ist das längst nicht mehr selbstverständlich.«
Geert Mak, »Was, wenn Europa scheitert«[1]

»Demokratie setzt den gebildeten Citoyen voraus. Wenn dieser gegen die von Massenmedien organisierten Hetzmassen nicht mehr mehrheitsfähig ist, wird Demokratie gemeingefährlich.«
Robert Menasse, »Der europäische Landbote«[2]

Die beiden europäischen Autoren, aus den Niederlanden der eine, Österreicher der andere, beschäftigen sich in ihren im Herbst 2012 erschienenen Büchern mit der europäischen Krise und der damit verbundene Malaise der Demokratie. Ihre Sorge gilt der Möglichkeit eines Scheiterns des großen Friedens- und Sozialprojekts Europa, mit dem dessen Gründergeneration hehre Ziele und große Hoffnungen verknüpfte. Nationaler Egoismus sollte künftig ausgeschlossen sein und ein gemeinsamer Markt zu konstruktiver Nachbarschaft und gemeinsamen Wohlstand führen. Der Zusammenschluss der Nachkriegsdemokratien als Garant dafür, dass sich der Wahnsinn zweier europäischer Bürgerkriege, die zu Weltkonflikten geworden waren, nicht mehr wiederholt: Das war ein sehr ehrgeiziges Vorhaben, der »wichtigste europäische Modernisierungsprozess seit der Herrschaft Napoleons zur Beginn des neunzehnten Jahrhunderts«, wie Geert Mak schreibt.

Dieses Vorhaben ist weit gediehen. Das »Modell Europa« fand globale Anerkennung, die soziale Stabilität der Alten Welt wurde weltweit beachtet und die auf einem einigermaßen gerecht verteilten Wohlstandszuwachs ruhende europäische Demokratie wurde zu einem politischen Leuchtturm innerhalb der Staatengemeinschaft. Dass der Zusammenbruch des sowjetischen Zwangssystems und die deutsche Vereinigung Ende der 1980er Jahre trotz der allgemeinen Nervosität friedlich verlaufen sind, ist der bisher vielleicht wichtigste Erfolg des europäischen Modells sanfter Machtpolitik. Insofern war der Gedanke, die Europäische Union für dieses löbliche Bemühen mit dem Friedensnobelpreis 2012 zu belohnen, nicht so abwegig, wie viele Zyniker meinten. Im Gegenteil.

Umso mehr irritiert allerdings die offenkundige Unfähigkeit der demokratischen Regierungen, die ökonomischen und finanzpolitischen Schwierigkeiten innerhalb der Union in den Griff zu bekommen und damit auch den inneren Frieden der demokratischen Gesellschaften zu gewährleisten. Sind die Regierungen zu schwach? Ist die neue »politische Klasse« Europas der Herausforderung nicht gewachsen? Versagen die Repräsentanten der klassischen politischen Parteien, aus denen die Gründer der Union gekommen waren? Oder ist es die Demokratie selbst, die angesichts der so genannten Verschuldungskrise, der sozialen Problemstellungen und auf Grund neuer politischer Konfliktlinien an ihre Grenzen stößt? Straßenschlachten in den Metropolen des südeuropäischen Krisenbogens, Hassparolen gegen den reichen Norden, vor allem die deutsche Regierung, hochmütige und nationalistisch-hämische Töne in einschlägigen Massenmedien der Wohlstandsnationen gegenüber den meistbetroffenen Völkern, voran Griechenland: Was schaukelt sich da auf? Anders gefragt: Was hat es zu bedeuten, dass neuerdings so viel an die Stimmung der 1930er Jahre erinnert und vom europäischen »Weimar« gemunkelt wird, und vom Sommer 1914, als Franzosen und Deutsche, Österreicher und Südslawen noch Urlaub machten, während in den Staatskanzleien die Strategien für den Kampf und die kontinentale Vorherrschaft bereits ausgetüftelt wurden?

Die Schwierigkeiten der demokratischen Systeme sind freilich älter als die aktuelle Finanz-, Börsen- und Bankenkrise und die sonstigen Turbulenzen des Kapitalismus. Unrund ist der demokratische Prozess schon länger gelaufen. Folgewirkungen der zunehmenden Globalisierung mit ihrer Relativierung der nationalen Unabhängigkeit der Staaten machten sich bemerkbar und damit auch Neigungen zum Abbau demokratischer Strukturen. Eine Tendenz zum »Weniger Demokratie wagen« war dementsprechend schon früher zu beobachten. Demagogische Verächter des demokratischen Parteiensystems treiben schon seit etwa einem Vierteljahrhundert ihr Unwesen. Und technokratische Kritiker der systemischen Entscheidungsprobleme der Demokratien haben keine Hemmung mehr, die Effizienz der Entscheidungsstrukturen in China oder Singapur als vorbildlich hinzustellen. Demokratie kann ungeduldig machen und müde. Und sie kann so Lust auf »Neues« wecken. So schrieb denn auch gegen Ende des 20. Jahrhunderts der deutsch-englische Denker und ehemalige FDP-Politiker Lord Ralf Dahrendorf in der *Zeit*: »Die Entwicklungen, die mit dem Stichwort Globalisierung beschrieben werden, sind ohnehin der Demokratie, wie sie im Westen seit 200 Jahren verstanden wird, nicht förderlich ... Ein Jahrhundert des Autoritarismus ist keineswegs die unwahrscheinlichste Prognose für das 21. Jahrhundert.«[3]

Vielleicht sind wir in diesem Prozess des Umbaus und Abbaus schon mitten drin, ohne das es uns besonders auffällt. Das könnte mit dem Phänomen zu tun haben, das Geert Mak in seinem Text so beschreibt: »Historische Ereignisse werden von denen, die dabei sind, selten als historisch erlebt.« Das sei auch gut so, »denn ohne die Ruhe unserer alltäglichen Beschäftigungen würden wir vor lauter Sorgen und Nervosität wahnsinnig werden«. Es ist im wirklichen Leben wie in der virtuellen Welt der Börse: Vor dem Krach wird nicht geklingelt. Wer nicht dabei ist, auf dem Parkett oder vor dem Computer, erfährt vom Crash später. Meist zu spät.

London, 15. September 2008: Der Tag, der die Welt verändern sollte, begann auch in der City nicht ungewöhnlich. Es war ein normaler Montag, der Beginn einer neuen Woche. In der Investmentbranche herrschte zwar eine latente Nervosität, aber das war inzwischen nichts Besonderes mehr, seit die amerikanische Immobilienkrise auch diesseits des Atlantiks von den Profis mit wachsender Aufmerksamkeit verfolgt wurde. Alles in allem war der 15. September insofern ein Tag wie viele andere. Vielleicht ein bisschen wie im schon erwähnten Sommer 1914.

In diese im Rückblick betrachtet ein wenig makabren Alltäglichkeit fügte sich auch der erlesene internationale Diskussionskreis ein, der auf Einladung des britischen *New Labour*-Thinktanks *Policy Network* in einer der Londoner Denkvillen zusammen gekommen war, unweit der Themse. Die Runde aus mehr oder weniger progressiven Politikbetreibern und Politikberatern, Ideologieproduzenten und Ideologiebeobachtern aus Parteizentralen, Denkwerkstätten, Stiftungen und Medien saß beisammen, um über die Lage und die Zukunft der europäischen Sozialdemokratie zu sprechen. Sich darüber Gedanken zu machen, gab es ja Grund genug.

Es war beileibe nicht das erste Treffen dieser Art und sollte erst recht nicht das letzte sein. Die Erfolgsgeschichte der demokratischen Linken innerhalb der Europäischen Union, geprägt von Mitte-Links-Wahlerfolgen in Großbritannien, Frankreich, Deutschland, den Niederlanden und in Skandinavien, war längst Geschichte. Inzwischen hatte eine Serie von Wahlniederlagen diese stolze Erinnerung an das *pink Europe*, an die rosaroten Zeiten überdeckt. Die »linke Mitte« war entsprechend krisensensibel geworden, sogar im Vereinigten Königreich, dem selbstbewussten Mutterland der neuen Reformsozialdemokratie. Hier hatte *New Labour* Ende des vergangenen Jahrhunderts die Idee des »Dritten Wegs« zwischen autoritärem Staatssozialismus und orthodoxen Marktliberalismus entwickelt. Dabei war der Dritte allerdings keineswegs ein Mittelweg gewesen, er verlief in Wahrheit vielmehr durchaus in Sicht-, Hör- und Rufweite der Neoliberalismus-Boulevards der Reagan-und-Thatcher-Ära, obwohl das keineswegs der ursprünglichen Idee des akademischen *Labour*-Lehrmeisters, Anthony Giddens, entsprach.

Der Glanz des *Third Way* war demzufolge mittlerweile auch merklich verblichen, *New Labour* wirkte nicht mehr so neu und modern wie zu Tony Blairs Startphase. Und Gordon Brown, seit 2007 im Amt, agierte mehr wie ein Abwickler, trotz aller gegenteiligen Bemühungen der Spin-Experten, die seinerzeit Blair erfolgreich zum Hoffnungsträger stilisiert hatten. Ebenso verschwunden war der Werbeeffekt der Marke »Neue Mitte« in Deutschland. Gerhard Schröder war schon Geschichte, die rot-grüne Mehrheit im größten Industriestaat Europas machte Pause. In Frankreich war der vergleichsweise unkonventionelle Konservative Sarkozy die große Nummer. In Italien gab der peinliche Berlusconi den Staatsunterhalter. Das Image der Niederlande lebte nicht mehr vom Mythos des »Polder-Modells«, das gemeinsam mit dem dänischen »*Flexicurity*«-Konzept als das Nonplusultra flexibler Arbeitsmarktpolitik gegolten hatte, nun bestimmte der anti-islamistische und mittlerweile antieuropäische Hassprediger Geert Wilders, der populistische Erbe des 2002 ermordeten legendären Pim Fortuyn, die gefühlspolitische Tagesordnung. In Schweden waren die Sozialdemokraten unversehens, jedoch nicht unverdient in der Opposition gelandet, während die rechtsradikalen »Schwedendemokraten« zum Einzug ins Parlament rüsteten (was ihnen 2009 auch gelang).

Und Spanien? Die Sozialistische Arbeiterpartei (PSOE) hatte im März zwar noch einmal die Wahl gewonnen. Das sorgte jedoch nicht wirklich für bessere Stimmung. Die Schwächen der Madrider Minderheitsregierung machten sich bereits deutlich bemerkbar. Inzwischen ist sie Geschichte.

Insofern dienten Seminare wie jenes, das am ominösen 15. September 2008 in London stattfand, in erster Linie der politischen Fehlersuche, der Analyse der Gründe für den Niedergang der Sozialdemokratie und nicht zuletzt der Selbstvergewisserung auf der Suche nach Möglichkeiten, die politische Meinungsführerschaft zurück zu gewinnen. An diesem ganz normalen Montag geschah also »Historisches«, ohne dass die Alltagsmenschen – auch die Mitglieder der politischen Diskursklasse – dessen sofort gewahr wurden. Das amerikanische Bankhaus Lehman Brothers hatte den Tag in New York mit der Erklärung seiner Insolvenz eröffnet. Geschichte geschah, ganz im Sinne der Beobachtung von Geert Mak, ohne dass die Betroffenen es sofort merkten. Das systemische Verhängnis nahm seinen Lauf. Historiker sprechen seither vom *»Lehman Moment«*: der *Crash* als Wendepunkt, politökonomisch vergleichbar den Erfahrungen von Tschernobyl oder Fukushima. Die große Illusion des finanzkapitalistischen Glaubenssatzes *Too big to fail* (zu groß, um zu scheitern) war geplatzt. Die Katastrophe, die man nie ausschließen konnte, die aber möglich war, ist geschehen.

Die ersten Nachrichten über Lehmans Fall erreichten die Smartphones im Seminarraum am Nachmittag. Zum Teil wurden sie nicht gleich gesehen, zum Teil auch in der Tragweite nicht sofort erkannt. Alarmstimmung kam jedenfalls keine auf. Die Experten diskutierten ungerührt weiter über die Zukunft der Sozialdemokratie, den europäischen *Welfarestate* und die Zuwanderung samt politischen Folgeproblemen. Die Kaffeegespräche in den Sitzungspausen der Londoner Thinktank-Gemeinde wandten sich den Neuigkeiten nur allmählich zu. Es herrschte drinnen so was wie die Ruhe neben dem Sturm, der draußen bereits tobte. Die Atmosphäre hatte, jedenfalls im Rückblick, bei dem man ungleich klüger ist, etwas Unwirkliches. Aber wer glaubt schon gern das Unglaubliche?

In Deutschland sprach Peer Steinbrück, der Sozialdemokrat, der seiner orientierungsschwachen CDU-Kanzlerin als Finanzminister der Großen Koalition den Rücken frei hielt, als Erstes davon, der Fall Lehman sei im Prinzip nur ein amerikanisches Problem. Diese Ansage griff deutlich zu kurz und galt auch nicht lange. Als Verharmlosung oder gar Unterschätzung wollte er sie freilich nicht gewertet wissen, beruhigend sollte die Botschaft wirken. Das war auch die Idee der mit Angela Merkel gemeinsam abgegebenen, durchaus risikoreichen Garantie-Erklärung für deutsche Sparguthaben, mit der er die Kunden der Banken und Sparkassen beruhigen wollte. Nur keine Panik! Bloß kein Sturm auf die Banken und Sparkassen. Alles wird gut.

Kann ja sein. Aber erst einmal machte sich in den Tagen danach die globale Reichweite der Banken- und Spekulationskrise bemerkbar. Die Einsicht sprach sich herum: Von diesem Crash geht Gefahr für alle aus. Nicht nur für Banken, Handel, und produzierendes Gewerbe. Inzwischen ist auch die demokratiepolitische Dimension der Wall-Street-Katastrophe unübersehbar. Die klassischen demokratischen Sozialstaatssysteme kämpfen ums Überleben. Es ist ein Kampf, in dem es auch um die Existenz der Demokratien geht, und um deren historische Repräsentanten, die Volksparteien.

Die Mitte-Links-Parteien der sozialdemokratischen Parteienfamilie sowie jene Mitte-Rechts-Parteien, die sich am Aufbau des Sozialstaats nach dem Zweiten Weltkrieg beteiligt hatten und sich am europäischen Einigungsprojekt mit engagiert haben, sind die wichtigsten Akteure in dieser Situation. Und die Herausforderung, der sie sich stellen müssen, ist gigantisch. Sie sind nicht nur von den Folgen der Weltfinanzkrise und von den Schachzügen der globalen Spekulation bedroht. Sie befinden sich seit geraumer Zeit in ganz Europa außerdem im Inneren ihrer Staaten im Dauerkonflikt mit neuen Gegnern der traditionellen Demokratie, die reale Fehlentwicklungen im Parteiensystem dazu nützen, mit demagogischen Kampagnen die öffentliche Unzufriedenheit zu schüren und eine Atmosphäre grundsätzlicher Demokratieverachtung zu verbreiten. Unterstützt werden die rechten Antiparteien dann noch zusätzlich von einer ebenso nationalpopulistisch engagierten Massenpresse. Dazu kommt in jüngster Zeit noch die neue Opposition auf der Straße, der soziale Aufstand der »Empörten« im Sinne des französischen Autors Stéphane Hessel. In dieser verdichteten Krisenatmosphäre gibt es für eine Politik der Vernunft und ohne übertriebene Versprechungen wenig Spielraum.

Die bedrängten Volksparteien, die obendrein noch miteinander um den Rest an Vertrauen in der Wählerschaft ringen, stehen in der vordersten Linie, wenn es darum geht, Dahrendorfs »Autoritarismus« als die eigentliche Gefahr für die Demokratie zu blockieren und zurück zu drängen. Die Tendenz zu »autoritären Verfassungen«, die der liberaldemokratische Soziologe beschrieb, ist inzwischen Teil der europäischen Wirklichkeit, zunächst in Ungarn. Das autoritäre Modell, das er skizziert, ist dem, was nun in Ungarn, dem EU-Mitgliedsland, Zug um Zug realisiert wird, gedanklich vorweggenommen. Dahrendorf: »Autoritäre Verfassungen können dauern; sie sind weder so katastrophenträchtig noch so prekär wie totalitäre Diktaturen.« Sie könnten auch länger durchhalten als demokratische Verfassungen, wenn die Demokraten nicht entschlossen genug die Herausforderung annehmen. Die Diktaturen unserer Zeit kommen nicht mehr im Gleichschritt, mit ausgestrecktem Arm und »Heil«-Sprechchören daher. Der amerikanische Journalist William J. Dobson beschreibt das recht einleuchtend so: »Ein modernen Diktator sucht nach Wegen, um die Diktatur zu erneuern, damit sie widerstandsfähig, flexibel und in gewisser Weise auch leistungsfähig bleibt.« Besonders wichtig seien dafür »unpolitische, apathische und gleichgültige Bürger«[4]. Daran herrscht in den schwächelnden Demokratien kein Mangel.

Umso drängender ist die Frage: Sind die Demokraten, sind vor allem die Sozialdemokraten für den Konflikt mit den Marktideologen und den Finanzindustriellen einerseits und der Konfrontation mit den populistischen Gegnern der klassischen liberalen Demokratie hinreichend gerüstet? Gibt es beispielsweise eine gemeinsame Bedrohungsanalyse der Demokraten, in der die Gefahr eines autoritären Wandels in unseren Gesellschaften im Sinne der Warnung Dahrendorfs ein zentraler Bestandteil ist?

Zweifel sind angebracht. Ein Jahr nach dem Erscheinen der Warnung Dahrendorfs wurde ausgerechnet in Österreich das erste Bündnis zwischen einer klassischen europäischen Mitte-rechts-Volkspartei und dem damaligen Prototyp des völkischen, sozialchauvinistischen Vulgärpopulismus, der rechtsradikalen Haider-FPÖ, gebildet. Soviel politisch-moralisches Versagen einer demokratischen Volkspartei, wie es die damalige Schüssel-ÖVP zur Jahreswende 1999/2000 und in den Jahren danach zu Tage legte, hat es bis dahin im demokratischen Europa der Nachkriegszeit nicht gegeben. Alte politische Feindschaften und persönliche Ambitionen wogen mehr als die demokratische Verantwortung für das Land. Seither ist die Hemmschwelle zur Kooperation mit rechtspopulistischen Parteien auch in anderen europäischen Demokratien merklich gesunken.

Dabei ist den Volksparteien, ob sie nun demokratisch-zivilen Umgang miteinander pflegen oder immer noch in politischer Feindseligkeit miteinander leben, ein Grundelement der gegenwärtigen Demokratieproblematik gemeinsam: der Verlust an Ansehen und Autorität, an Wählerstimmen und Mitglieder, dazu der

Mangel an begabtem Nachwuchs und charismatischen Anführern. Das sind nicht die besten Voraussetzungen, diese Herausforderungen im Sinne der bestehenden Ordnung zu bestehen. Wie also wollen die Demokraten verhindern, dass ein neuer Autoritarismus als Regierungsform des 21. Jahrhunderts politische Wirklichkeit wird? Was unternehmen sie dagegen, dass die neuen Diktatoren, die sich natürlich weiterhin »Demokraten« – oder »wahre Demokraten« – nennen werden, in den postdemokratischen Krisengesellschaften weiter einnisten und dort unter den für sie günstigen Bedingungen gesellschaftlicher Unzufriedenheit und wachsender sozialer Unrast ihre Machtbasis im Volk verbreitern und der rechtsstaatlichen liberalen Demokratie allmählich die Basis entziehen?

Die demokratischen Volksparteien werden sich dafür ändern müssen, geistig, technisch, menschlich. Aus den Denkrunden und Selbsterforschungen der Intellektuellen und Politikberater der demokratischen Linken ergibt sich ein Konsens über den dringendsten Reformbedarf, eine Aufgabenliste, die unter den hauptberuflichen Parteifunktionären (nicht nur in der Sozialdemokratie) wenig Popularität genießt: neue Formen der Kommunikation, ein neues Demokratieverständnis, eine veränderte politische Praxis im Binnenverhältnis, mehr innerparteiliche Demokratie, eine moderne Körpersprache (Selbstdarstellung) der Partei, man könnte auch sagen: eine demokratische Version von Volksnähe und Zugehörigkeit. »Brückenschlag«, sagen die niederländischen Sozialdemokraten. Im modern-modischen Beraterenglisch geht es um *Reconnecting*: um die Heimkehr an die Basis, dorthin, wo Volksparteien, die den Namen verdienen, zuhause sind, wo sie herkommen. Man könnte das auch demokratischen Populismus nennen. *Good populism*, wie die Amerikaner sagen.

In der politischen Praxis hätte, damit diese Rückkehr der Gewählten zu den Wählern möglich wird, die Rekonstruktion der schwer beschädigten Kommunikationsbrücken Vorrang. Die Demokraten müssen den Vertrauensschwund stoppen und verlorenen Kredit zurückgewinnen. Dass es immerhin möglich ist, zeigen die Wahlerfolge der Sozialisten in Frankreich und der Sozialdemokraten in den Niederlanden und ebenso der Konservativen in Griechenland.

Vertrauensarbeit heißt vor allem für die sozialdemokratischen Parteien auch, anknüpfend an eine ältere Tradition, sich stärker als bisher um die Menschen kümmern, die zur Klientel progressiver Volksparteien gehören oder gehören sollten. Das bedeutet vor allem Arbeit an der Basis, in den Gemeinden und Regionen, mehr als bisher und nicht nur mit Blick auf Stimmen bei den nächsten Wahlen. Wiederherstellung von politischem Vertrauen ist insgesamt eine längerfristige Angelegenheit. Der Erfolg hängt ab von der subjektiven Bereitschaft und vom Engagement der Involvierten, aber auch objektiv von der Effizienz der Organisation dieser Bemühung. Er hängt auch ab von der Offenheit in der Sache, sowohl in den eigenen Reihen, gerade auch gegenüber Andersdenkenden, erst recht aber gegenüber konkurrierenden Parteien, Lobbyisten, Verbänden, NGOs, nicht zuletzt gegenüber den Medien. Wer in der Sache nicht offen ist und in der Vertretung des eigenen Standpunkts nicht offensiv, der oder die hat schon verloren.

In diesem Sinne ist einer der größten Fehler der demokratischen Volksparteien der Versuch, der autoritären national-populistischen Herausforderung beim Thema Migration durch Anpassung zu begegnen, in der Hoffnung, den Nationalradikalen und Extremisten auf diese Weise das Wasser abzugraben. Der Ausweg aus dem »multikulturellen Dilemma«, wie der holländische Autor Paul Scheffer dieses steinige Terrain von Migration und Integration nennt, liegt für eine offensiv demokratische Politik, ob rechts oder der links der Mitte, nicht in der Konkurrenz um strengere Asylgesetze, höhere Mauern gegen Zuwanderer und härte Abschiebe-Regelungen. Dieser negative Wettbewerb ist gegen die ideologisch-moralische *Rollback*-Koalition, bestehend aus völkischen Rechtspopulisten, rassistischen Rechtsextremisten und opportunistischem, zu jeder nationalen Treibjagd bereitem Hetzjournalismus, nicht zu gewinnen. Dieses Spiel ist obendrein aber – nicht zu vergessen! – politisch unmoralisch.

Offensiv und ohne falsche Kompromisse müssen demokratische Politiker andererseits aber auch gegen Intoleranz, Rassismus, Rechtsverletzungen und ideologische Verfassungsfeindlichkeit aus dem Milieu der Zuwanderer auftreten. Die Angst vor dem Vorwurf, man sei »politisch inkorrekt« oder gar »rechtspopulistisch«, darf fortschrittliche und verantwortungsbewusste Demokraten nicht dazu verleiten, rechtswidriges Verhalten oder demokratiefeindliche Aktivitäten von Zuwanderern zu ignorieren, egal woher diese kommen und welcher Glaubensgemeinschaft oder Ethnie sie angehören. Auch so verliert man Vertrauen. Beides, Hetzen wie Verharmlosen, hilft den »Hasspredigern« hüben und drüben.

Ein weiteres Defizit der Politik ohne jeden Populismus ist gerade in den etablierten demokratischen Parteien die mangelnde Verbindung von Vision und Pragmatismus. Die modernen Parteien sind zwar stolz auf ihre Sachlichkeit und Nüchternheit, gerade die Sozialdemokraten haben lange und hart am Ausstieg aus traditionellen ideologischen Lehrgebäuden und vor allem Feindbildern gearbeitet. Die Konservativen ihrerseits sind in einigen Ländern heute darum bemüht, sozialer und demokratischer überzukommen, als sie es lange gewesen sind oder je sein werden. Doch heute weiß man, dass die jedenfalls äußerliche Total-Entideologisierung und inhaltliche Annäherung aneinander in der Mitte (»jenseits von links und rechts«, wie es seit Anthony Giddens gleichnamigem Buch heißt) nicht zuletzt auf Kosten von Werten und Grundüberzeugungen ging. Das wird von den Bürgern ebenfalls mit Vertrauensentzug und Abwanderung bestraft.

Was als fehlender »Ausstrahlung« oder Mangel an »Charisma« beklagt wird, liegt oft an dem technokratisch orientierten, unkreativen Pragmatismus, der in der neuen Politikergeneration stark verbreitet ist. Was fehlt ist das optimale Quantum an politischer Phantasie, das in der politischen Praxis hilft, die Menschen zu überzeugen. Man könnte es auch einen Mangel an *visionärem Pragmatismus* nennen. Beim Entrümpeln der alten Ideologievorräte war man offenkundig zu radikal. Seither ist der Politikbegriff der heute in Europa tonangebenden Generation politisch deutlich abgemagert, lebensfremd wie die Models auf den Laufstegen der Haute Couture. So sind die Demokraten den Extremismen unserer Tage nicht gewachsen und ebenso wenig den Erwartungen der ungeduldigen Bürger an die Demokratie. Vernunft und Augenmaß sind gewiss unverzichtbare Bestandteile jeder Politik, die im Geiste der Aufklärung antritt. Aber eine Perspektive von der Zukunft und eine genauere Idee, wie man wieder mehr soziale Gerechtigkeit schaffen kann, was sich dafür ändern muss und wie man das gemeinsam schaffen könnte, gehört unbedingt dazu.

Unverzichtbar dafür ist die Ebene der Gefühle und Empfindungen. »Unsere Botschaft erreicht die falschen Regionen im Gehirn der Menschen,« klagte kürzlich eine italienische Politikerin auf einer internationalen Tagung zum Dauerthema Krise der Demokratie. Sie kann sich dabei durchaus auf neuere Erkenntnisse der neurologischen Forschung berufen, die Literatur zu diesem Thema nimmt rasch zu und die politische Werbung bedient sich offenkundig daran. Auf das »*Framing*« der Botschaften käme es an, predigen die Experten. Sie müssten so aufbereitet werden, dass sie bei den Adressaten an den richtigen Stellen des kognitiven Zentrums andocken. Zuviel Wissenschaft? Mag sein. Aber es wäre gut, ein wenig mehr als bisher davon zu wissen und vielleicht zu berücksichtigen. Die Demokraten dürfen sich nicht darauf verlassen, mit Vernunft allein Mehrheiten für sich zu gewinnen. Auch ein *Popu-*

lismus der Aufklärung, der sich der Demokratie verpflichtet fühlt, ist bis zu einem gewissen Punkt eben *populistisch*.

Die notwendige Revitalisierung der liberalen Demokratie inmitten der anhaltenden systemischen Krisen ist gemeinsame Aufgabe der konservativen, liberalen und sozialen Demokraten. Natürlich bleiben sie dessen ungeachtet in der politischen Konkurrenz miteinander. Sie stehen aber auch in einer gemeinsamen Auseinandersetzung mit den beschriebenen Herausforderern der Demokratie und des Rechtsstaats, die ein anderes Ordnungs- und Herrschaftsmodell anstreben. Um der Aufgabe gewachsen zu sein, brauchen sie innere Veränderungen, von der Öffnung zu den Menschen und der Reintegration in den Alltag der Bürger bis zur Demokratisierung ihrer eigenen Strukturen, ihrer Denk- und Arbeitsweisen. Die demokratischen Gesellschaften benötigen aber auch eine stärkere Vernetzung unter einander, neue, projektbezogene Allianzen, *Coalitions Of The Willing*.

Flexibel denkende Köpfe, unideologisch, aber nicht ohne Wertvorstellungen, mit politischem Engagement und strategischem Weitblick, findet man nicht nur in demokratischen Parteien, auch wenn man manchmal geduldig suchen muss. Es gibt sie auch in den Gewerkschaften und an der Spitze moderner Betriebsräte, in Wirtschaftsverbänden und sogar in Branchenvertretungen, an der Spitze und im Mittelbau modern geführter Industriebetriebe, unter mittelständischen Unternehmern, Managern und auch Bankern, vor allem auch in den vielfältigen Organisationen der Zivilgesellschaft, nicht zuletzt in Nichtregierungsorganisationen (NGOs), soweit die sich der Demokratie, den Bürgerrechten und der sozialen Gerechtigkeit verpflichtet fühlen.

Gemeinsam sollten und könnten sie den im vergangenen Jahrzehnt geschwächten progressiven Grundkonsens über ein europäisches Modell des sozialen, ökologischen und demokratischen Kapitalismus neu begründen und aufladen. Die Diskreditierung des

»Raubtierkapitalismus« (Helmut Schmidt) und der neoliberalen *Shareholder-value*-Ideologie, die politisch bisher ohne die erhofften Folgen geblieben sind, wären für ein gesellschaftliches Umdenken und Umsteuern eine geeignete Voraussetzung. Die Idee des »Rheinischen Kapitalismus« und damit das *Stakeholder-value*-Ideal ist immer noch ein Teil des europäischen Wertekanons.

Darin steckt potenziell die politische Chance der gefährlichen Weltfinanzkrise, die Peer Steinbrück einmal eine »Zäsur« genannt hat, mit der man einen neuen Anlauf verbinden könne, einen Anlauf zur Herstellung eines neuen sozialen Konsenses der modernen Eliten. Moderne Unternehmer, verantwortungsvolle Gewerkschafter, engagierte Aktivisten aus der Zivilgesellschaft und eine visionär-pragmatische Regierung, in gemeinsamer Arbeit am Gemeinwohl – das wäre eine passable progressive Perspektive.

Es ginge dabei nicht um einen idealistischen Fortschrittspakt für alle Zeiten, eine blauäugige »Allianz für den Fortschritt« und ebenso wenig um die Fata Morgana einer ewigen Koalition der Gutwilligen. Aber die Idee eines gemeinsamen sozialen und demokratischen Entwicklungsprojekts könnte doch dazu führen, dass die demokratisch Gleichgesinnten in den bedrängten europäischen Gesellschaften ungeachtet ihrer unterschiedlichen politischen Wurzeln »ein Stück des Weges« (Bruno Kreisky) gemeinsam gehen. Die gemeinsame Idee könnte sein, die alte und schwächer gewordene europäische Demokratie – das »Modell Europa« – mit neuer Vitalität zu füllen.

Das könnte sich eine moderne Gesellschaft ja schon vornehmen, als Zukunftsprojekt für eine gesellschaftliche Koalition der Progressiven, Aufgeklärten und Demokraten: die Wiederaufnahme der mühsamen Arbeit an der Weiterentwicklung einer dynamischen Industrie-, Wissens- und Kulturgesellschaft auf der Basis sozialer Gerechtigkeit und breiter demokratischer Mitwirkung. Wie anders will man erreichen, dass die Vision der gerechten Gesellschaft ein realpolitisches Projekt wird und nicht dazu führt, dass witzelnde »Realpolitiker« Beifall heischend verlangen, jetzt müsse ein Arzt geholt werden (und sich dabei mal auf einen österreichischen, mal auf einen deutschen Kanzler berufen, Hauptsache Sozialdemokrat)? Eine bessere Welt als fortschrittliche Perspektive, warum solle das nicht vorstellbar sein?

Man kann es ja behutsamer umschreiben. Wie Geert Mak zum Beispiel, der am Ende seines flammenden Europa-Manifests seine politische Hoffnung so zusammenfasst: »Vielleicht werden wir die Dynamik und die bindende Kraft unseres europäischen, rheinischen' Modells eines abgemilderten Kapitalismus erneut erfinden, und dagegen wäre nichts einzuwenden.«

Mit dem »guten Populismus« den »guten Kapitalismus« schaffen: Damit könnte ein Beitrag dazu geleistet sein, dass die uns vertraute Form der Demokratie nicht unversehens »gemeingefährlich« wird, wie das Robert Menasse in seinen hellsichtigen Brüsseler Reflexionen befürchtet hat. Und dass es darüber hinaus alsbald wieder selbstverständlich ist, beides zugleich zu sein: Europäer *und* Demokrat.

LITERATUR

1 Geert Mak: »Was, wenn Europa scheitert«. Pantheon. München 2012.
2 Robert Menasse: »Der Europäische Landbote. Die Wut der Bürger und der Friede Europas *oder* Warum die geschenkte Demokratie einer erkämpften weichen muss«. Paul Zsolnay Verlag. Wien 2012.
3 Ralf Dahrendorf: »Die Globalisierung und ihre sozialen Folgen werden zur nächsten Herausforderung einer Politik der Freiheit. An der Schwelle zum autoritären Jahrhundert«. Die Zeit, 1997/47 http://www.zeit.de/1997/47/thema.txt.19971114.xml/
4 William J. Dobson: »Diktatur 2.0«. Karl Blessing Verlag. München 2012.

CHANCEN DER KRISE

Europas Volksparteien und die Herausforderung der Demokratie

Peer Steinbrück im Gespräch

»Neben der Borniertheit der Ideologien ist auch viel an idealistischem Ungestüm und an utopischer Kreativität über Bord gegangen. Das Ergebnis ist der Mitglieder- und Wählerschwund, den wir beobachten.«

© Walter Henisch

Peer Steinbrück, geboren am 10. Jänner 1947 in Hamburg, ist sozialdemokratisches Mitglied des Deutschen Bundestags. Am 9. Dezember 2012 nominierte ihn die SPD auf einem Sonderparteitag mit 93,45 Prozent der Delegiertenstimmen zum Kanzlerkandidaten für die Bundestagswahl 2013. In der Großen Koalition (2005 bis 2009) unter Angela Merkel (CDU) war er Bundesfinanzminister. Davor war er Ministerpräsident von Nordrhein-Westfalen (2002 bis 2005). Der studierte Ökonom hatte zwischen 1974 und 1990 in Bonn in verschiedenen Bundesministerien, im Bundeskanzleramt und im Bundestag gearbeitet, anschließend als Staatssekretär und Minister in der Landesregierung von Schleswig-Holstein. 1998 wechselte er als Wirtschaftsminister in die Landesregierung von Nordrhein-Westfalen und wurde 2000 Finanzminister.

Das Gespräch fand am 12. Oktober 2010 in Wien statt.

Werner A. Perger:
Guten Abend, meine Damen und Herren. Kommen wir gleich zur Sache. Ich werde Ihnen zum Auftakt und zum Eingewöhnen ein paar Zitate vortragen, Worte zu den aktuellen Zeitläufen, und Sie raten, von wem sie stammen:

- *»Diejenigen, die so schlau sind, dass sie nicht zur Wahl gehen, werden hinterher von Leuten regiert, die noch dümmer sind als sie.«*
- *»Die Leute dürfen von mir ruhig sagen: Was für ein Scheißtyp! Sie sollten jedoch hinzufügen: Wenigstens steht er zu dem, was er für richtig hält.«*
- *»Diejenigen, die mit Blick auf die Finanzkrise voreilig vom Licht am Ende des Tunnels gesprochen haben, müssen nun feststellen, dass das in Wirklichkeit der entgegenkommende Zug war.«*
- *»Gegen die Schweiz müssen wir nicht nur das Zuckerbrot einsetzen, sondern auch die Peitsche.«*
- *»Dass eine solche schwarze Liste, nämlich über Steueroasen, erarbeitet werden könnte, ist umgangssprachlich formuliert, die 7. Kavallerie im Fort Yuma, die man auch ausreiten lassen kann, aber die muss nicht unbedingt ausreiten. Die Indianer müssen nur wissen, dass es sie gibt.«*

Sie haben den Autor dieser kernigen Botschaften erkannt, wie ich sehe. Willkommen Peer Steinbrück, ich freue mich auf unser Gespräch.

Peer Steinbrück:
Es war sicher mühsame Arbeit, das alles zu finden und zu sammeln.

Halb so wild. DIE ZEIT in Hamburg hat eine ausgezeichnete Dokumentationsabteilung. Die Experten dort haben noch viel mehr von der Art gefunden und mir dankenswerterweise eine ganze Liste zur Verfügung gestellt. Ich hatte nur die Qual der Auswahl. Wir sind allerdings nicht hier, um über die Finanzkrise, die Schweiz, Österreich und den Umgang zwischen großen und kleinen Nachbarländern zu diskutieren, sondern wir wollen über die Krise und die mit ihr zusammenhängenden Gefahren und Chancen reden, und über die Zukunft der europäischen Volksparteien, insbesondere der Sozialdemokratie.

Doch bevor wir das machen, wollen wir erst ein wenig mehr über Peer Steinbrück wissen, den Buchautor und Politiker. Zunächst: Wie kam es, dass jemand wie Sie, der aus einem gutbürgerlichen Hamburger Elternhaus kommt, schon in jungen Jahren Sozialdemokrat wurde?

Das hat weniger mit dem eigenen Elternhaus zu tun, sondern mehr mit einer gewissen Empörung gegen das gutbürgerliche Flair. Das war die Empörung gegen eine Haltung im Milieu der etablierten Gesellschaft, in der man meinte, den damaligen SPD-Vorsitzenden Willy Brandt kritisieren zu müssen, weil er unehelich geboren war und im Exil gelebt hatte. Das war eine Reaktion darauf, dass dieses wohlanständige Bürgertum es für richtig hielt, diesen imponierenden Mann in den Wahlkämpfen von 1961 und 1965 zu diskriminieren und zu beleidigen. Ich werde nie vergessen, wie der damalige Bundeskanzler Adenauer ihn permanent mit »Herbert Frahm«[1] anredete und wie dieses Bürgertum glaubte, es hätte die moralische Legitimation, eine solche Persönlichkeit, die Deutschland während der Nazizeit verlassen hatte und gegen den Nationalsozialismus aktiv vorgegangen war, mit Hinweisen auf diesen angeblichen Makel der unehelichen Geburt zu diffamieren. Dieser für die Adenauer-Zeit typische Mief aus den 1950er- und 60er-Jahren war mir zutiefst zuwider.

Dazu kamen Mitte der 60er-Jahre die ersten Unruhesignale und Bewegungen in Schüler- und Studentenkreisen. Und ein erheblicher Faktor für diese Hinwendung zur SPD war, dass in meinen Augen Willy Brandt damals die einzige vernünftige politische Antwort hatte, wie man die kritische Lage in Mitteleuropa, insbesondere im geteilten Deutschland, entschärfen könnte, nämlich durch eine Politik der Entspannung, mit Hilfe des Konzepts, das er »Wandel durch Annäherung« nannte. Das waren wesentliche Elemente, die mich schließlich Anfang 1969, ungefähr ein halbes bis dreiviertel Jahr vor der damaligen Bundestagswahl, veranlassten, bei der SPD mitzumachen.

Und doch gab es auch gewisse Brüche in dieser politischen Beziehung. Ich denke an die Studienzeit in Kiel und Ihre Erfahrungen dort in einer unruhigen Zeit der damaligen Bundesrepublik. Wie war das, als eines Morgens plötzlich die Polizei in der Tür stand?

Das Groteske war, dass diese charismatische Figur, die ich eben beschrieben habe, Willy Brandt, der mich also wie ein Magnet in die SPD geholt hatte, zugleich auch verantwortlich war für das, was wir Anfang der 70er-Jahre den »Radikalenerlass« nannten[2]. Ich wurde auf ziemlich absurde Art und Weise Opfer dieses »Radikalenerlasses«, nachdem ich in Kiel in eine Baader-Meinhof-Fahndung geraten war.

Die hatte ich zunächst einmal als eine etwas groteske Hausdurchsuchung wahrgenommen. Da waren 17 Polizisten, die frühmorgens die Wohnung unserer studentischen Wohngemeinschaft stürmten, und ein Staatsanwalt, der zu spät kam und es gar nicht für nötig hielt, uns einen Hausdurchsuchungsbefehl zu zeigen. Wie gesagt, zunächst eine Groteske. Jahre später aber war das dann weniger komisch, als das Imperium sich noch einmal meldete, jetzt aber mit ernsthaften Begleiterscheinungen. Denn wegen der damaligen Fahndung galt ich plötzlich als ungeeignet für den öffentlichen Dienst. Zu dem Zeitpunkt war meine Frau mit unserer ersten Tochter schwanger und ich hatte mich für einen festen Job in einem Bundesministerium interessiert, als zwei ziemlich graue Mäuse in ebensolchen Anzügen mir die Eröffnung machten: »Sie sind ein Sicherheitsrisiko für die Bundesrepublik Deutschland.«

Heute hat das einen gewissen Erzählwert, aber damals war das keineswegs witzig, sondern ein ziemlich existenzielles Erlebnis, weil ich darüber in der Tat vier oder fünf Monate arbeitslos war. Ich erinnere mich, wie ich damals an meiner Doktorarbeit saß, mental oder nervlich aber erst mal nicht mehr in der Lage war, die Doktorarbeit zu Ende zu schreiben, weshalb sie dann auch liegen geblieben ist. Aber das ist alles lange her, wir reden über das vergangene Jahrtausend.

Gut, dann sprechen wir jetzt über das neue Jahrtausend, in dem ja auch einiges los ist. In der heutigen »Financial Times« beginnt eine dreiteilige Artikelserie über die Rettung des Euro und der Euro-Zone im Frühjahr 2010. Der erste Artikel hat den recht einprägsamen Titel »Dinner am Rande des Abgrunds«. Es geht darum, dass die Herren und Damen Finanzminister, die sich auf dem Gipfel treffen, die wichtigsten Fragen häufig beim Dinner besprechen: im konkreten Fall eben am Rande des Abgrunds.

Ihr Buch über Ihre Zeit als Bundesfinanzminister im Auge des Sturms[3] *handelt nicht vom Essen beim Krisenmanagement. Aber es gab eine ganze Reihe von Tagen, die Sie, wie Sie schreiben, nachhaltig beeindruckt haben.*

Sie schreiben auch über die Zeit am Rande des Abgrunds nach dem Zusammenbruch der amerikanischen Investmentbank Lehman Brothers im September 2008 und die anschließende profunde Krise. In den aktuellen Zeitungen ist nun, zwei Jahre später, sogar vom »Währungskrieg« die Rede. Da klingt der Satz, den ich mir – neben anderen – von der Steinbrück-Lektüre gemerkt habe, fast schon prophetisch: »Die schlechteren Tage der letzten Jahre könnten auf lange Sicht die besseren gewesen sein.« Müssen wir uns eigentlich jetzt erst recht warm anziehen? Hört das überhaupt nicht mehr auf?

Nein. Ich will nicht in eine Kassandra-Rolle hineinkommen. Aber der Einstieg dieses Buches stellt die Frage, ob sich manche Gewissheit im zweiten Jahrzehnt des 21. Jahrhunderts nicht verflüchtigen kann. Es geht um folgende Ausgangsfragen: Werden wir am Ende dieses Jahrzehnts dasselbe Wohlstandsniveau haben wie heute? Spielt Europa, mit und ohne Deutschland, mit und ohne Österreich, weltweit weiter in der Champions League? Gerät Europa eher an die Peripherie des Weltgeschehens, weil es andere Weltregionen gibt, die sich überaus dynamisch entwickeln, die wahrscheinlich das europäisch-atlantische Weltbild ablösen und tendenziell durch ein pazifisch-asiatisches ersetzt werden?

Wie sieht es aus mit der demografischen Entwicklung in Europa und deren Auswirkungen in unseren Ländern, wo älter werdende Gesellschaften sich mit der Frage beschäftigen müssen: Können wir so das Ausmaß an Produktivität, Neugier und Kreativität überhaupt halten? Wie innovationsfähig ist eine Gesellschaft, in der erkennbar die Alterskohorte meiner Generation immer stärker wird gegenüber der Alterskohorte meiner Kinder? Wie sieht es aus mit den Finanzierungsgrundlagen des Sozialstaates?

Neben diesen Ausgangsfragen beobachten wir, wie die Finanzkrise sich ausweitet. Sie ist längst nicht mehr nur eine Finanzkrise, sondern hat sich ausgewachsen zu einer Vierfachkrise. Es fing an als Finanzkrise in einem ganz kleinen Segment eines amerikanischen Finanzmarktes für zweit- oder drittklassige Hypotheken. Kein Mensch hat anfangs diese Übersprungseffekte aus diesem Segment auf andere Finanzmärkte für möglich gehalten. Doch der Übersprung geschah und wurde gefolgt von einer Wachstums- und

Konjunkturkrise, aus der sich dann eine Fiskalkrise für öffentliche Haushalte ergab. Nun sprach man darüber, inwieweit die Staaten sich dagegen mit stark kreditfinanzierten Programmen stemmen sollten und Banken Rettungsschirme aufspannen mussten. Und schließlich machten wir Anfang 2010 die Erfahrung, dass ganze Nationalstaaten in den Strudel geraten. Griechenland war nicht der erste Fall. Ungarn war ein anderer, der uns schon vorher beschäftigt hatte, wie auch Lettland und Island.

Inzwischen wird in der Tat ziemlich militaristisch von Währungskriegen gesprochen. Das heißt, da tut sich etwas, was es in der Entwicklungsgeschichte nach 1945 so nicht gegeben hat. Ich bin mir nicht so sicher, ob wir uns dessen schon bewusst geworden sind, dass in diesem zweiten Jahrzehnt unsere Lebensverhältnisse und gesellschaftlichen Verhältnisse eine tiefe Zäsur erfahren könnten.

Das beklemmende Bild vom Rande des Abgrunds, an dem wir uns befänden, mag etwas dramatisch klingen. Ich glaube, es gab eine solche Situation im September 2008. Gar nicht einmal wegen der Bank Lehman Brothers, die Sie alle kennen, sondern wegen eines anderen Falles, der 24 oder 48 Stunden später drohte und der schon fast in Vergessenheit geraten ist. Es hätte nämlich von jenem Montag auf Dienstag um einen weiteren, sehr viel größeren Fall von Insolvenz gehen können: den Zusammenbruch des AIG-Konzerns, des damals wohl größten Versicherungskonzerns der Welt. Es ging in dem Krisenmanagement darum, die Amerikaner davon zu überzeugen, dieses Unternehmen anders zu behandeln als Lehman, also nicht in die Insolvenz gehen zu lassen. Wenn das passiert wäre, glaube ich, wäre es letztlich zu einem Zusammenbruch des weltweiten Finanzsystems gekommen. Jedenfalls des europäischen und atlantischen Finanzsystems, aber das ist nach wie vor maßgeblich und dominant für alles, was weltweit passiert.

Was da jetzt stattfindet, ist mir etwas zu übertrieben, um in die Schlussbemerkung zu dieser Frage zu kommen. Richtig ist, es gibt

Ungleichgewichte in der Welt, die maßgeblich geprägt sind durch Zahlungsbilanzungleichgewichte und auch durch einen unterbewerteten chinesischen Yuan oder Renminbi. Einige sagen, er sei 20 bis 40 Prozent unterbewertet. Das ist aber für die Chinesen von entscheidender Bedeutung, weil ihr sehr stark exportgetriebenes Wachstumsmodell gerade davon lebt, dass ihre Währung unterbewertet ist. Auf der anderen Seite ist die Entwicklung geprägt von einem tendenziell abgewerteten Dollar, was gleichzeitig dazu führt, dass andere Währungen einem Aufwertungsdruck unterworfen sind. Um zu beschreiben, wie grotesk das ist: Sie alle haben aus den Zeitungen vor einem halben Jahr erfahren, dass der Euro tot ist, und heute lesen Sie, der Euro ist schon wieder bei 1,40. Jetzt debattiert man: Ist der Euro zu stark? Innerhalb von fünf Monaten kann sich die Lage derartig ändern.

Dahinter steht die Verschiebung, die ich dargestellt habe, insbesondere im Verhältnis zwischen USA und China. Richtig ist, dass bei dem letzten G7-Treffen, das in Washington stattgefunden hat, meines Wissens keine konkreten Maßnahmen beschlossen wurden. Es gab nur ein Kommuniqué nichtssagenden Inhalts. *They talk the talk. But they have to walk the walk.*[4] Und genau das tun sie nicht.

Wie konnte das im September 2010 passieren? Die Europäer haben gewiss keinen Anteil daran, dass George W. Bush beschlossen hat, Lehman Brothers fallen zu lassen. Danach gab es aber Situationen, wo man sich auch in Europa fragen musste, ob es in diesen Krisenphasen eigentlich eine ausreichend entschlossene politische Führung gab. Sie beschreiben ja sehr packend diese 24-Stunden- oder 48-Stunden-Geschichten, wenn an den Wochenenden enorm wichtige Entscheidungen zu treffen sind. Vielleicht erzählen Sie uns Nichtexperten noch einmal, wodurch die Wochenenden, die wir Normalbürger arglos und nichts ahnend zur Entspannung nutzen, heutzutage eine derartige finanz- und wirtschaftspolitische Bedeutung bekommen haben. Und vielleicht beantworten Sie uns in dem Zusammenhang auch die Frage, wer in dieser konkreten Krise versagt hat – ausgehend von der begründeten Vermutung, dass wir es hier nicht einfach mit einem Naturereignis zu tun haben.

Die Frage nach dem Täter liegt nahe: »Wer war das?« Das Problem ist, dass wir das nicht so einfach und monokausal beantworten können. Das wäre schön, damit wäre auch klar, wer die Guten und wer die Schlechten sind. Aber es ist eine Gemengelage: ein Mix von Ursachen und Verantwortlichkeiten, bestehend aus ökonomischer Blasenbildung, aus profitversessenen Risikoignoranten und auch arroganten Bankvorständen. Dazu kam ein Teilversagen der Politik, die nicht rechtzeitig Verkehrsregeln oder Leitplanken installiert hat, um die Märkte zu regulieren. Dahinter stand eine weitverbreitete Philosophie der Deregulierung. Und dazu gab es weltweite Ungleichgewichte, die in dieser Situation besondere Wirkung erzeugten.

Das konkrete Krisenmanagement habe ich eigentlich als relativ gut in Erinnerung. Ich mache vor allem der Europäischen Zentralbank mit Jean-Claude Trichet an der Spitze große Komplimente, ebenso anderen Notenbanken, die in der Krisensituation richtig entschieden haben. Ich glaube auch, dass in Europa – anders als bei der Krise 1929/1930 – im Zusammenwirken mit den Amerikanern Schlimmeres verhindert worden ist. Helmut Schmidt hat gesagt, Regierungen, Zentralbanken und kluge, kompetente Bankenmanager haben zusammen bewirkt, dass anders als 1929/1930 aus einer Rezession immerhin keine Depression wurde.

Unterm Strich ist allerdings festzustellen, dass an allem, was mit der Fragestellung »Wie verhindern wir die Wiederholung einer Krise dieser Größenordnung?« zusammenhängt, also an Krisenprävention nur Unzureichendes passiert ist. Ich behaupte nicht, dass nichts gemacht worden sei. Aber es war nicht ausreichend.

Mit großem Pomp ist im November 2008 in Washington der erste Weltfinanzgipfel der G-20 inszeniert worden, noch mit dem schon abgewählten Bush junior. Barack Obama war zwar gewählt, aber noch nicht im Amt. Da traten die Teilnehmer mit großer Entschlossenheit auf und verkündeten: Wir müssen nicht nur Krisenmanagement machen, sondern wir müssen jetzt zum ersten Mal in einem Kreis der 20 wichtigsten Länder, die ungefähr 85 bis 90 Prozent der Weltwirtschaftsleistung erbringen, dafür Sorge tragen, dass sich so etwas nie wiederholt. Es wurde ein ganz wichtiges Prinzip verankert, nämlich, dass jeder einzelne Finanzmarkt, jeder einzelne Finanzmarkt-Teilnehmer und jedes einzelne Finanzprodukt einer Regulierung und Aufsicht unterworfen wird.

Dieses Prinzip ist bisher nicht umgesetzt. Wir haben immer noch einen sehr starken Schatten-Bankenbereich, wo außerhalb der Bilanzen Unsummen gehandelt werden, insbesondere Derivate. Wir haben es nach wie vor damit zu tun, dass kaum ein Wirtschaftssektor sich so innovativ neue Produkte ausdenkt wie der Finanzdienstleistungssektor: die Verbriefung der Verbriefung der Verbriefung! Mit einer immer größeren Weitergabe von Risiken, wie in einer riesigen Wundertüte. Nur: In dieser Wundertüte steckt eine Dynamitstange und sie wissen nicht wo. Sie wissen auch nicht, wann die hochgeht!

Das heißt, diese Branche ist nach wie vor weitestgehend dereguliert. Wir haben weltweit Verkehrsregeln, Flugregeln im Luftverkehr, strenge Regeln im Schiffsverkehr. Wir haben Regeln bei der Seuchenbekämpfung. Wir haben sogar ansatzweise Regeln mit Blick auf Steuerhinterziehung und Steuerbetrug, nicht überall, aber in einigen Ländern. Aber wir haben keine Regeln in dem Bereich mit der größten Dynamik – für die Finanzmärkte. Sie sind zum Teil hochinnovativ in der Generierung von Produkten, die völlig abgehoben sind von realen Verhältnissen, vor allem im weltweiten Derivate-Handel.

Das heißt, die nominalen Vorgänge haben sich von den realen Vorgängen vollkommen getrennt. Das ist nicht im Griff. Warum also – das war Ihre Frage zur Situation 2008 –, warum haben sie die Lehman-Bank pleitegehen lassen, und sich dann im Fall des Versicherungskonzerns AIG anders verhalten? Das hatte in meinen Augen mit dem angelaufenen amerikanischen Präsidentschaftswahlkampf zu tun. Ich habe keine andere Erklärung dafür. Der republikanische Kandidat John McCain machte die ersten Erfahrungen bei Wahlveranstaltungen in den Wahlkreisen, insbesondere im Mittleren Westen. Er stellte fest, dass es dort eine Bewegung gab, die man anschließend »Main Street gegen Wall Street« nannte. Das hieß, die normalen Bürger forderten, dass diese Banker endlich einmal eine vors Brett kriegen, dass ein Exempel statuiert wird, dass einer von denen koppheister geht. So ein bisschen nach dem chinesischen Sprichwort »Wenn du die Affen warnen willst, schlachte ein Huhn.« Es musste ein Huhn geschlachtet werden, und dieses Opfer war das Bankhaus Lehman Brothers.

Das Problem dabei war: Die Beteiligten merkten erst ein bisschen später, dass es in Wirklichkeit kein Huhn war, was sie da geopfert hatten. Sie hatten vielmehr einen ausgewachsenen Ochsen geschlachtet. Man hatte sich, um die Affen zu erschrecken, im Opfer gründlich vergriffen und das mit irrsinnigen Folgewirkungen. Dieses Opfer löste eine Erschütterungsdynamik aus, die sich als unkalkulierbar erwies. Innerhalb von 36 Stunden war den Verantwortlichen dann bewusst: Das darf sich nicht wiederholen, wenn wir nicht wollen, dass die Finanzmärkte insgesamt kollabieren.

Damit sind wir bei Ihrer Frage nach den Wochenenden. Das Krisenmanagement konzentrierte sich deshalb immer aufs Wochenende, weil die Märkte an diesen Tagen geschlossen sind. Das heißt, sie mussten im Fall von Problemen in Europa bis Sonntag Mitternacht eine Lösung haben, also vor dem Montag. Denn zu diesem Zeitpunkt öffnen die asiatischen Märkte. Nachrichten verbreiten sich heute in Echtzeit. Das heißt, wenn die asiatischen Märkte bis Sonntagnacht 23:59 MEZ den Eindruck haben, in Europa kriegen sie den Fall einer Bank wie Fortis, die Royal Bank of Scottland oder die Hypo Real Estate nicht in den Griff, dann setzt sich das sofort um in Form von Tausenden, wenn nicht Millionen, elektronischen Entscheidungen, die darauf unmittelbar reagieren und die Börsen zum Kippen bringen. Deshalb gab es diese Wochenenden mit dem Zwang, bis Sonntag 24 Uhr MEZ ein Ergebnis zu produzieren. Denn sie können ja dann nicht sagen: Montag geschlossen.

Machen wir jetzt einen Schritt aus der Finanzkrise in die für uns alle real fühlbare Politik. Sie haben sich mit den gesellschaftlichen Verhältnissen in unseren Demokratien schon vor Ihrem Wechsel in die Bundespolitik beschäftigt, also in Ihrer Zeit als Ministerpräsident in Nordrhein-Westfalen. Schon damals ging es in Ihren Grundsatzreden um Fragen wie: Was ist los in unserer Gesellschaft? Wohin entwickelt sich unser Zusammenleben? Das war noch vor den dramatischen Zuspitzungen zum Ende des ersten Jahrzehnts. Die Begriffe »Fliehkräfte« und »Verstörungen«, die in Ihrem Buch »Unterm Strich« eine Rolle spielen, waren da schon zentrale Punkte in Ihren öffentlichen Beiträgen. Müssen sie es jetzt nicht umso mehr sein?

Natürlich gibt die Krise der Finanzmärkte den gesellschaftlichen Fliehkräften in unseren Demokratien weiter Auftrieb. Denn abgesehen von der ungeheuren Vermögensvernichtung, den Übersprungseffekten auf die reale Wirtschaft, den staatlichen Stützungsmaßnahmen mit der Folge unvorstellbarer Haushaltsdefizite, der Erschütterung der globalen Finanzmarktarchitektur und ganzer Nationalstaaten hat die Krise auch gesellschaftliche Implikationen. Ihre Entstehung geht zurück auf das Versagen von Eliten. Sie hat zu tun mit einer unanständigen Bereicherungsmentalität und mit dem Verlust von Maß und Mitte. Für viele Bürger stellt sich deshalb die Frage nach der Legitimation unseres Wirtschafts- und Ordnungsmodells. Oder altmodischer gesagt: Diese Krise, ihre Ursachen und die Konsequenzen verletzen das Gerechtigkeitsempfinden vieler Menschen. Das ist eine neue Qualität in unserem Zusammenleben, zwar kaum messbar, politisch aber von höchster Bedeutung.

Das sehen wir im Alltag der Politik an sinkenden Wahlbeteiligungen und auch an den Wahlergebnissen selbst. Deutlich ist vor allem der Verlust an Vertrauen in die Politik. Wohin führt dieser Prozess der Legitimationskrise?

Ich glaube, es sind zwei Prozesse. Für den einen ist die Politik verantwortlich. Der andere liegt eher in den Entwicklungen, die die Gesellschaft in den letzten 20 bis 30 Jahren genommen hat. Die Politik ist insofern verantwortlich, weil sie lange Zeit den Eindruck vermittelt hat, sie könnte allen Ansprüchen gerecht werden. Sie könnte den Bürgerinnen und Bürgern alle Widrigkeiten vom Hals halten.

Auch sozialdemokratische Politik in den 1970er- und 1980er-Jahren hat dem Anspruchsdenken sehr stark Vorschub geleistet und gedacht, Erfolgs- und Wachstumsmodelle mit Verteilungsspielräumen aus den 50er-, 60er- und 70er-Jahren könnten Bestand haben, sie könnten dem rasanten ökonomisch-technischen Wandel standhalten. Irgendwann haben viele Bürger festgestellt, das stimmt gar nicht. Die Zuversicht der Politiker und deren Verheißung der Erfüllbarkeit aller Ansprüche haben in der Realität keinen Bestand. Die Politiker sind nicht allmächtig, im Gegenteil, sie sind in vielerlei Beziehung ohnmächtig. Dies hat zu einem erheblichen Verdruss geführt und zu einem deutlichen Verlust an Vertrauen in die Politik und Verlust an Ansehen der Politiker. Das ist das eine.

Auf der anderen Seite ist unsere Gesellschaft in den Jahrzehnten seit dem Krieg sehr viel pluraler geworden, individualistischer. Klassische Wählermilieus sind zerfallen. Anfangs gab es noch ein sehr kalkulierbares, fest gefügtes sozialdemokratisches Wählermilieu, im Wesentlichen eine geschlossene Arbeitnehmerschaft, eine starke Gewerkschaftsbewegung im Rücken, dazu Teile aus der Schicht der mittleren Angestellten. Bei den Konservativen war das klassische Wählermilieu eher agrarisch-mittelständisch und stark christlich geprägt. Diese traditionellen Milieus sind in Auflösung. Sozialwissenschaftler reden davon, dass wir inzwischen acht oder neun unterschiedliche gesellschaftliche Milieus haben, die sich teilweise überlappen.

Anders ausgedrückt: Die moderne Gesellschaft ist fragmentierter, sie hat sich ausdifferenziert. Die geschlossenen Wählerblöcke gibt es nicht mehr. Auf der Basis dieser Individualisierung, die wesentlich zur Pluralisierung der Gesellschaft beiträgt, wächst die Neigung vieler Menschen, ihr eigenes Interesse höher zu veranschlagen, jedenfalls stärker als die Neigung, sich für das Gemeinwohl einzusetzen. Die Bereitschaft zur Akzeptanz von Mehrheitsentscheidungen nimmt ab, sobald diese Mehrheiten die jeweils eigene Interessenlage verletzen. Beide Entwicklungen haben in meinen Augen dazu geführt, dass es immer schwieriger geworden ist, gesellschaftliche und wirtschaftliche Prozesse wirklich zu steuern.

Wir haben es in Deutschland im Augenblick mit einigen Phänomenen des Protestes zu tun, denen die Politik relativ ratlos gegenübersteht. Fast jedes Großprojekt stößt heute auf erheblichen Widerstand. *Stuttgart 21* ist als Chiffre für dieses Phänomen in Österreich inzwischen wahrscheinlich genauso bekannt wie bei uns. Sie ist auch anwendbar auf andere Vorhaben, nicht nur auf große Bauprojekte wie Bahnhöfe oder Flughafenausbauten. Die Ankündigung der Einführung einer Rente mit 67 in Deutschland – oder in Frankreich mit 62 – mobilisiert sofort eine sehr spezifische, ganz klare Interessenlage derjenigen, die sagen: So etwas akzeptiere ich nicht, und mir ist es völlig egal, was das für die nachfolgenden Generationen bedeutet. Meine Interessenlage ist für mich wichtiger, egal, ob eines Tages die Generation meiner Kinder und Enkelkinder die damit verbundenen Lasten zu schultern hat.

Natürlich räumen ziemlich viele Leute, direkt darauf angesprochen, durchaus ein, dass eine älter werdende Gesellschaft sich mit der Frage beschäftigen wird müssen, wie sie diesen Sozialstaat künftig finanziert. Sie sehen das Problem. Aber wenn Steinbrück öffentlich sagt: »Noch nie ist es den Rentnern in Deutschland insgesamt so gut gegangen wie der heutigen Rentnergeneration«, erhebt sich ein Proteststurm. Ich weiß, dass es einigen Rentnern schlecht geht, dass es in Deutschland zwei oder drei Prozent gibt, die nur von der Grundsicherung leben, dass insbesondere nicht alle älteren Frauen ein würdiges Alter mit ihrer kleinen Rente haben. Aber insgesamt ist dieser Zustand im Vergleich zu früher richtig beschrieben. Den Rentnern geht es heute besser als allen Generationen vor ihnen. Aber politisch ist diese Aussage ungeheuer brisant.

Unsere Gesellschaft zerfällt zunehmend in Gruppeninteressen, die artikulationsstark sind und ihre Forderungen und Erwartungen auf immer mehr Parteien verteilen, von Wahl zu Wahl unterschiedlich. Das Wählerverhalten wird, wie die Wahlforscher sagen, immer volatiler. Die politischen Akteure, die teilweise neu auftauchen und einfache Patentrezepte und Paradeantworten anbieten, können dabei Prozentsätze gewinnen, die früher für Linkspopulisten oder Rechtspopulisten kaum erreichbar waren.

Ich gebe Ihnen ein Beispiel: In Deutschland hat sich eine sogenannte Piratenpartei an der Bundestagswahl beteiligt und auf einen Schlag 800.000 Stimmen bekommen. Das sind zwei Prozent der Stimmen. Die haben nur ein einziges Thema gehabt, nämlich der freie und kostenlose Zugang zu Informationen im Internet. Sie haben sich nicht zu Steuern, zur Altersversorgung, zur internationalen Politik, zur Europapolitik geäußert, sondern nur zu einem konkreten Thema. Aber sie kriegen 800.000 Stimmen, aus dem Stand! Die mangelnde Themenbreite kann aber auch zu Missverständnissen führen, wie eine Anekdote zeigt, die ich im Wahlkampf mitbekommen habe: Als eine Frau vor dem Aachener Rathaus von einem Mitglied an einem Stand dieser Piratenpartei abgefangen wird und dieser ihr erläutert, was die Piratenpartei gerne möchte, unterbricht die Frau ihn nach einer Zeit und sagt zu dem »Piraten«: »Junger Mann, das ist hochinteressant, was Sie mir alles gesagt haben. Aber wissen Sie, das, was Sie da vor der somalischen Küste machen, das gefällt mir gar nicht.«

Kann es denn sein, dass die Bürger quasi von selbst egoistischer geworden sind und dass nun, als Ergebnis eines scheinbar naturwüchsigen, unabwendbaren Prozesses in der öffentlichen Meinungsbildung die Orientierung am eigenen Vorteil allein den Ausschlag gibt? Mir scheint, da hat es auch politische Fehlentwicklungen gegeben, die diese Veränderung möglich gemacht oder sogar gefördert haben. Einen Mangel an Kommunikation zwischen Politik und Bürgern, die verhindern hätte können, dass der Gemeinwohlgedanke derart ins Hintertreffen gerät. Ist da in der demokratischen Praxis vielleicht Wichtiges versäumt worden? Anders gefragt: Könnte es sein, dass auch die Verantwortlichen etwas falsch gemacht haben und der Verlust an Gemeinschaftsgefühl also nicht aus heiterem Himmel kommt?

Sofort zugegeben. Viele Menschen empfinden Parteien inzwischen als sehr selbstbezogene Einrichtungen. Die Alltagserfahrungen der Bürger entsprechen häufig und in wachsendem Ausmaß nicht mehr der Realitätswahrnehmung von politischen Parteien und deren Apparaten. In Deutschland erleben Sie das gerade auch im Zusammenhang mit dem Integrationsproblem. Der Erfolg des Buches von Thilo Sarrazin ist ja nicht zu erklären, weil der da irgendeine

Art von Vulgärdarwinismus ausgegossen und einen absurden biologistischen oder genetischen Überbau drüber errichtet hat. Der Erfolg dieses Buches hat vielmehr damit zu tun, dass Sarrazin Alltagserfahrungen von Menschen aufgegriffen und verarbeitet hat, die von der Politik – offenbar auch von meiner Partei – weitgehend verdrängt oder ganz einfach übersehen worden waren. Die Leute sagen jetzt: »Schau mal, der spricht das an, was uns beschäftigt. So ist es in meiner Straße auch, in meiner Schulklasse oder der Schulklasse meiner Kinder und ich bekomme mit, wie meine Verwandten behandelt worden sind, etc. etc.« Er spricht also etwas an, was die Leute beschäftigt. Dass er das in einer Art macht, mit der er die öffentliche Atmosphäre vergiftet und diese Debatte über die realen Probleme enorm belastet, steht auf einem anderen Blatt.

Haben Sie eine Erklärung dafür, dass die Volksparteien derart zentrale soziale Fragen vernachlässigen und sobald diese Fragen öffentlich zum Problem werden, davon anscheinend komplett überrascht und unvorbereitet sind?

Das mag auch damit zusammenhängen, dass Parteien heute zunehmend einen Politikertypus befördern, der nur dann gewählt wird, ein Mandat bekommt und Karriere macht, wenn er den parteiverträglichen Kodex fehlerfrei aufsagen kann. Für diesen heutigen politischen Aufsteigertyp ist eine Delegiertenkonferenz wichtiger als die Begegnung mit dem Wähler und der Wählerin. Denn auf diesen Delegiertenkonferenzen wird er aufgestellt für eine Funktion und ein Mandat, vorausgesetzt, dass er diesem Gremium gegenüber ausreichend zur Selbstbestätigung der Partei beiträgt. Bürstet er das gegen den Strich, wird er mit Liebesentzug bestraft und nicht berücksichtigt, wenn es um die Verteilung von Funktionen oder Mandaten geht. Also ist seine politische Karriere nicht in erster Linie abhängig, ob er bei einer Kommunalwahl, einer Landtagswahl und Bundestagswahl gewählt wird, sondern davon, dass er von den Delegierten für die Kandidatenliste überhaupt nominiert wird. Das Problem ist: Die Eigenschaften, die erforderlich sind, um in dem selbstreferenziellen System von Parteien zu reüssieren, sind nicht dieselben Eigenschaften, die nachher die Wähler und Wählerinnen von Politikern erwarten und verlangen. Das geht zunehmend auseinander. Deshalb sind die Bürger mit den Parteien und mit den Politikern auch so unzufrieden.

Ich greife einen Gedanken aus Ihrem Buch auf, der sich mit den Folgen des Vertrauensverlustes und dieser Erschöpfung im Auftritt der großen Parteien beschäftigt, mit dem Zulauf zu den extremen Parteien, insbesondere zu den Rechten, von den Populisten bis zu rechtsextremistischen Formationen mit neonazistischem Hintergrund. In der politischen Diskussion ist schon an den Niedergang der Weimarer Republik erinnert worden, konkret am Beispiel der Entwicklung in Ungarn. Kann man angesichts dieses Trends zu den radikalpopulistischen Parteien und der gleichzeitigen Abwendung von den klassischen Traditionsparteien davon reden, dass wir uns in der Europäischen Union in Richtung einer Destabilisierung der europäischen Demokratien nach Weimarer Muster bewegen? Der Gedanke kommt bei Ihnen vor, wobei Sie sich noch relativ vorsichtig äußern. Inzwischen ist wieder etwas Zeit vergangen. Mich würde interessieren, wie Sie das jetzt wahrnehmen?

Ich vermag mir nicht vorzustellen, dass die kollektive Erinnerung an das ziemlich schreckliche 20. Jahrhundert so schlecht ist, dass man die Fehler wiederholt. Es wäre schon eine zynische Pointe der Geschichte, sollten wir uns in Europa ähnlich entwickeln wie in Deutschland im Fall der Weimarer Republik, als die sich rapide ausbreitende antidemokratische Parteienverachtung quasi den Nährboden für eine menschenverachtende Partei wie die Nazis schuf, die dann alle demokratischen Errungenschaften radikal beseitigte. Richtig ist aber zumindest, dass ein großer Anteil der Bevölkerung von den etablierten Parteien derartig frustriert ist, dass die Schalmeiengesänge, die es linkspopulistisch und rechtspopulistisch gibt, teilweise auf offene Ohren treffen und Erfolg haben. Anders sind die Entwicklungen in Schweden, in den Niederlanden, in Belgien, insbesondere im flämischen Teil, in Frankreich, in Italien und besonders in Ungarn nicht zu erklären, übrigens auch nicht – nehmen Sie es mir bitte nicht übel – die Entwicklung in Österreich, wo plötzlich die FPÖ ihr Ergebnis in Wien spielend fast verdoppelt hat.

Trotzdem glaube ich, dass die demokratische Substanz in Europa so stark ist, auch stark verankert ist – nicht zuletzt als Lerneffekt aus dem 20. Jahrhundert – dass darüber die demokratischen Parteiensysteme nicht ins Wanken kommen.

Was wäre denn auch die Alternative? In dem Buch beschäftige ich mich mit diesem Parteiensystem, natürlich an erster Stelle auch mit der SPD und das durchaus selbstkritisch. Aber ich warne auch davor, der Neigung nachzugeben, auf diesen Parteien beliebig herumzuklopfen. Denn ich stelle zugleich die Frage, welche andere geordnete Gemeinschaft oder Gruppe es denn sein soll, die einen demokratischen Willensbildungsprozess zustande bringt. Eine bestimmte Partei nicht zu mögen und daher nicht zu wählen, ist schon in Ordnung. Aber was dann?

Kann man sich anstatt der parlamentarischen Demokratie ernsthaft ein System vorstellen, in dem man demnächst über die Fernbedienung seines Fernsehapparates demokratische Entscheidungen trifft nach dem Motto: »Drücken Sie Taste 3, oder drücken Sie Taste 6?« Oder Expertengremien, die von den Lobbys besetzt werden, die politische Entscheidungen für das Gemeinwohl treffen? Oder eine Art Gerontokratie, eine Gemeinschaft von alten Säcken, eine Art Altersrat der Republik? Oder anstelle der Parteien irgendeine Gruppe von Leuten, die einen Ehrenrat bilden und in einer Gesellschaft wie Österreich, Deutschland oder Frankreich dann demokratisch legitimierte Mehrheitsentscheidungen herbeiführen? Oder Bürgerinitiativen? Hoch volatil – heute so, morgen so –, die irgendwann wieder verschwinden, dann wieder aufkommen, stark projektbezogen, an Ereignissen orientiert. Kurzum also: Wer anstelle der Parteien soll das machen?

In den Initiativen beteiligen sich auch Bürger, deren Engagement die Parteien gut gebrauchen können.

Deshalb sage ich ja, die Antwort kann nur darin liegen, dass die Parteien sich verändern, sich erkennbar öffnen. Dass sie versuchen, bezogen auf Themen, auf bestimmte Grundsatzfragen Leute zu gewinnen und deren Bereitschaft zur Teilnahme zu wecken. Sie sollten sie nicht unbedingt immer gleich verhaften als Mitglieder – nach dem Motto: »Du musst jetzt eintreten, und die goldene Nadel für deine 50-jährige Mitgliedschaft liegt schon in der Schublade.« Sie werden sich sehr viel stärker an neue Verhaltensweisen der Jungen anpassen müssen. Wo sind die Antworten für die 20- bis 40-Jährigen? Warum redet die SPD nur über die Rentner und die Hartz-IV-Empfänger? Das ist ein bisschen wenig. Und sie werden an die Politik Menschen heranführen müssen, die »zeitarm« sind, weil sie beruflich oder anderweitig, in der Familie oder ehrenamtlich eingespannt sind, die daher nicht endlos an diesen Ortsvereins- und Bezirkssitzungen teilnehmen können. Einige laufen ja nach der ersten Erfahrung an der sogenannten Parteibasis schreiend hinaus aus diesen Veranstaltungen. Wieso soll es nicht virtuelle Ortsvereine geben, wo sich politisch Interessierte über das Internet an den demokratischen Prozessen beteiligen können? Ich meine, 70 bis 80 Prozent der Bevölkerung sind langsam darin geübt, dieses Medium zu nutzen. Wieso nutzen die Parteien das

Internet nicht sehr viel stärker als Forum der Willensbildung, wo nicht nur Blogger, sondern auch sie selbst im Dialog mit den Bürgern eine öffentliche Debatte in Gang setzen, oder jedenfalls versuchen, eine solche Debatte zu strukturieren und zu beeinflussen.

Abgesehen von dem, was ich schon sagte, was die Selbstbezogenheit der Parteien betrifft, will ich zusammenfassend noch hinzufügen: Ich kann verstehen, dass man gelegentlich Pickel im Gesicht kriegen kann über die Selbstdarstellung der alten Parteien. Nur sollte der Ärger nicht zu der Haltung führen: »Dann wähle ich gar nicht mehr!« Denn dann muss man sich auch fragen: Wem überlasse ich in der Konsequenz die Wahl? Und was heißt das für die demokratische Substanz unserer Gesellschaft?

Sie nennen das »Die neue Vermessung der Politik«. Sie schreiben, die Zeit der Ideologien sei vorbei, werfen dann aber auch die Frage auf, ob mit den Ideologien vielleicht zu viel über Bord geworfen wurde. Leiden die Demokratien heute womöglich an zu viel Pragmatismus?

Die weitgehende Entideologisierung unserer Gesellschaft empfinde ich, wie die große Mehrheit der Bürger, als Fortschritt. Ich will einfach nicht von Leuten regiert werden, deren geschlossenes Weltbild alle Lebensbereiche regulieren will. In diesem Sinne bin ich froh, dass der Österreicher Karl Popper sich gegen den Deutschen Karl Marx durchgesetzt hat. Das war ein Sieg der pragmatischen Vernunft.

Ich übersehe aber nicht, dass dieser Sieg auch unbeabsichtigte Nebenwirkungen hatte. Im Buch schreibe ich über eine dieser Nebenwirkungen: »die Entkernung der Politik«. Was meine ich damit? Neben der Borniertheit der Ideologen ist auch viel an idealistischem Ungestüm und an utopischer Kreativität über Bord gegangen. Als Folge davon sind wesentliche Unterscheidungsmerkmale der Parteien unklar geworden, was wieder deren Bindungskraft geschwächt hat. Das Ergebnis ist der Wähler- und Mitgliederschwund, den wir beobachten. Damit müssen wir uns heute auseinandersetzen.

Viele Menschen erwarten von uns Politikern mehr als nur professionelles Krisenmanagement. Sie haben einen emotionalen Bedarf an Hoffnungen und suchen dementsprechend nach Angeboten. Umso wichtiger ist es, dass der abhandengekommene Idealismus nicht zu einem Vakuum führt. Die neu auftretenden oder wiederkehrenden Ideologen sind nur zu gern bereit, dieses Vakuum aufzufüllen. Der Pragmatismus, für den ich eintrete, darf sich daher auch nicht als unpolitisch neutral definieren. Er ist weder wertfreies Handeln noch bedeutet er Verzicht auf politische Gestaltung. Ich fühle mich in diesem Sinne dem Pragmatismus aus sittlicher Überzeugung verbunden, wie ihn Helmut Schmidt als Maxime seines politischen Handelns formuliert hat.

Sittlicher Pragmatismus verbunden mit utopischer Kreativität und politischem Idealismus – ein ehrgeiziger Spagat. Sie beschreiben die Sozialdemokratie als Partei für das linksbürgerliche Publikum mit einer Querschnittsbotschaft für mehrere Schichten und Milieus. Was wären die Themen für eine solche Querschnittsbotschaft, die mehr erreicht als jene frühere, traditionelle Stammwählerschaft, die im Schwinden begriffen ist?

Ich glaube, dass es einen breiten Block an Wählern, an Bürgerinnen und Bürgern gibt, die unterschiedliche Pole miteinander verbinden wollen. Sie sind gleichzeitig für eine Stärkung der ökonomischen Wettbewerbsfähigkeit, aber auch für Fairness und für einen Ausgleich in der Gesellschaft. Sie wollen eine Industriepolitik, aber sie soll ressourcenschonend sein. Sie sind für eine Spitzenförderung, aber sie wollen auch, dass Kinder aus bildungsfernen Schichten einen fairen Zugang zu Bildungseinrichtungen haben.

Sie wollen, dass eine Gesellschaft offen ist, aber sie wissen, dass sie nicht ohne Regeln auskommt. Sie sagen, jeder soll nach seinem besten Wissen und Können seine Interessen verfolgen, aber es besteht auch eine Gemeinwohl-Verpflichtung. Es darf und soll Individualität geben, individuelle Freiheiten sollen gewährleistet werden, aber gutes Benehmen soll darüber nicht ausgeschlossen sein.

Das heißt also, es geht darum, in einer etwas breiteren Klammer die Menschen zu gewinnen, statt, sagen wir, nur auf eine Botschaft Wert zu legen. Es bedeutet zu argumentieren, zu appellieren und zu gewinnen. Die Spannungsbögen, die es da drinnen geben mag, sind offen darzustellen und auszudiskutieren. Und darüber sind dann Programmangebote zu machen. Das könnte ein Angebot sein, von dem ich glaube, dass es Parteien, die links von der Mitte daheim sind, deutlich unterscheidet von anderen Parteien, die nur noch fixiert sind auf ein Thema: Steuersenkung und Abschaffung des gesetzlichen Krankenversicherungssystems. Oder die auf die Vorurteile und Ressentiments spekulieren, die im Zusammenhang mit dem schwierigen Thema Zuwanderung und Integration in unseren Gesellschaften geschürt werden.

Das wäre in meinen Augen der Ansatz einer linken Volkspartei. Das ist die Idee einer breiteren sozialen und politischen Klammer, die den Fliehkräften entgegenwirkt und die Gesellschaft zusammenhält. Das ist es, was mich politisch bewegt. Ich gebe zu, bezogen auf Visionen bin ich sehr zurückhaltend. Ich finde es einen außerordentlichen Erfolg, wenn am Ende dieses zweiten Jahrzehnts des 21. Jahrhunderts Europa und unsere Gesellschaften in einem einigermaßen – fast hätte ich gesagt: *ordentlichen* – friedfertigen Zustand sind und Prosperität gewährleistet ist. Das wäre ein großer politischer Erfolg, wenn das gelingt. Es bedarf dazu enormer Anstrengung. Denn es ist nicht so selbstverständlich, wie viele von uns glauben.

Peer Steinbrück, wir haben mehrfach über die Bedeutung von politischer Führung gesprochen, von der Bedeutung des Verhältnisses zwischen Bürgern und Politik, zwischen Wählern und Gewählten, aber auch von der Verantwortung der Führung gerade in Krisenphasen – zum Beispiel an den zitierten Wochenenden, wenn das Weltfinanzsystem unter Stress steht. Das Fehlen von Führung oder das Versagen der Führung kann unübersehbare Folgen haben. Umso interessanter die Frage: Wer ist bereit, diese Verantwortung zu übernehmen? Auf diesem Umweg komme ich zu der abschließenden Frage, die Sie nicht überraschen wird, da sie Ihnen bei jedem öffentlichen Auftritt in der Bundesrepublik gestellt wird und die muss man auch hier bei diesem politisch interessierten Publikum stellen, selbst wenn Sie das Thema ungern diskutieren: Sind Sie bereit, politische Führungsverantwortung in der Bundesrepublik zu übernehmen und für die SPD als Kanzlerkandidat anzutreten?

Ich habe in Regierungen mitgewirkt und Einfluss ausgeübt im Rahmen dessen, was ich konnte. Ich strebe keine politischen Ämter an. Das bedeutet nicht, dass ich aus der Politik draußen bin, wie man gerade mit Blick auf dieses Buch und öffentliche Einlassungen von mir und Interviews, die auch in Österreich erscheinen, mitbekommt. Ich bin schließlich Mitglied des Deutschen Bundestags. Ich mische mit. Das heißt, ich mache aus meinen Positionen ja kein Geheimnis. Das ist mein Beitrag zur Politik.

Die Debatte, die es da im Augenblick gibt, empfinde ich eher als störend. Ich empfinde es vor allem als absurd, dass wir uns nach einer deutlichen Wahlniederlage der SPD, die uns bis auf die Bretter gehauen hat, plötzlich eine Kanzlerkandidaten-Debatte an den Hals holen. Die meisten Menschen fragen wahrscheinlich: Wie erholt sich die SPD, ehe sie wieder über Personen redet, inhaltlich und programmatisch von dieser Niederlage? Die unnötige und völlig verfrühte Debatte über Personalfragen ist offenbar das Lieblingsspiel, das Politik und Medien gemeinsam haben. Ich weiß, dass solche Personalfragen sehr süffig sind und leckermäulig machen. Aber ich versuche, mich dem zu entziehen.

Nun ja, das Thema beschäftigt zumindest in Deutschland viele Menschen nicht nur, weil es, wie Sie so unnachahmlich sagen, »leckermäulig« ist. Es ist schon auch eine reale, politisch sehr wichtige Frage: Wer vertritt uns, und wer fällt die Entscheidungen? Vor allem angesichts der Tatsache, dass nötige Entscheidungen ja häufig nicht getroffen werden. Wie kommt es denn, dass in der Bundesrepublik Deutschland die ältesten Staatsmänner des Landes am populärsten sind, Männer über 90, Richard von Weizsäcker und Helmut Schmidt, die bei ihren öffentlichen Auftritten die größten Säle füllen? Wird es nicht doch Zeit, dass vielleicht ein 60-Jähriger sich anbietet und sagt: »Hallo, ich bin auch hier.« Zumal dann, wenn auch er in Deutschland die Hallen zu füllen vermag – wenn Sie wissen, wen ich meine.

Wichtig wäre, es gäbe einen 40-Jährigen. Aber es sind nicht nur die herausragenden großen Alten von Weizsäcker und Schmidt, die Aufmerksamkeit finden. Es gibt auch andere Beispiele für Popularität. Sie haben vielleicht auch in Österreich mitbekommen, dass ein deutscher Kabarettist namens Hape Kerkeling eine Kunstfigur namens Horst Schlemmer geschaffen hat, der sich nach dem Motto »Was der nicht kann, kann ich auch« zum Kanzlerkandidaten erklärt hat. Dieser Horst Schlemmer wäre, wenn er tatsächlich zur Wahl gestanden wäre, wahrscheinlich von 20 Prozent gewählt worden. Der aufstrebende Stern des Herrn Karl Theodor zu Guttenberg ist auch ein Beispiel dafür, dass viele Menschen offenbar die Sehnsucht nach spezifischen Eigenschaften haben, die der etablierten politischen Klasse eher fehlen. Darüber wird jetzt viel geredet.

Worüber aber zu wenig geredet wird und auch wir nicht geredet haben, ist dies: Nicht nur Deutschland, sondern ganz Europa ist in einer ausgesprochenen Schwächephase, und zwar in einer Phase, in der die Welt sich rasant verändert und die Frage lautet, ob Europa dieser Situation noch gewachsen ist. Ob Europa die Menschen hier überhaupt noch erreicht oder inzwischen als etwas sehr Fernes, Entrücktes, Fremdes erscheint. Ob das Tempo, in dem die bisherige Erweiterung der Europäischen Union abgelaufen ist, in unseren Gesellschaften nicht Abstoßungseffekte bewirkt hat, mit denen wir ohne größere politische Anstrengung nicht mehr fertig werden.

Wie gut ist Europa politisch und wirtschaftlich darauf vorbereitet, dass die Schwellenländer sich in einem rasanten Tempo darum bemühen, weltweit den Wohlstand neu zu verteilen? Nicht nur China, Indien, Indonesien, Vietnam, Brasilien. Es gibt viele Länder, die – um es salopp auszudrücken – in unsere Sitzmöbel wollen. Die wollen dahin, wo wir sind. Sehr ehrgeizig, sehr tüchtig, sehr schnell, technologisch schnell adaptierend. Kann Europa in diesem globalen Wettbewerb noch mithalten? Sind wir darauf vorbereitet oder eher, wie es aussieht, in so einer Art Ruhephase? Das sind die Themen, die aus meiner Sicht Vorrang haben und die wir debattieren müssen.

Eine Debatte, an der Sie sich beteiligen werden, wie ich vermute. Auch wenn wir heute Abend nicht erfahren, in welcher konkreten Rolle.

Keine Sorge, irgendwie mische ich da schon mit.

ANMERKUNGEN UND LITERATUR

1 Brandts außerehelicher Geburtsname. Den Namen Willy Brandt nahm er erst im Exil während seiner internationalen Widerstandsarbeit gegen den Nationalsozialismus und den spanischen Faschismus an.

2 Der von Bundeskanzler Brandt gemeinsam mit den Ministerpräsidenten der Länder im Januar 1972 gemeinsam unterzeichnete Erlass sollte verhindern, dass verfassungsfeindliche Bürger Beamte werden können; die Mitgliedschaft in einer verfassungsfeindlichen Organisation – namentlich der DKP – galt als Vermutung für eine solche Gesinnung und führte regelmäßig zu einer Ablehnung einer Bewerbung um Aufnahme in den öffentlichen Dienst. Im Zweifel wurde der Verfassungsschutz eingeschaltet. Der »Radikalenerlass« war von Anfang an umstritten. Die sozialliberale Bonner Koalition trat 1976 schließlich einseitig von dieser Bund-Länder-Vereinbarung zurück.

3 Peer Steinbrück: »Unterm Strich«. Hoffmann und Campe. Hamburg 2010.

4 Politisches Wortspiel aus dem amerikanischen Englisch, sinngemäß: Sie reden nur, statt zu handeln.

DAS SCHWEDISCHE MODELL UND DIE GLOBALE FINANZKRISE

Auf der Suche nach einem neuen Anfang

Pär Nuder im Gespräch

»Wir Sozialdemokraten haben in der Regierung als Vertreter der Macht gegenüber den Bürgern agiert. Wir sind zu satt geworden und zu faul.«

© Walter Henisch

Pär Nuder, geboren am 27. Februar 1963 in Täby bei Stockholm, war von 1994 bis 2009 sozialdemokratischer Abgeordneter im schwedischen Riksdag. Seine politisch-administrative Arbeit begann der ausgebildete Jurist 1994 als rechtspolitischer Berater bei Ministerpräsident Ingvar Carlsson. Dessen Nachfolger, Göran Persson, machte ihn zu seinem engsten Berater und 2002 zum Minister für die politische Koordination des Kabinetts. Von November 2004 bis zum Regierungswechsel im Oktober 2006 war er Schwedens Finanzminister und galt lange als einer der Kandidaten für den Parteivorsitz nach Persson.

Das Gespräch fand am 23. November 2010 in Wien statt.

Werner A. Perger:
Beginnen wir mit der aktuellen Lage, der Krise des Weltfinanzsystems. Deren Anfang datiert man landläufig auf den 15. September 2008, den Tag des Zusammenbruchs der New Yorker Investmentbank Lehman Brothers. Und wenn auch nicht jeder Experte die Tragweite dieser Katastrophe im New Yorker Finanzdistrikt damals gleich in seiner ganzen Dimension begriffen hatte, so war doch bald klar, dass dies ein entscheidendes Ereignis war, das die Verhältnisse in der kapitalistischen Welt erheblich verändern würde.

Zu diesem Zeitpunkt waren Sie nicht mehr schwedischer Finanzminister. Die Sozialdemokraten hatten zwei Jahre zuvor, im September 2006, die Wahl verloren und sind seither in der Opposition. Meine erste, zunächst unpolitische Frage ist die: Waren Sie froh darüber, in diesem Schlamassel keine Verantwortung zu tragen? Die ernsthaftere zweite Frage wäre dann: Wo sehen Sie die tiefere Ursache für diese Krise, wo lagen die entscheidenden Fehler? Anders gefragt: Wer ist schuld daran?

Pär Nuder:
War ich froh, ohne Verantwortung zu sein, als die Lehman-Brothers-Bank zerbrach? Ich kann Ihnen jedenfalls versichern, dass meine Frau darüber sehr erleichtert war. Aber im Ernst: Erinnern wir uns zunächst daran, was wir in den letzten beiden Jahrzehnten erlebt haben. Wenn du Teil eines Systems bist und darin ein Ereignis von enormer Tragweite erlebst, dann erkennst du in der Regel nicht sofort das Ausmaß der damit verbundenen Veränderungen. Wir alle haben in den letzten zwei oder drei Jahrzehnten drei Revolutionen erlebt, die weltweit die Lebensbedingungen von Millionen und Abermillionen Menschen veränderten, nicht nur in unseren Ländern, sondern auf der ganzen Welt.

Worüber spreche ich? Die erste Revolution war die Revolution der Demokratie. Im Jahre 1989, als die Berliner Mauer fiel, gab es laut Freedom House, einer unabhängigen amerikanischen Nicht-Regierungs-Organisation, insgesamt nur 69 Demokratien weltweit. Heute, etwa 20 Jahre danach, sind es ungefähr 120. Das ist ein enormer Fortschritt für die Menschheit dar: ein Mann, eine Frau, eine Stimme. Dies ist die Norm für das menschliche Zusammenleben, auch wenn wir wissen, dass es in Teilen der Welt noch immer Länder ohne demokratische Realität gibt.

Die zweite Revolution tragen wir mit uns herum und hoffen, dass es nicht gerade jetzt läutet – unser Mobiltelefon. Die IT-Technik, die sich auf der ganzen Welt durchsetzte, hat die demokratischen Revolutionen unterstützt und die Voraussetzungen für die Produktion und die menschliche Kommunikation auf besonders drastische Weise verändert. Wir kennen den Nokia-Werbeslogan aus der Zeit vor dem i-phone: *Connecting people*. Alle sind mit allen verbunden, jederzeit. Diese weltweite Vernetzung war die zweite Revolution.

Und wenn man Menschen miteinander verbindet, schafft man neue Märkte. Das ist die dritte Revolution, die wir erlebt haben: die Revolution der globalen Marktwirtschaft. Die Zeit der alten, starren Planwirtschaften ist vorbei. Sie wurden abgeschafft, weil sie nicht mehr funktionierten.

Im Gefolge dieser drei Revolutionen kam es weltweit zu einem dramatischen Wirtschaftswachstum. Der Höhepunkt war 2006 und 2007 erreicht, als 124 Länder auf der ganzen Welt eine Wachstumsrate von vier und mehr Prozent verzeichneten. Dies war eine Glanzzeit in der menschlichen Geschichte. Allein in China konnten 500 Millionen Menschen die Armut überwinden. Dies ist der positive Aspekt dieser dynamischen Entwicklung.

Doch es gab auch negative Auswirkungen, wie der Klimagipfel in Kopenhagen zeigte. Die wirtschaftliche Entwicklung hat vielfach schwere Klima- und Umweltschäden verursacht. Die zweite negative Auswirkung ist der Mangel einer globalen Führung. Wir wissen nicht, wie wir die globalisierte Welt, in der wir leben, regieren sollen. Die UNO ist anhand der Landkarte von 1945 konzipiert worden. Das war damals noch übersichtlich und relativ einfach zu handhaben. Die Welt ist heute viel komplizierter und stellt höhere Anforderungen an die politisch Verantwortlichen.

Die dritte negative Auswirkung bringt mich zu Ihrer Eingangsfrage: Der enorme Aufschwung der Weltwirtschaft schuf die Finanzkrise. Das heißt: Alles, was uns heute in Atem hält, begann bereits in den späten Siebzigerjahren des vergangenen Jahrhunderts. Und es begann mit dem Mann, der die Schuld an der Finanzkrise trägt.

Sie kennen den Schuldigen an der Finanzkrise? Wer ist es?

Ich bin davon überzeugt, dass ein einziger Mensch die Schuld an dieser Krise trägt. Er starb zwar zehn Jahre vor Ausbruch der Krise, dennoch hat er die Voraussetzungen dafür geschaffen. Ich spreche von Deng Xiaoping, der China de facto von 1978 bis 1997 regiert hat.

Deng Xiaoping machte zweierlei Dinge, wovon eines sehr gut war. Er führte in der Volksrepublik China markwirtschaftliche Prinzipien ein. Die Planwirtschaft hatte versagt, und mit der Einführung der Marktwirtschaft schuf er die Voraussetzungen dafür, dass eine halbe Milliarde Menschen die Armut überwinden konnte. Damit öffnete sich für uns in den reichen Ländern ein riesiger Markt, wir konnten nach China nun unsere Produkte und Dienstleistungen exportieren, für die eine enorme Nachfrage entstanden war. Doch Deng Xiaoping – und das ist der Grund dafür, dass ich ihm die Schuld an der Finanzkrise zuschreibe – beseitigte zugleich das soziale Sicherheitsnetz sowie das öffentliche Pensions- und Gesundheitssystem.

Was war geschehen? In dem Ausmaß, in dem die Chinesen aufgrund der marktwirtschaftlichen Reformen immer reicher wurden, begannen sie ebenso wie wir Geld beiseite zu legen, um für Krankheiten und das Alter vorzusorgen. Zunächst sparten sie, und dann begannen sie, ihr billiges Geld in die zweite große Wirtschaftsmacht auf der Welt, Vereinigten Staaten von Amerika, zu exportieren. Das führte zu großen Ungleichgewichten und das hatte Folgen.

Ich glaube also nicht, dass die Finanzkrise durch die Gier der Wall Street ausgelöst wurde. Im Jahre 2008 gab es keine Gier. Natürlich fehlten ausreichende Regulierungen auf dem Finanzsektor, doch das war nicht die Hauptursache für die Finanzkrise. Die Hauptursache waren die globalen Ungleichgewichte. Und diese wurden durch die Ängste der Chinesen verursacht, die als erstes zu einer hohen Sparquote der privaten Haushalte führten und später dazu, dass die Chinesen den übermäßigen Konsum in den USA anheizten. Der Rest ist Geschichte.

Übrigens: Wenn ich nach China fahre, werde ich immer wieder nach dem schwedischen oder skandinavischen Sozialmodell gefragt, denn in China müssen soziale Sicherheitsnetze, soziale Vorsorge und das öffentliche Gesundheitswesen neu aufgebaut werden, um der hohen Sparquote privater Haushalte entgegenzuwirken. Das bestätigt mich in meinem Urteil: Wir Sozialdemokraten haben haben in den Jahren 2006 bis 2010 die politische Macht verloren, aber nicht die ideologische Auseinandersetzung.

Gestatten Sie mir ein kurzes Gedankenspiel: Mal angenommen, Dengs seinerzeitiger wichtigster deutscher Gesprächspartner, Altkanzler Helmut Schmidt, wäre 2008 noch im Amt gewesen und hätte George W. Bush davon überzeugen können, Lehman Brothers nicht kaputt gehen zu lassen – so wie er in den 1970er Jahren Gerald Ford überzeugt hatte, die Stadt New York vor der Insolvenz zu bewahren:

Hätte dies den unvermeidbaren, in Ihrer Sicht von Deng verursachten Zusammenbruch verhindert?

Ja, zum Teil. Der Zusammenbruch von Lehman Brothers hat aufgrund unserer Vernetzung jedenfalls die Krise ausgelöst. Das wäre aber auch im Fall eines anderen Finanzinstituts dieser Größe der Fall gewesen. Es ist doch so: Wenn du unter einer sehr hohen Pulsfrequenz leidest, dann kann es sehr leicht geschehen, dass sich ein kleiner Blutklumpen bildet, sich ablöst und eine Vene verstopft – das führt zur Thrombose, die mit hoher Wahrscheinlichkeit dann einen Schlaganfall im Gehirn auslöst. Bei der amerikanischen *Subprime*-Krise handelte es sich um eine derartige Thrombose. Es fällt letztlich also nicht so sehr ins Gewicht, ob Lehman Brothers oder irgendein anderes Finanzinstitut die Krise auslöste. Ein Teil des Problems war der Mangel einer politischen Initiative durch die US-Regierung, als die Krise ausbrach.

Das sollten wir nicht vergessen.

Stimmt. Wir sollten aber auch nicht so sozialdemokratisch sein, um ausschließlich George W. Bush die Schuld zuzuweisen, denn das reicht nicht aus.

Trägt er denn nicht wegen seiner Inaktivität trotzdem die Hauptschuld am Ausbruch der Krise?

Nein, nicht die Hauptschuld. Denn das Problem hat sich im Laufe von 20 Jahren aufgebaut.

Aber ist es nicht auch zu einfach, einem Toten die Schuld zuzuschieben?

Es ist in der Tat sehr leicht, das zu tun. Aber auch ich habe Leuten wie Bush jr. die Schuld gegeben. Bei genauerem Nachdenken über die tieferen Ursachen der Krise stellt sich die Situation jedoch komplizierter dar.

Ist, so gesehen, Deng dann nicht auch mit schuld daran, dass die Sozialdemokraten in Schweden 2006 die Wahl verloren haben?

Nein, das müssen wir uns schon selbst zuschreiben. Wir waren ununterbrochen 12 Jahre lang an der Macht. Wir hatten die beste Wirtschaftsleistung, eine niedrige Arbeitslosenrate, ein hohes Beschäftigungsniveau, sehr starke öffentliche Finanzen und eine niedrige Inflation. Wir hatten also alles gut gemacht und haben dennoch verloren. Denn wir hatten vergessen, wo wir politisch stehen. Wir definierten uns eher als Institution denn als Vertreter der Wählerschaft. Die schwedischen Wähler und Wählerinnen haben das erkannt.

Wen meinen Sie jetzt mit »wir«?

Die sozialdemokratische Regierung. Wir Sozialdemokraten sahen uns in der Regierung nicht als Repräsentatnen der Bürger gegenüber der Macht. Wir agierten vielmehr als Vertreter dieser Macht gegenüber den Bürgern. Wir wurden zu satt, zu faul. Wir verstanden damals nicht, was die Menschen dachten. Wir redeten über ihre Köpfe hinweg, indem wir von Makroansätzen sprachen, während die Menschen mit ihren Mikroproblemen kämpften. So konnten wir die Stimmung in der schwedischen Gesellschaft nicht erfassen. Und das Vertrauen in eine politische Partei schwindet immer dann, wenn die Partei die Stimmung im Volk nicht mehr begreift. Umgekehrt beginnt sie zu wachsen, wenn man die Stimmung, die am Stammtisch herrscht, verstehen und artikulieren kann. Das war im Wahljahr 2006 unser Problem.

Diese Analyse dürfte nicht nur auf Schweden zutreffen. Sie beschreibt meines Erachtens ziemlich genau den politisch-gesellschaftlichen Hintergrund, vor dem Europas Sozialdemokratie schon vor dem Ausbruch der Weltfinanzkrise agierte. Die Wahlniederlagen in Deutschland, Frankreich, Italien, den Niederlanden und eben in Schweden haben Gründe, die nicht unmittelbar mit dem Ausbruch der globalen Finanzkrise zusammen hängen.

So sehe ich das auch. Ich denke, die tiefere Ursache dafür, dass wir in so vielen Ländern an Boden verloren haben, ist die Tatsache, dass zwischen der Wählerschaft und uns Sozialdemokraten die Kluft immer größer wird. Wir sind bis heute nicht in der Lage, zu erfassen und auszusprechen, was die Menschen denken. Offensichtlich haben die Menschen Angst vor der so genannten Globalisierung. Sie machen sich Sorgen angesichts aller möglichen Phänomene, die sie nicht richtig deuten und einschätzen können. Eine gute politische Führung muss dem vorbeugen. Solange wir das nicht tun, sind wir zum Scheitern verurteilt.

»Gute politische Führung«? Können Sie näher beschreiben, was Sie sich darunter vorstellen?

Über »gute politische Führung« habe ich eine ziemlich genaue Vorstellung. Sie muss meiner Meinung nach fünf wichtigen Kategorien genügen und das den Menschen vermitteln: Das ist zunächst und erstens ausreichende Empathie: gute Führung muss den Menschen vermitteln, dass sie weiß, wie sie fühlen, dass sie ihre Sorgen kennt; dann braucht es zweitens die Analyse der Problemlage: gute Führung muss überzeugend darstellen, dass sie die Gründe dafür kennt; drittens Werte: gute Führung muss erklären, warum diese Gründe für die Probleme beseitigt werden müssen; viertens braucht gute Führung eine Vision: Sie muss erläutern, wie die Alternative aussieht; und fünftens die Aktion: gute Führung muss die Menschen dafür gewinnen, die notwendigen Maßnahmen gemeinsam mit ihr zu ergreifen.

Kurzum: Als demokratischer Politiker muss ich mitfühlen, analysieren, Werte vermitteln, Visionen aufzeigen und Methoden anbieten. In dieser Reihenfolge! Es sollte immer mit dem glaubwürdigen Mitfühlen beginnen. Politiker und Politikerinnen sollten die Fähigkeit haben, zu artikulieren, was die Leute empfinden und was sie denken. Und sie müssen klar analysieren, weshalb die Gesellschaft und die Einzelnen in der Gesellschaft in der jeweiligen Verfassung sind. Ich muss also sehr klar Stellung beziehen hinsichtlich meiner Werte. Die Vision, die ich anbiete, muss attraktiv, aber zugleich auch realistisch sein.

Der Werkzeugkasten braucht erst beim letzten Punkt eingesetzt zu werden. Viel zu oft öffnen wir Sozialdemokraten den Werkzeugkasten verfrüht, weil wir glauben, wir wüssten ohnehin, wie die Gesellschaft aussieht. Und weil wir darauf brennen, die notwendigen Veränderungen möglichst rasch herbeizuführen. Damit ist das Scheitern aber oft schon programmiert.

Nehmen wir ein Beispiel, um leichter verständlich zu machen, was ich sagen will. Ich glaube, Barack Obama hat 2008 seinen Erdrutschsieg in Amerika nicht erzielt, weil die Amerikaner dachten, dass er die besten Vorschläge zur Reform des Gesundheitswesens machte. Die Ursache für seinen eindeutigen Wahlsieg im Jahr 2008 war, dass er die Stimmung in der Gesellschaft der USA gefühlt, verstanden und richtig darauf reagiert hat.

Genau das fehlt mir hier in Europa. Ich sehe bei vielen sozialdemokratischen Führungspersönlichkeiten oder Parteien weder diese Fähigkeit, noch den Willen, die von mir genannten fünf Dimensionen durchzuarbeiten. Die meisten analysieren die Lage und öffnen dann ihren Werkzeugkasten. Doch nur wenige haben das

Talent, Mitgefühl zu zeigen und Anteilnahme glaubwürdig auszudrücken.

Das Besondere der gegenwärtigen politischen Lage, die eine amerikanische Studie kürzlich das »Europäische Paradoxon« nannte, scheint ja zu sein, dass die Sozialdemokraten Wahlen gerade in einer Phase verlieren, in der zusehends klar wird, dass ihre Analyse des Kapitalismus weitgehend zutrifft.

Insofern gibt es auch ein »schwedisches Paradoxon«. Mitte der Neunzigerjahre verlief die wirtschaftliche Entwicklung problematisch, insbesondere die Beschäftigungslage ließ zu wünschen übrig, die Kosten des Wohlfahrtsystems liefen davon. Daher musste begonnen werden, soziale Transferleistungen zu kürzen und einige Veränderungen im Arbeitsrecht vorzunehmen. Das waren zum Teil unpopuläre Maßnahmen, doch irgendwie wurden sie verstanden, die Krise wurde überwunden, und wir wurden sogar wiedergewählt, obwohl unsere Maßnahmen sich im Einkommen der Bürger bemerkbar gemacht hatten. Als wir dann anfingen, den Erfolg unserer Politik zu ernten, wählte man uns ab. Wir konnten also erklären, weshalb wir gewisse Schritte gesetzt hatten, aber wir konnten anschließend die Zufriedenheit der Menschen nicht sicherstellen. Da war etwas schief gelaufen.

War es schief gelaufen, weil Sie nicht mehr im Büro des Premierministers die Fäden in der Hand hatten, sondern selbst Minister geworden waren und so mit den Problemen insgesamt nicht mehr auf Tuchfühlung bleiben konnten? Oder lag es an den Konservativen, die die Wahl gut vorbereitet und neue Ideen mitgebracht hatten?

Ich glaube, es war eine Kombination aller von Ihnen genannten Faktoren. Der Wahlausgang leitet sich aus einer Kombination von langfristigen, über die demografische Entwicklung hinausgehenden Situationen ab, von internationalen Phänomenen ebenso wie von einzelnen Vorkommnissen. Erinnern Sie sich, wir sprechen von den Jahren 2002 bis 2006, wobei ich an eine historische Katastrophe erinnern möchte, die der Veränderung der politischen Machtverhältnisse in Schweden voran ging: Ich meine die Katastrophe vom 10. September 2003, die Ermordung unsere damaligen Außenministerin, der populären Sozialdemokratin Anna Lindt. Wäre sie am Leben geblieben, so hätten wir aller Wahrscheinlichkeit nach die Wahl gewonnen.

Das ist Geschichte. Ich möchte aber noch eine Dimension hinzufügen. Der tiefere politische Grund für unsere Niederlage – und das ist eine Lektion, die wir lernen müssen – ist ein Phänomen, das wir auch in vielen anderen Ländern beobachten können. Die Konservative Partei erkannte, dass sie nicht wählbar ist, solange sie das schwedische Modell an sich in Frage stellte. Die Konservativen machten ja einerseits kein Hehl daraus, neoliberal zu denken. Sie hatten andererseits aber erkannt, dass die Schweden in gewisser Weise strukturell sozialdemokratisch sind. Sie schätzen die Sozialleistungen des Wohlfahrtsstaates und sie sind im Prinzip auch bereit, dafür hohe Steuern zu zahlen. Deshalb bewegten sich die Konservativen – sie heißen in Schweden »die Moderaten« – in Richtung Mitte, bekannten sich zum Wohlfahrtsstaat und vertraten eine relativ vernünftige Wirtschaftspolitik. Und dieser Umstand, gemeinsam mit der Tatsache, dass wir schon 12 Jahre lang an der Regierung waren und Göran Persson, unser Premierminister, leichte Ermüdungserscheinungen zeigte, schuf eine Situation, in der wir Neuwähler nicht mehr richtig erreichten.

Insgesamt gilt: Wenn man schon lange an der Regierung ist, muss man im Grunde genommen sehr vorsichtig sein, dass man nicht selbst zu der Institution wird, in die man gewählt worden ist, und sich nicht mit der Macht identifiziert, die einem in Wahrheit von den Wählern nur auf Zeit geliehen wurde.

Der niederländische Sozialwissenschaftler Uwe Becker, der sich ausführlich mit dem »schwedischen Modell« beschäftigt hat, schreibt zu diesem Thema in einem Aufsatz: »Trotz all seiner Schwächen ist Schweden wahrscheinlich noch immer das Modell par excellence für ein Wohlfahrtssystem, einen Wohlfahrtsstaat, eine Wohlfahrtsgesellschaft.« Gilt das heute, fast ein halbes Jahrzehnt nach dem Machtwechsel in Stockholm, noch immer?

Ich glaube schon. Trotz der Kürzungen und der so genannten Reformen, die keine sind: Im internationalen Vergleich, denke ich, ist das schwedische Modell nach wie vor das wettbewerbsfähigste. Gordon Brown und ich präsentierten vor mehr als einem Jahr auf einem internationalen Treffen ein Papier mit dem Titel »Social Bridges«. Dabei geht es darum, dass wir Brücken bauen müssen, um Menschen zu helfen, aus alten Arbeitsplätzen, die nicht mehr wettbewerbsfähig sind, auszusteigen und sich auf neue hin bewegen zu können. Ein Element dieses Brücken-Konzeptes ist die Arbeitslosenversicherung. Ein weiteres tragendes Element der »sozialen Brücke« besteht in einer aktiven Arbeitsmarktpolitik. Das dritte Element ist das Konzept des lebenslangen Lernens. Es geht also darum, die Menschen zu schützen, nicht die Arbeitsplätze.

Die derzeitige Regierung in Stockholm hat diese Brücken geschwächt, wofür ich sie kritisierte. Doch im Vergleich zu anderen Ländern sind unsere Brücken nach wie vor bei weitem tragfähiger. Dabei geht es darum, dass Menschen eher bereit sind, sich zu bewegen, sich anzupassen, weil sie abgesichert sind. Unsere Bereitschaft zur Flexibilität ist wohl der Grund, weshalb so viele Länder auf der ganzen Welt noch immer so großes Interesse am schwedischen Modell zeigen, das auf dem Prinzip basiert: Je besser die Menschen sozial abgesichert sind, je eher sie eine zweite, eine dritte und eine vierte Chance bekommen, umso wettbewerbsfähiger wird das Land sein – trotz der sehr schmerzhaften strukturellen Veränderungen, die in den kommenden Jahren angesichts neuer Konkurrenzsituationen notwendig sein werden.

Werfen wir doch einen Blick auf Amerika. Die amerikanische Wirtschaft befindet sich in einer extrem schwierigen Lage. Sie funktionierte, solange neue Arbeitsplätze geschaffen wurden. Die hohe Mobilität in der amerikanischen Gesellschaft stellte die Voraussetzung für das Wachstum der USA dar. Eine wichtige Voraussetzung dafür war die Möglichkeit, dass die Menschen ihre Häuser verkaufen konnten. Derzeit werden weder neue Arbeitsplätze geschaffen, noch ist es möglich, Häuser zu verkaufen. Und seither gibt es auch keine allgemeinen sozialen Rechte mehr in den USA.

Soziale Brücken fehlen gänzlich. Alle Rechte sind an den Arbeitsplatz geknüpft, und wenn man diesen verliert, verliert man auch alle sozialen Ansprüche. Es gibt keine Arbeitslosenbezüge. Deshalb ist das amerikanische Modell in dieser neuen Welt so schlecht. Zum ersten Mal stehen die USA vor einer echten Herausforderung. In einer globalisierten Welt erweist sich daher das schwedische oder das skandinavische Modell als überlegen.

Politisch ändert sich in Schweden jetzt aber einiges. Mehr als der Machtverlust der Sozialdemokraten im Jahr 2006 war die Tatsache bemerkenswert, dass sie die Wahl dann auch 2010 verloren und die Mitte-Rechts-Koalition aus vier bürgerlichen Parteien wieder gewählt wurde, wenn auch ohne Mehrheit im Parlament, was allerdings in der schwedischen Demokratie nicht so ungewöhnlich ist. International aufgefallen ist bei dieser Wahl aber nicht zuletzt der Einzug der rechtsradikalen, fremdenfeindlichen »Schwedendemokraten« ins Parlament. Wird die Regierung sich politisch auf diese Randgruppe stützen?

Nein, ich denke, die Konservativen werden mit dieser populistischen Rechtspartei nicht zusammenarbeiten. Sie sagen das, und ich glaube es ihnen. Schließlich läuft ihr Konzept ja darauf hinaus, bessere Sozialdemokraten zu sein als wir. Sie beanspruchen die Rolle der so genannten Gemäßigten beziehungsweise der »neuen Arbeiterpartei«, wie sie sich gerne nennen. Diese Ambition wäre unvereinbar mit einer Zusammenarbeit mit dieser Rechtspartei. Deshalb glaube ich, dass sie das nicht tun werden. Sie werden stattdessen von Fall zu Fall mit den Grünen beziehungsweise mit den Sozialdemokraten zusammenarbeiten müssen. Nach meiner Beobachtung sind vor allem die schwedischen Grünen zu dieser Zusammenarbeit gerne bereit.

Sind Sie vom Erfolg der Rechtsradikalen überrascht? Sehen Sie darin eine Bedrohung oder eine Herausforderung für die Demokratie in Schweden, oder werden die Schwedendemokraten wie andere extremistische Parteien vor ihnen bald wieder von der Bildfläche verschwinden?

Wir hatten Anfang der Neunzigerjahre eine rechtsextreme Partei im Parlament. Sie hielt sich nur eine Amtsperiode lang. Diesmal liegen die Dinge anders. Die Partei der *Sverigedemokraterna* ist viel besser organisiert. Sie ist seit Jahren in der Lokalpolitik tätig und dort zum Teil auch politisch erfolgreich. Damit umzugehen ist schwieriger. Diese Partei schreibt die Immigrantionsproblematik auf ihr Banner, beschäftigt sich aber auch eingehend mit der Lage der Pensionisten. Auf diese Themenkreise konzentriert sie sich besonders. Im Allgemeinen kann man davon ausgehen, dass unter den schlechter ausgebildeten Männern an der Peripherie der Gesellschaft und unter den Pensionisten mit geringem Einkommen die Wähler der Sozialdemokraten relativ stark vertreten sind. Da es sich dabei doch um zwei große Gruppen handelt, kann diese Partei da zweifellos Stimmen holen.

Könnte es sein, dass Schweden sich unter dem schützenden Mantel der Wohlfahrtstsgesellschaft und des sozialstaatlichen Konsenses strukturell so weit verändert hat, dass antisoziale Haltungen Fuß fassen und psychische Strukturen sich so verändert haben, dass die Rechtsextremisten und Rassisten mehr Zulauf bekommen? Immerhin legen die schwedische Literatur, vor allem die weltweit erfolgreichen Kriminalromane, und ebenso die populären Filme und Fernsehproduktionen aus den nordischen Ländern die Vermutung nahe, dass da unter der friedlichen und gefälligen Oberfläche einiges brodelt und womöglich eine zweite, ganz andere Wirklichkeit im Entstehen begriffen ist.

Das glaube ich nicht. Wir hatten ja schon in den Fünfzigerjahren die Filme von Ingmar Bergman – und seine Produkte waren auch nicht gerade vergnüglich.

Düster, aber viel weniger spannend.

Das stimmt. Verstehen Sie mich richtig: Man darf die »Schwedendemokraten« nicht unterschätzen. Doch man sollte andererseits deren Wähler nicht stigmatisieren. Man muss als demokratischer Politiker sehr vorsichtig in seinen Beziehungen zu den Wählern sein. In Diskussionen mit Vertretern der Schwedendemokraten muss man einerseits eine sehr klare Sprache sprechen und hart argumentieren. Was ich andererseits aber nicht akzeptiere ist die Behauptung, die Tatsache von 330.000 Stimmen für die rassistischen Schwedendemokraten bedeute, wir hätten mindestens 330.000 Rassisten in Schweden.

Was sonst sollte es bedeuten?

Nun, das könnte auch ein Signal an uns sein, dass wir diese Menschen zu wenig oder gar nicht beachtet haben. Das heißt, wir sind nicht umsichtig, nicht sozialdemokratisch genug bei der Umverteilung der Ressourcen in jene Bereiche, in denen diese Nichtbeachteten und Zukurzgekommenen leben, vor allem in ländlichen Gebieten. Dort befindet sich ein hoher Anteil der Globalisierungsopfer, die ihre Stimme den Schwedendemokraten gegeben haben. Sicherlich sind manche von ihnen Rassisten, aber längst nicht alle. Unsere Hausaufgabe als Sozialdemokraten besteht darin, dass wir diesen Menschen künftig viel mehr Aufmerksamkeit schenken müssen als in der Vergangenheit.

Ich möchte noch einen anderen Punkt erwähnen, über den wir nachdenken und zu dem wir unsere Haltung überprüfen müssen. Wie ich schon vorhin sagte, verloren wir die Wahl 2006, als sich unser Land in einer phantastischen wirtschaftlichen Lage befand. Nun habe ich vor einem Jahr erfahren, dass während meiner Zugehörigkeit zur Regierung zwischen 2002 und 2006, also in den Jahren dieses wirtschaftlichen Booms, die Anzahl der Schulabbrecher in Schweden drastisch angestiegen ist.

Aus welchem Grund?

Die Budgetmittel waren falsch eingesetzt worden. Wir wissen ziemlich genau, woher die Kinder kommen, die ihre Schulausbildung abbrechen. Wir wissen, wo sie leben und aus welchen Familien sie kommen. Wir wissen, wie wir mit diesem Problem umgehen müssen. Es geht im Wesentlichen um die richtige Verteilung der Ressourcen. Doch gerade da haben wir Fehler gemacht. Wir haben in diese Kinder und deren Schulen zu wenig investiert, da sollten wir sehr selbstkritisch sein.

Beides, die Wahlerfolge der Schwedendemokraten und der Anstieg der Schulabbrecherquote, scheint mir mit dem Phänomen der wachsenden Distanz zwischen den »Normalbürgern« und den politisch-sozialen

Eliten, also auch den traditionellen Volksparteien, zusammen zu hängen. Der deutsche Sozialdemokrat Peer Steinbrück spricht von »Parallelgesellschaften«. Das ist ein Begriff, der sonst zur Beschreibung der Einwanderungs- und der Integrationsprobleme dient. In diesem Fall meint Steinbrück mit »Parallelgesellschaft« das Abschottungsverhalten von Teilen der Gesellschaft gegenüber ihrer sozialen Umwelt und deren Probleme, also die Realitätsferne der sozialen Eliten und der etablierten Politik. Müssen die »Volksparteien« sich demzufolge mehr auf das »Volk« einlassen? Müssen sie sich stärker »volksnah« präsentieren, sozusagen »populistischer« werden, um diese Distanz zu überwinden, von der die Extremisten zurzeit profitieren?

Das ist eine Frage der Definition. Aber im Prinzip denke ich ja! Die demokratischen Parteien müssen aus der Situation das Richtige lernen. Ich glaube, ein verantwortungsbewusster Politiker muss eine Vorstellung davon haben, was in den gewöhnlichen Menschen, die nicht ständig mit Politik zu tun haben, vor sich geht, und er muss in der Lage sein, das deutlich zu artikulieren. Wenn Sie das »volksnah« nennen, gut, dann bin ich volksnah. Das bedeutet aber keineswegs, dass ich mich damit auf eine radikale, populistische Analyse der Gesellschaft einlasse, rassistische Thesen übernehme oder die Vision vertrete, Immigranten seien in Schweden nicht willkommen oder die strengen dänischen Einwanderungsgesetze sollten auch in Schweden eingeführt werden. Wenn das mit »volksnah« gemeint ist, dann bin ich als Demokrat nicht volksnah. Aber ich muss den Mut haben, über die Themen zu sprechen, deretwegen viele Menschen die Extremisten wählen. Ich muss aussprechen, was den Menschen wirklich Angst macht – allein schon deswegen, um in der nächsten Wahl eine Chance zu haben.

Bevor wir uns die politische Situation auf dem europäischen Festland ansehen, noch eine Frage zu einem angeblichen – oder tatsächlichen –

Wandel in der schwedischen Gesellschaft. Wir sprachen schon davon, dass die Konservativen Anfang des vergangenen Jahrzehnts ihre ursprüngliche Dauerkritik am Wohlfahrtsstaat und an dem hohen Steuerniveau in Schweden realitiviert hatten, um in der Wahl überhaupt eine Chance zu haben. Ihr ruckartiger Wandel zur »neuen Arbeitnehmerpartei« und zur Verteidigerin des »schwedischen Modells« der hohen Sozialleistungen und hohen Steuer war dann ja auch erfolgreich.

Nach ihrem Wahlsieg haben die »Neuen Moderaten« aber dann doch da und dort Steuern gesenkt, und es sieht *jetzt so aus, als seien sie dafür von den Wählern auch tatsächlich mit der Wiederwahl belohnt worden. Die Schweden seien, so hört man nun, inzwischen doch ziemlich froh darüber, weniger Steuern bezahlen zu müssen – was uns Nicht-Schweden ja irgendwie einleuchtet. Täuscht dieser Eindruck oder hat die Mitte-Rechts-Koalition da womöglich einen ersten ideologischen Erfolg errungen und das öffentliche Bewusstsein etwas verändert?*

Nein, das ist bisher nicht der Fall. Verschiedene Umfragen haben gezeigt, dass die Mitte-Rechts-Koalition nicht auf Grund von Steuersenkungen im Amt bestätigt wurde. Die Senkungen, die sie durchgezogen hat, waren kein wesentliches Thema in der Wahlkampagne. Was die Konservativen hingegen unterstrichen, war ihre Fähigkeit, während der akuten Phase der Krise diese zu meistern. Es gelang ihnen zu zeigen, dass sie Schweden regieren können, was aus einer historischen Perspektive für sie extrem wichtig war. Denn traditionellerweise hatten wir in der Vergangenheit Mitte-Rechts-Koalitionen, die immer irgendwie mit dem Regieren überfordert gewirkt hatten. Die Steuersenkungen spielten jedenfalls in der Wahl 2010 keine wesentliche Rolle. Die Mehrheit der Schweden ist nach wie überzeugt davon, dass wir hohe Steuern zahlen sollten, vorausgesetzt, dass wir dafür gute Leistungen bekommen. Was das angeht, bin ich also nicht so pessimistisch.

Wenn also die sozialdemokratische Partei wieder an die Macht käme, würde sie dann die Steuersenkungen korrigieren?

Ich trage keine Verantwortung mehr in der Partei. Im selbstkritischen Rückblick sehe ich eines unserer Probleme aber darin, dass wir nicht ausreichend argumentiert haben, weshalb hohe Steuern notwendig sind, dass wir die höheren Einnahmen zur Finanzierung dessen brauchten, wofür alle Schweden eintreten, nämlich die tragfähigen sozialen Brücken und das soziale Wohlfahrtssystem. Wir hatten offenkundig nicht genug Selbstvertrauen, den Wählerinnen und Wählern die Wettbewerbsfähigkeit unseres spezifischen Wohlfahrtssystems vor Augen zu führen. Die Notwendigkeit einer Umverteilung zwecks Reduzierung der sozialen Kluft im Gefolge der Globalisierung wurde von uns nicht angesprochen. Ich denke, wir hätten viel mehr Argumente bezüglich unserer Wirtschaft und ihrer Wettbewerbsfähigkeit anführen müssen, statt uns darauf zu beschränken, das Wohlfahrtssystem als allgemein akzeptierte Grundlage für eine solidarische Gesellschaft zu propagieren. Wir hätten also den Verstand der Menschen ansprechen sollen, nicht nur ihre Herzen. Man kann den Menschen wirklich erklären, warum Steuern zur Gewährleistung bestimmter sozialer Dienstleistungen bei gleichzeitiger Aufrechterhaltung der ökonomischen Wettbewerbsfähigkeit nötig sind.

Lassen Sie uns jetzt über politische Strategien sprechen und dabei über Schweden hinaus blicken. Welche strategischen Optionen empfehlen Sie den europäischen Schwesterparteien in einer Parteienlandschaft, in der absolute Mehrheiten für die klassischen Volksparteien unter den Voraussetzungen des Verhätlniswahlrechts nahezu unmöglich geworden sind? Sollten die Sozialdemokraten sich stärker auf ihre traditionellen Werte rückbesinnen, ihre traditionelle Plattform wieder aufbauen, rhetorisch und programmatisch sozusagen

»aufrüsten« und sich entlang den historischen Konfliktlinien profilieren ohne Blick auf mögliche Bündnisse und Partnerschaften nach der Wahl? Oder sollten sie dem Rat jener folgen, die sagen: in der modernen europäischen Parteienlandschaft sind absolute Mehrheiten ohnehin unerreichbar, deshalb sollten die Sozialdemokraten schon vor den Wahlen Bündnisse schließen, also nicht nur Absichtserklärungen abgeben, sondern unter Umständen auch mit den künftigen Koalitionspartnern bereits gemeinsam in die Wahl ziehen? Die Sozialdemokraten in Norwegen waren damit erfolgreich, in Schweden hat das nicht funktioniert.

Indirekt haben Sie die Antwort schon vorweg genommen: Es kommt auf die Bedingungen im jeweiligen Land an. Sehen Sie sich Norwegen und Schweden an. Ich glaube, der alte schwedische Weg, selbstständig in die Wahl zu ziehen, ist der beste. Wir haben letztes Mal versucht, schon vor der Wahl eine Koalition zu bilden, doch das ist gescheitert. Ich hatte von Anfang an eine klare Meinung, warum das nicht funktionieren konnte. Die Sozialdemokratie ist ja an sich schon eine Koalition. Sie ist ein klassenpolitisches Bündnis zwischen einer Partei für materiell schlechter gestellte Frauen und Männer am Rande der Gesellschaft und einer Partei der etablierten Menschen mit Bildung und sozialem Gewissen. Das Bindemittel, das alle zusammenhält, ist der Gedanke der Gleichheit, der sozialen Gerechtigkeit und der Menschenrechte. Das ist ein Bündnis nicht nur aus rationalen Gründen. Es kann daher meiner Ansicht nach nicht gelingen, bereits vor einer Wahl eine Koalition mit anderen Parteien zu bilden. Weder die Grünen, noch die früheren Kommunisten noch irgendeine andere Partei sind Sozialdemokraten …

Sogar manche Mitglieder der Sozialdemokratie sind eigentlich keine Sozialdemokraten.

Genau, das stimmt. Wenn wir weiterhin die Partei für die überwiegende Mehrheit dieses Volkes sein wollen, wenn wir meiner Theorie entsprechend uns als Koalition verschiedener Gruppierungen sehen, dann sollten wir nicht schon vor den Wahlen von Koalitionen mit anderen Parteien sprechen. Ich bin überzeugt davon, dass die Wählerschaft Parteien möchte, die nicht nur die Macht anstreben – dazu dienen ja die Koalitionen nach der Wahl –, sondern die klar für ihre Überzeugungen eintreten und dafür werben. Wir wollen unseren Wählerinnen und Wählern mit unseren roten Flaggen gegenübertreten und ihnen unsere Argumente vortragen, und dann werden wir sehen, was sie davon halten. Nach den Wahlen bin ich bereit, mit den Grünen oder den ehemaligen Kommunisten zusammenzuarbeiten. Aber eins nach dem anderen.

Das Dilemma der sozialdemokratischen Spitzenkandidatin, Mona Sahlin, war nach meiner Beobachtung gekennzeichnet davon, dass sie es eigentlich nur falsch machen konnte. Sie wurde in den eigenen Reihen kritisiert, weil sie mit den Exkommunisten und den Grünen schon für den Wahlkampf eine Koalition eingegangen war. Das hatte allerdings auch einige Zeit gedauert, bis sie sich dazu durchgerungen hatte, weil man ihr in der Partei umgekehrt vorgehalten hatte, wenn sie diese Rot-rot-grüne Koalition nicht schon im Wahlkampf verabrede, dann fehle ihr jede Machtperspektive. Am Ende half es nicht, hat vielleicht sogar geschadet, während es in Norwegen für Jens Stoltenberg geklappt hat.

Ich sagte ja schon, dazu müssen wir die im jeweiligen Land vorherrschenden Bedingungen berücksichtigen. Im Allgemeinen denke ich allerdings, dass wir selbstbewusster mit unseren Vorstellungen auftreten sollten. Von vorneherein auszugehen, wir können nicht regieren, wenn wir nicht schon vor den Wahl mit anderen kooperieren, klingt nicht sehr kämpferisch. Das klingt eher düster und verzagt.

Es kann immerhin der politischen Realität entsprechen.

Mag sein. Aber mit dieser Einstellung werden wir keine größere Unterstützung bekommen. Für mich zählt zunächst nur, in der Wahl mehr Wählerstimmen zu gewinnen. Wir haben ein enormes Potenzial, das wir anzapfen können. Wir sind nicht dazu verurteilt, uns mit 28 oder 29 Prozent der Wählerstimmen zufrieden zu geben. Wenn wir wirklich erklären können, was wir tun, wenn wir es wagen, für unsere Werte einzutreten, wenn wir den Mut haben, zu unseren Steuern zu stehen, die notwendig sind, um das von uns geschaffene weltweit beste Gesellschaftsmodell zu finanzieren, dann werden wir Erfolg haben.

Wie erklären Sie diese beiden letzten Niederlagen, 2006 und 2010? Hat die Sozialdemokratie ihre Prinzipien und Vorstellungen nicht ausreichend klar dargestellt? Fehlte es an Kommunikation? Schon 2002, als sie in der Regierung bestätigt wurde, war das Wahlergebnis nicht berauschend. Ist das ein struktureller Niedergang der Sozialdemokratie?

Hätten wir 2006 gegenüber einer betont neoliberalen konservativen Partei verloren, dann würde diese Analyse zutreffen. Aber wir haben schon über die Anpassung der Konservativen an das von uns entwickelte »schwedische Modell« gesprochen. Diese Anpassung war die Voraussetzung für den Erfolg der Konservativen, ganz unabhängig von Fehlern, die wir gemacht haben und über die wir vorhin gesprochen haben. Meine These lautet daher: Wir haben zwar wieder einmal die Macht verloren, aber nicht die ideologische Schlacht.

Im Gegenteil. Die Unterstützung des schwedischen Modells war niemals stärker als jetzt. Für einen Sozialdemokraten ist das eine vielversprechende Tatsache. Und es ist höchste Zeit, damit zu beginnen, auf unsere Errungenschaften stolz zu sein. Aber nochmal:

Uns fehlt es an Selbstvertrauen, an Vertrauen in unsere eigenen Ideen. Ich bereise die ganze Welt, vor allem die Schwellenländer. Als Finanzminister habe ich China besucht. Ich hatte die Ehre, in Beijing vor der Akademie der chinesischen kommunistischen Parteiführer einen Vortrag zu halten. Ich hatte gedacht, das sei eine Universität, doch stellte sich heraus, dass die hohen Militärs einmal pro Woche während des gesamten Jahres diese Institution besuchen mussten, um als linientreu zu gelten. Zur Begrüßung sagten sie zu mir: »Wissen Sie, vor 50 Jahren haben wir Südkoreaner eingeladen, damit sie uns beibringen, wie man Kapitalist wird. Heute haben wir einen schwedischen Sozialdemokraten eingeladen, um zu lernen, wie man mit Kapitalisten umgehen soll.«

Die Chinesen verstehen es, die Erfahrungen und die Erkenntnisse anderer zu übernehmen und anzuwenden. Eines Tages werden sie vielleicht nicht nur unsere Volvos kaufen, sondern auch unser Sozialversicherungssystem kopieren. Es tut mir leid, das zu sagen, aber ich glaube, die Chinesen werden eines Tages sozialdemokratischer sein als die Amerikaner.

Das würde mich nicht wundern. Übrigens haben die Chinesen außer Ihnen und den Südkoreanern, um das Neueste über den Kapitalismus zu lernen, auch mal Professor Anthony Giddens, den geistigen Vater des Third Way *von* New Labour *eingeladen, um Genaueres über eben diesen Dritten Weg »zwischen links und rechts« zu erfahren. Wenn wir jetzt über strategische Optionen für die Sozialdemokratie sprechen und uns fragen, wie die Parteien sich zwischen den Extremen und gegenüber den gewandelten Konservativen künftig positionieren sollen, dann geht es auch darum, ob sie sich zur Mitte orientieren oder stärker nach links. Hat die Bewegung hin zur Mitte vor dem Hintergrund Ihrer schwedischen Erfahrungen Zukunft? Oder sollten die Sozialdemokraten sich tendeziell wieder stärker als klassische Arbeitnehmerpartei profilieren?*

Zunächst einmal: Wir in Schweden waren nie auf dem Dritten Weg. Davon haben wir nur gelesen.

Ähnlichkeiten waren also rein zufällig?

Sofern es sie gab, beruhte das nicht auf einer Übernahme des *New Labour*-Modells. Das spielte für uns keine Rolle. Wir haben während der Finanzkrise riesige Budgetkürzungen vorgenommen, doch das »schwedische Modell« als solches haben wir nicht verändert. Der Dritte Weg war ein Etikett, das im Wesentlichen im britischen Kontext artikuliert wurde. Das Vereinigte Königreich ist gleichsam ein anderer Planet als Schweden. Dort waren die Konservativen die gesellschaftlich-politische Norm, so wie wir Sozialdemokraten das in Schweden waren.

Die »Norm«?

Ja, die politische Norm, nach der sich jedermann zu richten hatte. Im politischen Kontext des Vereinigten Königreichs herrschten insofern völlig andere Bedingungen als in Schweden. Ich habe an sehr vielen Treffen zwischen Göran Persson und Tony Blair teilgenommen und kann versichern: Wir waren nicht da, um den Briten zu lauschen und von ihnen zu lernen. Die Labour Party hat unter den gegebenen Bedingungen Außergewöhnliches geleistet. Aber da war nichts, was für uns unter Schwedens gesellschaftlichen Bedingungen brauchbar oder hilfreich gewesen wäre. Was ich damit sagen will: Unser Modell ist wettbewerbsfähig und den Anforderungen der Zeit durchaus gewachsen. Was wir brauchen sind keine Korrekturen am System, sondern mehr Vertrauen zum Modell selbst und seiner Belastbarkeit. Es braucht hohe Steuern, das stimmt, aber dafür haben wir gute Argumente. Und ja, in diesem Sinne sollten wir uns auf unsere Wurzeln besinnen. Die

Bedingungen ändern sich natürlich und auf die veränderten Realitäten müssen wir jeweils reagieren – das bleibt unsere Hausaufgabe.

In den aktuellen strategischen Debatten wird – zumindest außerhalb Schwedens – die Reorientierung der Sozialdemokratie auf die Gewerkschaften als Voraussetzung für einen politischen Erfolg genannt und darüber hinaus eine Öffnung zur Zivilgesellschaft und zu neuen gesellschaftlichen Bündnissen. Mit Amnesty International, Transparency, Ärzte ohne Grenzen, Greenpeace oder anderen Organisationen könnte man themenorientiert kooperieren, in Fragen der Menschenrechte, der sozialen Gerechtigkeit, des Verbraucherschutzes oder insbesondere auch in der Klimapolitik. Sehen Sie darin eine Möglichkeit? Ist das, abgesehen von den Gewerkschaften, wo in Skandinavien die Verbindungen noch ziemlich stark zu sein scheinen, ein neues Terrain, auf dem man die politische Basis der Sozialdemokratie erweitern könnte?

Im Vergleich zu anderen Ländern besteht bei uns nach wie vor eine klare Verbindung zwischen der Partei und den Arbeiterorganisationen, das ist richtig. Aber auch diese Beziehung könnte eine neue Befestigung gut gebrauchen, eine klügere und engere Zusammenarbeit. Was wir in Skandinavien insgesamt tun sollten, einschließlich Norwegen, ist die Wiederherstellung einer Verbindung mit den Intellektuellen. Ich habe den Eindruck, die Intellektuellen haben uns verlassen, weil sie in uns heute eine auf Macht ausgerichtete Partei ohne klare ideologische Festlegung sehen. Für eine sozialdemokratische Partei ist eine enge Beziehung zu den Intellektuellen aber extrem wichtig. Die phantastischen Gespräche zwischen Olof Palme, Bruno Kreisky und Willy Brandt hatten ein großes Echo unter den Intellektuellen und förderten den Gedankenaustausch zwischen ihnen und uns. Aber wo gibt es heute

Führungspersönlichkeiten dieses Kalibers in den sozialdemokratischen Parteien?

Ich wuchs auf in der Ära Olof Palmes und lese zurzeit eine wunderbare Biographie über ihn. Das Buch wird meines Wissens ins Deutsche übersetzt und ich kann es nur sehr empfehlen. Ein phantastisches Buch.[1] Bei der Lektüre sind mir zwei Dinge aufgefallen: Palmes Beziehung zu den Intellektuellen und die internationale Dimension in allem, was Palme dachte. Ich glaube, es wäre Teil eines Rezepts für die heutige Sozialdemokratie, die Verbindung zu den Intellektuellen wieder aufzunehmen und so die eigene Perspektive zu erweitern. Ich bin überzeugt, die Parteien würden davon enorm profitieren.

LITERATUR

1 Henrik Berggren. »Olof Palme. Vor uns liegen wunderbare Tage. Die Biographie«. btb. München 2011.

GEFAHREN, ÄNGSTE, CHANCEN

Europas Sozialdemokratie und die globalen Herausforderungen des 21. Jahrhunderts

Frank-Walter Steinmeier im Gespräch

»Die neue Balance zwischen repräsentativer und direkter Demokratie braucht mehr Phantasie als in der Forderung nach mehr Volksentscheidungen und Volksbefragungen erkennbar wird.«

FRANK-WALTER STEINMEIER, geboren am 5. Jänner 1956, ist seit Oktober 2009 Fraktionsvorsitzender der SPD im Deutschen Bundestag. Davor war er in der Großen Koalition (2005 bis 2009) Außenminister, ab 2007 auch Vizekanzler. In der rot-grünen Koalition unter SPD-Kanzler Gerhard Schröder (1998 bis 2005) hatte er als Chef des Kanzleramts unter anderem maßgeblichen Anteil an der Erarbeitung der Sozialstaatsreform »Agenda 2010«. Der promovierte Jurist war in der Bundestagswahl 2009 Kanzlerkandidat der SPD.

Das Gespräch fand am 31. Jänner 2011 in Wien statt.

Werner A. Perger:
Beginnen wir unser Gespräch mit einer kurzen Bestandsaufnahme des gegenwärtigen Zustands: Die Sozialdemokratie hat zurzeit auf die europäische Politik keinen gestaltenden Einfluss, sie fällt auf durch ihre Schwäche und Abwesenheit. Erleben wir jetzt tatsächlich das von Ralf Dahrendorf vor mehr als einem Vierteljahrhundert beschriebene »Ende des sozialdemokratischen Jahrhunderts«?

Frank-Walter Steinmeier:
Über die derzeitige Schwäche der europäischen Sozialdemokratie braucht man sich nichts vorzumachen. Sie ist offenkundig. Das hat allerdings weniger zu tun mit dem oft zitierten Wort »Ende des sozialdemokratischen Jahrhunderts«. Das ist keine objektive historische Entwicklung, für deren Beschreibung man sich politikwissenschaftlicher Kategorien bedienen müsste. Der gegenwärtige mangelnde politische Einfluss der Sozialdemokratie auf die europäische Politik hat vielmehr mit der schlichten Tatsache zu tun, dass die Sozialdemokraten nur in wenigen Mitgliedsländern der Europäischen Union an der Regierung beteiligt sind. Es ist ja noch nicht so lange her, da war die Situation anders, und auch damals lag dies nicht an epochalen Kräfteverschiebungen.

Schauen wir zurück auf das Jahr 1998, das Jahr, in dem ich mit Gerhard Schröder von der Ebene der Landesregierung in Niedersachsen auf die bundespolitische Ebene gewechselt bin. Das geschah zu diesem Zeitpunkt fast unerwartet. Dass die Mehrheitsverhältnisse im Herbst 1998 die Bildung einer rot-grünen Bundesregierung erlauben würden, war im Sommer des Jahres keineswegs absehbar gewesen. Man konnte möglicherweise davon ausgehen, dass die Deutschen Helmut Kohl, der da schon 16 Jahre lang regiert hatte, nicht mehr wollten, aber dass es zu der klaren rot-grünen Mehrheit kommen würde, die wir dann erreichen sollten, das war nicht von vorneherein klar.

Immerhin hatten aber im Jahr zuvor die sozialdemokratischen Schwesterparteien der SPD in Großbritannien und in Frankreich Mehrheiten erreicht und insgesamt sah die parteipolitische Machtverteilung innerhalb der Europäischen Union anders aus.

Das stimmt. Als wir im Herbst 1998 schließlich zusammen mit den Grünen in Bonn die Regierung bildeten, regierten innerhalb der EU mehrheitlich die Sozialdemokraten. Das ist in der Tat ein großer Unterschied zur heutigen Machtverteilung. Von einer Mehrheitsoption der Sozialdemokratie in Europa sind wir zurzeit weit entfernt. Doch die inhaltliche Schwäche der mehrheitlich regierenden Konservativen sollte es uns erleichtern, diese Situation in den kommenden Jahren wieder zu verändern. Das ist die Voraussetzung dafür, dass wir wieder stärkeren Einfluss auf die Gestaltung der europäischen Politik nehmen können.

Nun muss man allerdings feststellen, dass auch zur Zeit der sozialdemokratischen Mehrheit innerhalb der EU – vor dem Machtwechsel in Österreich durch die Bildung der Rechts-Koalition aus christdemokratischer ÖVP unter Wolfgang Schüssel und rechtspopulistischer FPÖ unter Jörg Haider stellten die Sozialdemokraten in elf von 15 Mitgliedsstaaten den Regierungschef – die demokratische Linke in der europäischen Politik keine besondere Rolle spielte. Auch nicht in der Außenpolitik der Gemeinschaft. Woran lag das? 20 Jahre zuvor war die Situation mit weniger Regierungsbeteiligungen anders. Die deutsche Ostpolitik war trotz heftiger Widerstände aus dem konservativen Lager in Europa prägend, beispielsweise beim strittigen Thema der Europäischen Konferenz über Sicherheit und Zusammenarbeit (KSZE), in der Auseinandersetzung um die Rüstungsbalance zwischen Ost und West und in den Bemühungen um Erleichterungen für die Menschen im geteilten Europa. Die SPD spielte damals eine wichtige Rolle, selbst als sie in Bonn nicht mehr regierte. Die von Sozialdemokraten wie Willy Brandt und Helmut Schmidt entwickelte Entspannungspolitik wurde von der Kohl-Genscher-Regierung nach der Bonner Wende von 1982 auf internationaler Bühne weiter verfolgt. Lässt sich daraus für heute keine Lehre ziehen?

Man kann außenpolitische Konstellationen nicht einem historischen Modell nachbauen, um dann die Erfolge von einst zu wiederholen. Konfliktsituationen wie die um die Entspannungs- und Sicherheitspolitik der 1970er und 1980er Jahre kann man nicht neu erfinden. Willy Brandt wurde auch nicht Kanzler mit dem festen Bestreben, eine neue Ostpolitik zu entwickeln, um sie zum zentralen Konfliktfeld einer Gesellschaft und zur Grundlage für einen Wahlerfolg nach dem Vorbild von 1972 zu machen. Willy Brandt hat später selbst mal beschrieben, dass diese Auseinandersetzung um die Ostverträge und die Entspannungspolitik gar nicht so sehr als zentraler Konflikt innerhalb der deutschen Gesellschaft erahnt oder gar geplant war. Das hat sich einfach so entwickelt, Brandt machte daraus eine in sich schlüssige Politik, die bei uns in Deutschland zur Einheit und vor allem zu einer deutlichen Entspannung und Veränderung unseres Verhältnisses zu allen osteuropäischen Staaten, einschließlich Russland, geführt hat.

Mit dem Ende des Kalten Krieges und der Wiederherstellung der deutschen Einheit waren die großen außenpolitischen Konflikte, in denen die deutsche Sozialdemokratie ihre staatspolitische Kompetenz so eindrücklich hatte zeigen können, fürs Erste erledigt. An den Außengrenzen Europas gab es keinen ähnlich dimensionierten außenpolitischen Konflikt. In den darauf folgenden Jahren haben wir uns dann mit beträchtlichem Engagement und Ehrgeiz den europäischen Fragen gewidmet – der Erweiterung und der Integration. Der Zeitraum zwischen 2000 und 2005 war in diesem Sinne politisch eine Phase, die in der öffentlichen Wahrnehmung in Deutschland als Fortschritt galt.

In die Phase des sozialdemokratischen Übergewichts in Europa fiel der zur Jahrhundertwende sich abzeichnende Regierungswechsel in Österreich und die erste Regierungsbildung innerhalb der Europäischen Union mit Beteiligung einer rechtspopulistischen Partei. Die EU-Staaten beschlossen damals, diesen spezifischen Regierungswechsel in Österreich nicht kommentarlos hinzunehmen und verabredeten ein gemeinsames Verhalten gegenüber der künftigen Rechtsregierung in Wien mit der Partei Jörg Haiders. Diese Politik, die im Wesentlichen in der Reduzierung der offiziellen Kontakte mit der ÖVP-FPÖ-Regierung bestand, wurde in Österreich als »Sanktionen« bezeichnet. Die Regierung Schüssel-Haider hat es verstanden, daraus ein anderes Thema zu machen und Österreich als verfolgte Unschuld darzustellen und die ganze Aktion der 14 EU-Partner als Intrige der Sozialistischen Internationale. Was ich in dem Zusammenhang gerne wüsste, ist dies: Wie war das damals in der Perspektive des deutschen Kanzleramts? Waren die sogenannten »Sanktionen« ein liberaler Reflex der europäischen Mehrheit auf die Tatsache, dass eine rechtspopulistische, fremdenfeindliche und nur eingeschränkt demokratische Partei in den Rang der Regierungsfähigkeit erhoben worden ist? Oder war das der bewusste Einstieg in eine gemeinsame demokratische Innenpolitik in Europa, geprägt vom sozialdemokratischen Verständnis von Demokratie?

Nach meinem Eindruck war es zunächst ein liberaler Reflex. Er hing aber zweifellos auch zusammen mit den Mehrheiten auf der europäischen Ebene. Ich glaube, dass deshalb Fragen wie diese – vor allem die Rückkehr zu nationalem Populismus – mit größerer Sensibilität und mit größerer Sorge wahrgenommen wurden.

Wenn ich das vergleiche mit dem, was sich im Augenblick auf der europäischen Ebene abspielt, insbesondere mit Blick auf die Republik Ungarn, dann habe ich den Eindruck, dass die Europäische Union sich heute einer beunruhigenden Robustheit befleißigt.

Was genau ist das – »beunruhigende Robustheit«?

Damit will ich sagen, dass viele Verantwortliche auf der europäischen Ebene offensichtlich nicht wahrnehmen wollen, dass wir in Ungarn weit mehr zu beklagen haben als ein Mediengesetz, das die Freiheit der Medien »ein bisschen« einschränken wird. Ich wundere mich auch darüber, dass die Europäische Kommission sowie die allermeisten europäischen Regierungen verkünden: Warten wir erst mal ab, wie die ungarische Regierung mit diesem Mediengesetz umgeht. Das wundert mich vor allem deshalb, weil wir alle bis vor Kurzem wussten, dass die einschränkende Wirkung eines Mediengesetzes sich nicht daran zeigt, dass eine Zeitung beschlagnahmt oder ein Journalist verhaftet wird. Diese Wirkung besteht vielmehr darin, dass die Schere der Selbstzensur im Kopf sich öffnet. Genau das passiert jetzt in Ungarn.

Wir hatten eine Veranstaltung mit György Konrád in Berlin. Er erzählte von seinen Gesprächen mit ungarischen Journalisten und bestätigte die alte Erfahrung: Wenn ein Mediengesetz als Sanktion für unliebsame Artikel hohe Geldstrafen und darüber hinaus auch Freiheitsstrafen androht, dann hat das unweigerlich freiheitsbedrohende Wirkung. Umso mehr wundert mich, wie gelassen wir in Europa mit solchen Einschnitten umgehen. Wir wissen doch: Wenn wir das in Ungarn widerspruchslos hinnehmen, dann werden wir das genauso zumindest in mehreren anderen Staaten Osteuropas erleben.

Bevor wir aber mit dem Finger auf andere zeigen: Wir haben schon vor der Erweiterung der Union auch im alten Europa – ich denke an Italien – Eingriffe von Regierungen in Justizverfahren einfach hingenommen, ohne dass die Europäische Kommission demokratische Bedenken geäußert und auch nur einen mahnenden Zeigefinger gezeigt hätte. Deshalb kann auch nicht erstaunen, dass Herr Orbán jetzt zur Rechtfertigung seines Mediengesetzes auf Italien verweist. Das ist keine gute Entwicklung, meiner Ansicht nach, und muss unter Demokraten Besorgnis hervorrufen.

Was heißt das praktisch: Würde die SPD, sobald sie in Deutschland wieder an der Regierung ist und zumindest den Außenminister stellt, in diesem und in vergleichbaren Fällen auf europäischer Ebene aktiv werden?

Über das österreichische Beispiel haben wir schon kurz gesprochen. Wir haben nicht gezögert, zu unwillkommenen Entwicklungen, die es durch falsche Solidarisierungsprozesse gegeben hat, offen Stellung zu nehmen. Es gab danach auch den Fall Slowakei. Dort wollte die sozialdemokratische Regierung unter Robert Fico mit einer nationalistischen Partei koalieren …

Sie hat mit den Nationalpopulisten eine Koalition gebildet.

Sie hat das gemacht und es bestand die begründete Befürchtung, dass diese Regierung unter dem Druck dieses Koalitionspartners eine nationalistische, vor allem gegen die ungarische Minderheit und gegen das Nachbarland Ungarn gerichtete Politik machen würde. Wir haben keine europäischen Sanktionen beschlossen. Aber in unserer politischen Verantwortung als sozialdemokratische Parteienfamilie wollten wir dafür sorgen, dass kein politischer Schaden entsteht. Und nachdem entsprechende Gespräche nicht erfolgreich waren, haben wir die Mitgliedschaft der slowakischen Sozialdemokratie innerhalb der europäischen Parteienfamilie suspendiert. Das wurde von Fico und seiner Partei durchaus ernst genommen. Als wir zwei Jahre später im Rahmen einer Überprüfung der Entwicklung feststellten, dass das in der Slowakei einigermaßen ordnungsgemäß läuft und die befürchtete Verschärfung der inneren Situation nicht eingetreten ist, wurde die Suspendierung aufgehoben und Ficos Partei wieder in die europäische Organisation aufgenommen. Das heißt, wir haben als Parteienfamilie Verantwortung für die demokratische Entwicklung in einem Mitgliedsland der EU übernommen. Wenn ich jetzt im Fall Ungarn auf die konservative Parteienfamilie schaue, höre ich nur offizielle Rechtfertigungen dafür, dass man besser nichts tun und lieber abwarten solle, ob der Mahnbrief der Europäischen Kommission etwas bewirkt. Das finde ich unzureichend. Da müssten die europäischen Außenminister entschiedener vorgehen und dafür würde ein sozialdemokratischer Außenminister in Berlin sich natürlich einsetzen.

In seiner Einführung zu unserem Gespräch hat Altbundeskanzler Franz Vranitzky vorhin das Bild benützt, dass bei Schönwetter die Sozialdemokraten die Internationale singen und bei Schlechtwetter über die Ausländer klagen. Mich würde jetzt mit Blick auf die SPD interessieren, wie international diese alte deutsche Traditionspartei heute ist? Hat sie noch das internationale Interesse wie zu der Zeit, als sie sich unter Willy Brandt stark engagiert hat und eine international hervorgehobene Rolle spielte, wenn Sie an Brandt als Präsident der Sozialistischen Internationale und Vorsitzender der von der UNO berufenen Nord-Süd-Kommission denken und an Helmut Schmidts Rolle beim Aufbau des Systems der Weltwirtschaftsgipfel und in der europäischen Entspannungspolitik?

Wir haben in der SPD eine Entwicklung, die nicht richtig zusammenpasst. Wir haben einerseits eine politische Analyse, die sich in vielen Sonntagsreden und Interviews wiederfindet, derzufolge europäische Politik immer wichtiger wird, da Politik innerhalb der nationalen Grenzen immer weniger bewirken kann. Franz Vranitzky hat am Beispiel der Gesellschaftspolitik auf die begrenzten Möglichkeiten nationaler Regelungen hingewiesen. Wir kennen also die Bedeutung von globalem Engagement zur Wahrung unserer nationalen Interessen und müssten aus all dem den Schluss ziehen, dass mehr Internationalität unverzichtbar ist.

Andererseits sehe ich jedoch bei den jüngeren Mitgliedern der SPD, dass das tatsächliche Interesse an internationaler Politik eher zurückgeht. Junge Abgeordnete, die neu ins Parlament kommen, interessieren sich in erster Linie für klassische Themenfelder und wollen sich darum kümmern. Das sind vorrangig Familienpolitik und ganz stark Bildungspolitik. Im seltensten Fall ist es die Außenpolitik, der das Interesse junger Abgeordneter gilt, eher noch die Europapolitik. Ich finde das beunruhigend. Angesichts der Erkenntnis, dass die Einbindung in Europa und die Einbindung in internationale Netzwerke uns überhaupt erst den politischen Gestaltungsspielraum eröffnet, den wir als Nationalstaaten inzwischen weitgehend verloren haben, können wir uns dieses mangelnde Interesse nicht leisten. Das gilt umso mehr, wenn man bedenkt, dass selbst ein gemeinsames Europa mit seinen knapp 500 Millionen Einwohnern nicht größer ist als eine chinesische Provinz.

Seit Beginn der Euro-Krise ist eine Reorientierung der nationalen Europa-Politiken der EU-Mitgliedsstaaten in Richtung der eigenen Interessen zu beobachten. Man hat auch den Eindruck, dass das Solidaritätsprinzip als gemeinsame Grundlage der Zusammenarbeit innerhalb der Union an Bedeutung verliert und dass aufgrund der Krise und der finanziellen Belastungen, die damit einhergehen, in den Regierungen die Angst vor der jeweils eigenen Bevölkerung wächst. Manchmal ist es vielleicht zunächst vor allem die Angst vor der eigenen Boulevardpresse. Jedenfalls wird der europäische Zusammenhalt dadurch zunehmend infrage gestellt. Wie weit ist diese stärker werdende nationale Emotion, die in vielen Ländern festzustellen ist und die zum Teil in offene antieuropäische Stimmung umschlägt, von der dann wieder die neuen national-populistischen Parteien profitieren, auch in der deutschen Sozialdemokratie in Deutschland präsent? Ist die SPD von diesem Bazillus infiziert? Oder umgekehrt gefragt: Wie weit ist sie immun dagegen?

Ich vermute, dass manche dieser populistischen Erscheinungen, die wir heute beobachten, auch Folge eines relativ undifferenzierten Antiglobalismus sind. Wenn das stimmt, dann kann es doch gar nicht anders sein, als dass sich das am Ende auch unter klassischen sozialdemokratischen Wählern niederschlägt. Das heißt, viele beklagen die durch die Globalisierung ausgelöste Beschleunigung in den Lebensverhältnissen. Viele haben real erfahren, dass globalisierte wirtschaftliche Prozesse ihr Leben entwertet haben, besonders dann, wenn sie als Folge von Globalisierung ihren Arbeitsplatz verloren haben. Das können wir nicht ignorieren, das betrifft nicht zuletzt unsere sozialdemokratischen Wählerschichten.

Diese direkte Betroffenheit ist dann natürlich umso mehr die Grundlage für eine Sehnsucht nach Sicherheit innerhalb des eigenen Staates, nach allem, was Heimat und Zugehörigkeit vermittelt. Diese Suche nach Sicherheit und Geborgenheit führt auch in unserer Wählerschaft dazu, dass der gegenwärtige Besitzstand verteidigt wird, alles, was man hat und womit man vertraut ist. Das schließt auch ein, was uns daran hindert, Zukunft zu gestalten. Dieser Wunsch, an Vertrautem festzuhalten, kann Zukunftsgestaltung sogar blockieren. Damit müssen wir uns beschäftigen. Das ist ein großes Thema auch innerhalb der Sozialdemokratie. Auf der einen Seite haben wir das Bewusstsein, dass wir uns verändern müssen, um unsere Gesellschaft auf die Zukunft vorbereiten zu können, zugleich wächst auf der anderen Seite der Wunsch in der Bevölkerung, dass sich wenig, am besten gar nichts verändert. Mit diesem Widerspruch fertig zu werden, ist zumindest für die deutschen Sozialdemokraten ein größeres Thema als für die Konservativen. Die waren in Deutschland immer Macht- und Staatspartei und dementsprechend verhalten sie sich. Für deren Wähler und Mitglieder ist die Frage, wohin die Reise unter den Konservativen geht, nicht so entscheidend. Hauptsache, sie regieren.

Wie wollen Sie, wie sollten die Sozialdemokraten in Europa dieses politische Grunddilemma auflösen? Vergleichbares ist ja auch in anderen Ländern zu beobachten, gerade dann, wenn der Reformdruck aufgrund der Schuldenkrise besonders hoch ist. Die SPD-Fraktion hat sich diesem Problem gewidmet und sich unter anderem Vorschläge des österreichischen Publizisten Robert Misik angehört, der Ihnen riet, mehr Optimismus zu zeigen. Pessimisten würden nicht gewählt. Das ist vielleicht ein bisschen einfach, aber immerhin eine Erfahrungstatsache, an die zu erinnern sich immer lohnt. Nur: Wie weckt und fördert man als Partei- und Fraktionsführung den politischen Optimismus in den eigenen Reihen?

Ich will versuchen, darauf nicht oberflächlich antworten. Wir hatten, nach dem enttäuschenden Wahlergebnis vom 27. September 2009, einen schweren Weg vor uns, und auf dem sind wir ja immer noch unterwegs. Aber ich darf ohne Übertreibung sagen: Nach mehr als einem Jahr merken die Menschen in Deutschland, dass die Erwartungen, die sie an dieses Wahlergebnis und die damit verbundene Veränderung in der Zusammensetzung der Regierung geknüpft haben, nicht erfüllt werden. Das Gegenteil ist der Fall. Die Regierungsparteien sind zerstritten, es bewegt sich nichts und allmählich sickert die Erkenntnis ins öffentliche Bewusstsein, dass wir in Europa und in der Welt im Moment offenkundig an Gewicht und politischem Stellenwert verlieren.

Nun bin ich ja nicht so naiv zu sagen: Deshalb wird die SPD beim nächsten Mal schon die Mehrheit erhalten. Aber man spürt ja doch deutlich: Die Deutschen schauen anders auf das, was die SPD in 11 Regierungsjahren gemacht hat, auch auf schwierige Entscheidungen – Stichwort »Agenda 2010« –, deretwegen wir ja auch Wahlen verloren hatten. Ihr Urteil darüber ist inzwischen differenzierter. Wir spüren ein neues Interesse daran, wie die SPD sich für die nächste Bundestagswahl 2013 aufstellt.

Insofern bin ich, ohne mir die Lage schön zu reden, gar nicht verzweifelt oder pessimistisch. Richtig ist allerdings, das ist in der Tat eine alte Erfahrungstatsache: Eine Partei, die sich als die bestmögliche Kassandra der Gesellschaft darstellt, hat wenig Aussicht, dafür gewählt zu werden. Warner und Mahner, die auf Fehlentwicklungen hinweisen, sind in der Gesellschaft unverzichtbar, sie spielen unbestreitbar eine wichtige Rolle. Eine politische Partei kann sich darauf aber nicht beschränken.

Auf der von Ihnen erwähnten Veranstaltung der SPD ging es um die Frage: Wie gewinnt die SPD den ängstlichen Wähler zurück? Daran haben auch Vertreter vieler europäischer Sozialdemokratien teilgenommen. Ich habe dort gesagt, das sei eine gute Frage, die überall in Europa ihren konkreten Anlass haben dürfte. Nur bezweifle ich, ob das auch die passende Frage an den deutschen Wähler ist. Die Wirtschaftsdaten, vor allem über das Wachstum von 3,6 Prozent für das Jahr 2011, sind gar nicht so schlecht. Die Arbeitslosigkeit wird wieder unter 3 Millionen sinken. Und deshalb ist es nicht erstaunlich, dass 80 Prozent der Deutschen nach den Umfragen einigermaßen zuversichtlich in die weitere Zukunft schauen und sich sicher fühlen. Das ist ein erstaunlicher Befund, der offenbar von der Befindlichkeit in vielen europäischen Staaten abweicht.

Wenn man die zuversichtlichen Wähler dann genauer nach den Gründen für ihren Optimismus befragt, dann antworten etwa 70 Prozent: weil wir in Deutschland eine ordentliche Wirtschaft haben und weil wir technisch vorne sind. 60 Prozent sagen darüber hinaus: Ich bin zuversichtlich, weil wir auch noch eine hoch qualifizierte Wissenschaft haben. Das sind die Zukunftsthemen, mit denen sich bei den deutschen Wählern Hoffnungen verknüpfen. Wenn man dann noch der Frage nachgeht, worüber die Deutschen sich Sorgen machen, wovor sie »Angst« haben, dann stellt man fest: Sie fürchten sich zu etwa 75 Prozent davor, dass die sozialen Verhältnisse instabil werden und dass es mit ihnen persönlich bergab geht.

Das Beunruhigende für die Sozialdemokraten ergibt sich aus den weiteren Details dieser Untersuchungen: Wenn es darum geht, welche Kompetenzen die Befragten mit bestimmten Parteien verknüpfen, findet man die Kompetenzen für Wirtschaft, für Technik, für Wissenschaft bei den Konservativen. Der SPD ordnen die Befragten die Kompetenz für soziale Fragen zu, also für den Sozialstaat und für soziale Stabilität. Das heißt, zugespitzt zusammengefasst: Die Kompetenz auf den Feldern, wo sie Hoffnungen haben, ordnen die Menschen eher den konservativen Parteien zu. Wo sie Befürchtungen hegen und Angst haben, vermuten sie die Kompetenz eher bei der SPD. Auf dieser Grundlage von Erwartungen an die Parteien ist es für uns gar nicht so einfach, eine Politik zu machen, die sich vertrauensvoll nach vorne orientiert und politischen Optimismus verbreitet. Dieses Problem ist allerdings nicht neu. In vergleichbaren ökonomischen Krisensituationen gab es immer schon ähnliche Umfrageergebnisse.

Darum sage ich erstens: Es reicht nicht, sich auf das Warnen und Mahnen zu beschränken. Das ist nie genug. Zweitens sage ich: Wenn wir als Partei der kleinen Leute bezeichnet werden oder als der Betriebsrat der Nation, ist das eine Auszeichnung, ein

Ehrenzeichen, das die SPD mit Selbstbewusstsein tragen sollte. Aber das ist drittens – über diesen Punkt streiten wir Sozialdemokraten uns gelegentlich –, nie genug, um Mehrheiten zu erringen. Die SPD war immer dann stark, wenn sie sich nicht nur auf Verteilungs- und Umverteilungsfragen konzentriert hat, sondern wenn sie das breite Feld von Wirtschaft, Wissenschaft und Kultur auch mit in ihre Tagesordnung übernommen hat. Wir dürfen uns nicht auf die Kompetenzfelder, die uns traditionell zugeschrieben werden, beschränken und uns nicht darauf eingrenzen lassen.

In der Zukunftsdebatte der europäischen Sozialdemokratie spielt neben der Frage, wovor die Wähler Angst haben, auch das Thema Vertrauen – und vor allem der Vertrauensverlust! – eine wichtige Rolle. Der Vertrauensverlust, unter dem die SPD auf dem Weg zur Niederlage bei der Bundestagswahl am meisten zu leiden hatte, hing offenkundig gerade mit dem Versuch zusammen, Kompetenz in den Zukunftsfragen zu zeigen, nämlich mit den Reformgesetzen der zweiten Regierung Schröder im Rahmen der sogenannten »Agenda 2010«. Viele europäische Beobachter sagen inzwischen, ohne diese Gesetze stünde Deutschland in der heutigen Krise längst nicht so gut und krisenfest da, wie es tatsächlich der Fall ist, und das sei ein europäisches Paradoxon. Die Politik war in der Sache allem Anschein nach erfolgreich, populär wurde sie aber nicht. Das ist nun keineswegs ungewöhnlich, für Sanierungspolitik erntet man zumindest kurzfristig selten Anerkennung und Dankbarkeit, aber was auffällt ist, wie wenig Einigkeit in der SPD selbst darüber besteht, ob diese Maßnahmen richtig waren und ob sie Anlass sind, stolz auf die eigene Leistung zu sein. Um mit Optimismus auftreten zu können, würde man ein Quantum Stolz schon brauchen, aber daran fehlt's.

Den haben jedenfalls nicht alle. Ich habe ihn, aber das allein hilft nicht. Das macht allenfalls verdächtig. Nach meiner Wahrnehmung in 20 Jahren Landes- und Bundespolitik in Deutschland halte ich die Annahme für falsch, dass der politische Streit in der SPD vor allem zwischen links und rechts geführt wird. Es handelt sich vielmehr – das galt nicht nur für die »Agenda 2010«, das trifft auch auf viele andere Punkte zu – um Streit zwischen einer regierenden und einer nichtregierenden SPD.

Das sollten Sie jetzt etwas näher erläutern.

Die regierende SPD kommt in der harten Konfrontation mit der sozialen und ökonomischen Wirklichkeit häufig zu anderen Schlussfolgerungen als eine SPD, die nicht die Regierungsverantwortung trägt. Aufgrund des ausgeprägten deutschen Föderalismus ist das mehrfach der Fall. In Regionen, wo die Partei aufgrund der politischen Machtverteilung keine Verantwortung trägt, reifen manchmal politische Wunschvorstellungen, die sich einer regierenden SPD schnell als Widerspruch zur Realität darstellen. So entsteht leicht ein Gegensatz zwischen dem Hoffen und den Wünschen einer Partei in der Opposition auf der einen Seite und den realen Möglichkeiten einer Partei in der Regierung auf der anderen Seite.

Im Fall der »Agenda 2010« bin ich befangen und insofern kein nüchterner Analyst, da ich an diesem Reformprojekt beteiligt war. Aber soviel glaube ich sagen zu können: Ich halte die Meinung, die zumindest ein Teil der SPD vertrat, wonach die »Agenda« eine Politik gewesen sei, die gegen die klassischen Ziele der Sozialdemokratie oder gar gegen die SPD als solche gerichtet war, für grundfalsch. Das Gegenteil war der Fall. Damals, Ende des Jahres 2002, hatten wir festgestellt, dass unsere finanziellen Gestaltungsspielräume zur Gänze erschöpft waren. Die Situation war so verzweifelt, dass wir in den neuen Koalitionsverhandlungen nach dem rot-grünen Wahlsieg im Herbst 2002 tatsächlich ernsthaft über die Frage stritten, ob wir die Mehrwertsteuerreduzierung für Schnittblumen erhalten oder wegnehmen sollten. Da ging es um weniger als 10 Millionen Euro, die keinem geholfen, keinem auch wirklich geschadet hätten. Aber um solche Spielräume haben wir gekämpft. Wir befanden uns in einer Situation, in der angesichts der absehbaren demografischen Entwicklung in Deutschland allen klar war, die Ausgaben für die sozialen Sicherungssysteme – Arbeitslosen-, Renten- und Krankenversicherung – würden weiter steigen.

Hätten wir damals nicht umgesteuert, dann wäre das Gemeinwesen am Ende gewesen, es hätte sich selbst stranguliert. Wir mussten handeln und haben es getan. Dabei waren wir uns des politischen Risikos durchaus bewusst. Das Programm der Agenda hat die Leistungen für Arbeitslose neu geregelt, hat den Druck auf die Arbeitslosen zur Annahme von angebotenen Arbeitsplätzen verstärkt, es hat gleichzeitig aber auch Investitionen gefördert, zum Beispiel im Erziehungswesen, und insgesamt deutliche Spuren hinterlassen – in jeder Beziehung. Für uns am schlimmsten war die Wirkung, dass sich viele Menschen enttäuscht von uns abgewandt haben und wir deshalb neben wichtigen Regionalwahlen, wie die in Nordrhein-Westfalen, 2005 schließlich die Bundestagswahl verloren haben. Aber heute, im Abstand von mehr als einem halben Jahrzehnt, sehen wir auch, dass es wahrscheinlich eben diese Entscheidungen waren, die Deutschland wirtschaftlich an den Punkt gebracht haben, wo wir heute sind, also vom letzten Platz der europäischen Wachstumsrangliste wieder in die vorderen Plätze, ständig sinkende Arbeitslosigkeit und ein steigendes Bruttosozialprodukt. International wird uns das inzwischen immer wieder bestätigt. Ich sage das mit dem Blick darauf, dass wir uns damals wegen des internen Streits darüber, ob die »Agenda« eine soziale oder unsoziale Politik ist, selbst die Möglichkeit verschlossen haben, auf die positiven Ergebnisse einer Politik unter sozialdemokratischer Führung auch stolz zu sein. Ich glaube, wir haben das Recht dazu.

Vielleicht war das auch ein Problem der politischen Führung. Ich möchte dazu gerne den schwedischen Sozialdemokraten Pär Nuder zitieren, den Finanzminister der bisher letzten Regierung der Schwedischen Arbeiterpartei. Mit ihm haben wir vor Kurzem über ähnliche Fragen gesprochen. Die schwedischen Sozialdemokraten hatten zwar keine »Agenda 2010«, aber auch sie haben Gesetze verabschiedet, die in die sozialen Besitzstände der Leistungsempfänger einschnitten. Sie haben zugleich den Haushalt ausgeglichen, sogar Überschüsse erwirtschaftet und waren entsprechend stolz auf das, was sie geleistet hatten. Dennoch wurden sie abgewählt und sie verloren auch die darauffolgende Wahl. Pär Nuder, ein zentraler Stratege der SAP, sagte dazu: Wir waren vielleicht zu arrogant, zu selbstbewusst in unserer Rolle als diejenigen, die etwas geleistet haben, und dafür sind wir bestraft worden. War das möglicherweise auch ein Teil der rot-grünen Regierung auf dem Weg ins Jahr 2005?

Ich habe mit Göran Persson, dem früheren schwedischen Ministerpräsidenten, einige Wochen vor seiner Wahlniederlage im September 2006 gesprochen. Der Verlust der Regierung kam offenkundig völlig überraschend und die schwedischen Sozialdemokraten haben sich davon bis heute nicht erholt. Die Situation in Deutschland war eine andere. Wir hatten uns schon 2002 – damals hieß es Schröder gegen Stoiber – nur mit einiger Mühe über die Runden gerettet, vier Jahre, nachdem wir uns 1998 nach 16 Jahren in der Opposition die Regierungsbeteiligung wieder erkämpft gehabt hatten. Im Dezember 2002 befanden wir uns dann in der Situation, die ich eben geschildert habe. Darauf folgte im März 2003 die »Agenda 2010« mit Schröders Rede im Deutschen Bundestag. Ab diesem Zeitpunkt hatten wir eigentlich so viel Gegenfeuer, dass wir uns arrogantes Selbstbewusstsein kaum noch erlauben konnten. Vor allem standen wir im Feuer der eigenen Partei. Wir mussten uns für Wahlverluste in einigen Bundesländern rechtfertigen.

Da war kein Platz für Arroganz einer Partei, die darauf vertraut hätte, dass sie sich auf der Basis einer unumstrittenen, von allen unterstützten Politik auf ewige Regierungszeiten zubewegte. Im Gegenteil: Allen war das Risiko damals klar. Arroganz kann man uns nicht vorwerfen.

In Deutschland gibt es seit einigen Jahren die segensreiche Einrichtung einer Jury, die alljährlich das »Unwort des Jahres« auswählt. 2011 hat die Jury das Wort »alternativlos« gewählt und Bundeskanzlerin Merkel nachgesagt, dass sie dieses Vielzweckwort gern zur Begründung politischer Maßnahmen benützt, anstelle sachlicher Argumente. Damit hatte die Jury zweifellos recht. Ich erinnere mich aber auch sehr gut, dass der Begriff »es gibt dazu keine Alternative« im politischen Meinungsstreit auch eine Schlüsselaussage von Gerhard Schröder war. Der Vorwurf derer, die zwar mit der Regierung sympathisiert haben, aber gesagt haben: »Ihr habt Fehler gemacht.«, deren Vorwurf war im Wesentlichen der: Ihr habt vielleicht das Richtige getan, aber ihr habt es einfach von oben nach unten hingeknallt, ohne die Maßnahmen genau zu begründen und so um Unterstützung zu werben.

Den Vorwurf müssen wir uns gefallen lassen. Ich füge aber einschränkend hinzu: Viele, die zunächst gegen unsere Agendapolitik gekämpft haben, später aber – nach dem Sichtbarwerden der Erfolge dieser Politik – ihre Haltung änderten, haben hinterher versucht, die Bedeutung des Agenda-Streits herunter zu spielen, indem sie sagten: Na ja, das waren Kommunikationsprobleme.

So einfach war das aber nicht, jedenfalls nicht, was die Partei angeht. Da gab es kein »Kommunikationsproblem«. Innerhalb der Partei wussten Befürworter und Gegner der »Agenda-Politik« sehr genau, was sie voneinander und von den gegenseitigen Argumenten zu halten hatten. Die unterschiedlichen Ansichten und

Ideen in der Sozialpolitik standen einander hart und kantig gegenüber. Für die Wortführer in diesem zum Teil lautstark und mit klaren Worten geführten Streit war das also keine Frage von Fehlern in der Kommunikation. Das Problem waren nicht irgendwelche Missverständnisse, sondern die unterschiedlichen Meinungen. Was die Kommunikation nach draußen anging, haben Sie aber völlig recht. Wir hätten die »Agenda«-Politik nach draußen anders, besser, ausführlicher und vor allem geduldiger erklären müssen, als wir es damals getan haben. Da haben wir Fehler gemacht und was dabei an Vertrauen verloren ging, ist nicht so einfach wieder herzustellen.

Ein Kommunikationsproblem ganz besonderer Art könnte im sozialdemokratischen Milieu auch entstanden sein, was den Umgang und das Zusammenleben mit ausländischen Mitbürgern angeht, mit den sogenannten Deutschen »mit Migrationshintergrund«. In vielen Diskussionen, in politischen oder akademischen Gesprächsrunden, spielt die Frage eine Rolle, wie weit die sozialdemokratischen Parteien und deren Stammwählerschaften inzwischen von der in ganz Europa feststellbaren zunehmend kritischen Stimmung gegenüber »Zugewanderten« beeinflusst sind. Die führenden Eliten der demokratischen Linken und die ihnen nahestehenden Intellektuellen mögen die Vorteile der kulturellen Vielfalt und die ökonomischen Vorzüge preisen, die mit der Zuwanderung einhergingen. Doch die Basis wendet dagegen immer öfter und immer lauter ein, diese angeblichen Vorteile hätten sich bei ihr bisher nicht bemerkbar gemacht. Eher im Gegenteil! Wie brisant ist dieses Problem heute in der SPD? Deutschland ist zwar, was neue Parteien und Populismus betrifft, politisch in einer anderen Situation als die meisten umliegenden Länder, namentlich Österreich, Dänemark, Belgien oder die Niederlande, von Ungarn oder der Slowakei ganz zu schweigen. Aber sonst sorgt nahezu überall die Immigrationsfrage auch in den progressiven Parteien für schwierige Debatten und führt zu Auseinandersetzungen mit den Zügen eines Kulturkampfes.

Das ist eine der schwierigsten Fragen. Was Deutschland angeht, stimmt die Beobachtung, dass wir im Augenblick keine Partei und keine Person haben, um die herum sich ein neuer aggressiver Nationalismus gruppieren könnte. Jedenfalls sehe ich das auf kurze Sicht nicht. Und diejenigen, die immer mal gesagt haben, der Bestseller-Autor Thilo Sarrazin gründet demnächst eine neue Partei, irren sich. Das wird er nicht tun. Ich habe selbst gar keine Sorge, dass das kurzfristig passieren wird. Aber natürlich beschäftigt uns diese Debatte. Und sie beschäftigt uns auch deshalb intensiv, weil Thilo Sarrazin Sozialdemokrat ist.

Was mich vor allem sorgt, ist das Phänomen, dass solche Bücher einen auf den ersten Blick nicht leicht erklärbaren Erfolg haben. Ich frage mich selbst, worum es in dem Buch[1] eigentlich geht. Geht es um Integration? Geht es darin um Ausländer? Ganz sicher hat es, gelinde gesagt, einen antimoslemischen Touch. Was mich darüber hinaus interessiert, ist die Haltung, in der dieses Buch geschrieben ist. Das ist die beunruhigende Haltung einer Sorte von offenbar erfolgreicher Empörungsliteratur, die so tut, als gäbe es in unserem Lande große gesellschaftliche Tabus. Da wird bitter darüber geklagt, dass man über Ausländer und Integration nicht reden dürfe, dass dieses Thema tabuisiert sei und jetzt endlich mal jemand kommen müsse, nämlich der jeweilige Autor dieser Art von Büchern, der dieses Tabu bricht und die Wahrheit sagt. Was hat das mit der Wirklichkeit zu tun?

Ich habe das anders wahrgenommen. Ich mag mich ja irren. Aber nach meiner Beobachtung, seit ich Politik mache, wird über richtige Integrationspolitik laut und deutlich gestritten. Es bestand und besteht in Deutschland keine Hemmung, auch über die Defizite bei der Integration zu diskutieren. Inzwischen ist der Name

Heinz Buschkowsky weit über Berlin hinaus bekannt. Heinz Buschkowsky ist Bezirksbürgermeister im Berliner Bezirk Neukölln, wo man weiß, was Integrationspolitik in der Praxis bedeutet[2]. Er ist einer derjenigen, die für die SPD pragmatische, handfeste, illusionslose – manche in der SPD würden sagen »illiberale« – Ausländerpolitik machen, also eine Integrationspolitik, die zugewanderte Bewohner der Stadt fordert und ihnen Leistung abverlangt, auch Arbeitsleistung da, wo es möglich ist. Das alles gibt es in der SPD, und darüber wird seit Langem offen gestritten. Die Haltung des Buchautors Sarrazin ist eine ganz andere. Er sagt, diese Debatten seien tabuisiert und er müsse dieses Tabu brechen. Und er nehme sich jetzt auch die Freiheit, dabei ganz andere Lösungen vorzuschlagen.

Das eigentlich Beunruhigende ist für mich, dass dieses Buch – und dessen Nachfolgeliteratur in Deutschland – die Sehnsucht nach den einfachen schlichten Lösungen bedient und die Bereitschaft fördert, an diese einfachen Lösungsvorschläge zu glauben. Da waren wir in der Diskussion schon weiter und haben gesagt: Naiver Multikulturalismus ist nicht die Antwort auf die Probleme der Ausländerintegration. Diese Antworten bei der Suche nach einer Problemlösung müssen komplizierter, vielfältiger und differenzierter ausfallen, wir brauchen mehr Augenmaß und mehr Geduld bei der Arbeit an diesen Problemen. Die fatale Wirkung des Sarrazin-Buches besteht darin, dass es uns in dieser schwierigen Integrationsdebatte zurückwirft. Jetzt führen wir auf einmal wieder Debatten, nicht zuletzt im deutschen Fernsehen, in denen wir uns mit der falschen Behauptung beschäftigen müssen, dass die etablierten Parteien in dieser Frage untätig sind, dass sie Zuwanderungsproblematik tabuisieren und dass jetzt mal einer richtig aufräumen muss. Das ist eine neue Qualität in der Debatte, und dass dies ausgerechnet von einem Sozialdemokraten angestoßen wurde, ehrt uns nicht.

Sarrazin ist offenkundig aber kein Einzelgänger in der Partei. Ist das nicht ein zusätzliches Problem für eine Parteiführung, die liberalere Vorstellungen hat als er und diejenigen, die sich von ihm begeistern lassen?

So entsteht ein Zerrbild der Wirklichkeit. Vergessen Sie nicht, die SPD hat in Deutschland mit Otto Schily als Bundesinnenminister regiert. Schily wurde als Innenminister gerade von Blättern der Mitte und von linksliberalen Medien massiv dafür kritisiert, dass er nicht genügend Beweglichkeit zeige oder seine Politik zu starr sei. Da zu behaupten, dass es zu sozialdemokratischen Regierungszeiten einen fröhlichen Multikultiwettbewerb gegeben hätte, und so zu tun, als müssten wir endlich diese Phase der Libertinage hinter uns lassen und endlich mal wieder handfeste Politik machen, ist angesichts der Debatten und Auseinandersetzungen aus der Zeit unserer Regierungsbeteiligung schlicht absurd.

Vielleicht sollte man Sarrazin nicht zu ernst nehmen. Könnte das eigentliche Problem innerhalb der Sozialdemokratie nicht sein, dass die grundsätzlichen Meinungsunterschiede in der Zuwanderungspolitik einfach da sind, auch ohne die Zuspitzung durch Autoren, die mit polemischer Übertreibung davon profitieren? Auf einer Tagung der SPD-nahen Friedrich-Ebert-Stiftung sagte neulich ein britischer Sozialwissenschaftler: Der integrationspolitische Konflikt zwischen den Vertretern eines betont liberalen Multikulti-Konzepts auf der einen Seite und den mehr kommunitaristisch, wohlfahrtsstaatlich, national-kulturell orientierten Vertretern der besorgten Basis ist der »neue Bürgerkrieg« innerhalb der demokratischen Linken im Einwanderungskontinent Europa. Das mag zugespitzt formuliert sein, aber es drückt eine Sorge aus, die in vielen progressiven Parteien virulent ist und zunimmt, in den Niederlanden, in Spanien, bei Labour und in den skandinavischen Parteien.

Das mag so sein. Aber es beschreibt nicht die Regierungspolitik der Sozialdemokratie in Deutschland, die keineswegs von multikulturellen Illusionen bestimmt war. Es war auch nicht so, dass wir keine Rücksicht genommen hätten auf die aktuellen Schlüsselfragen: Wie viel Zuwanderung können Städte sozial bewältigen? Was kann der Arbeitsmarkt verkraften? Wie kann die großstädtische Bevölkerung mit der Zahl der Zugewanderten umgehen? Dass wir all das völlig außer Acht gelassen hätten, das wissen Sie doch auch, entspricht nicht der bundesdeutschen Realität und erst recht nicht der Politik in den Jahren, in denen ich dafür mitverantwortlich war.

Wahrscheinlich hätte man vor Sarrazins Buch mit weniger schlechtem Gewissen gesagt: Sie haben im Prinzip recht, was die große Politik angeht. Aber es gibt viele Beispiele in Städten in der Bundesrepublik, wo auf die Integration der Zugewanderten – um es milde auszudrücken – zu lange zu wenig geachtet wurde. Aber ich will darauf nicht herumreiten, ich merke ja, dass auch unser Gespräch an diesem Punkt vom Komplex Sarrazin belastet wird, weil er die ganze Debatte enorm emotionalisiert und damit in eine Schieflage bringt.

Nein, unser Gespräch ist dadurch nicht belastet. Ich habe nur etwas dagegen, dass aufgrund der »Empörungsliteratur« vom Typ Sarrazin der Eindruck entsteht, die Politik oder die Sozialdemokratie hätte sich nie um das Problem von Zuwanderung und Integration gekümmert. Das stimmt einfach nicht. Wenn jemand, der über Jahre hinweg in der größten deutschen Stadt, also in Berlin, die mit Integrationsproblemen wahrlich viel zu kämpfen hat, als Finanzsenator politische Verantwortung getragen und diese Verantwortung nicht dazu genutzt hat, um die Schul- und Betreuungssituation zu verändern, wenn jemand anscheinend erst hinterher, nachdem er den Ballast der Verantwortung abgeworfen hat, zu neuen Erkenntnissen kommt und sich damit als Tabubrecher aufspielt, dann habe ich davor keinen Respekt. Dass wir bei Schule, bei frühkindlicher Betreuung und bei Spracherziehung viel mehr tun müssen, als wir in der Vergangenheit getan haben und gegenwärtig noch tun, das ist eine Binsenweisheit. Allerdings kostet das Geld. Dafür sind in Bund und Ländern Finanzminister zuständig. Die können es sich nicht aus den Rippen schneiden, aber sie müssen helfen, die entsprechenden Prioritäten in Haushalten zu setzen. Das wäre Herrn Sarrazins Aufgabe gewesen, bevor er das Buch geschrieben hat. Er hätte dazu beitragen können, dass sich vielleicht manche Fehlentwicklung im Schulwesen in Berlin hätte vermeiden lassen. Er hat es vorgezogen, hinterher ein Buch über all das zu schreiben, was bis dahin angeblich keiner gewusst hat außer ihm. Das ist das Ärgerliche am Fall Sarrazin.

Zum Ende unseres Gesprächs möchte auf das Thema kommen, das Sie vor Kurzem auf einer Fraktionssitzung der SPD zur Sprache gebracht haben: den Dialog der Partei mit den Bürgern, mit den aktiven Teilen der Gesellschaft und mit der Basis der eigenen Partei. Dahinter steht die Frage, die sich in den Debatten aller europäischen Sozialdemokratien wiederfindet: Wie ist eine stärkere Mitbeteiligung oder Integration von Nichtmitgliedern in Entscheidungsprozesse der Partei möglich? Und wie lässt sich der demokratische Prozess in den Demokratien insgesamt neu beleben?

Das sind schwierige Fragen, die in unseren Diskussionen in der Tat eine große Rolle spielen. Zunächst geht es um die Bestandsaufnahme, um Entwicklungen innerhalb der SPD, die ich für beunruhigend halte, die aber nicht nur auf sozialdemokratische Parteien beschränkt sind, sondern alle Volksparteien betreffen.

Ich bin Mitglied der Sozialdemokratischen Partei seit 35 Jahren, seit 20 Jahren bin ich in unterschiedlichen politischen Funktionen aktiv. Was ich in diesem Zeitraum festgestellt habe, ist eine zunehmende Beschäftigung der demokratischen Parteien insgesamt mit sich selbst. Die Parteien schauen vermehrt nach innen, sie kümmern sich vor allem um sich selbst und ihre internen Probleme. Die internen Kommunikationsprozesse, die Rituale gemeinsamer Sitzungen, Besprechungen, Gremien, haben eine Dominanz angenommen, die uns häufig die Kraft und die Zeit nimmt, uns mit denjenigen zu beschäftigen, für die wir Politik machen wollen. Für die SPD ist damit ein wahrnehmbarer Verlust an Vernetzung verbunden, die früher mit Wirtschaft, Wissenschaft und Kultur bestanden hat. Da jeder persönlich – und solange Menschen Politik machen, wird das auch so sein und bleiben – ein Zeitbudget zur Verfügung hat, das 24 Stunden am Tag nicht überschreitet, muss man sich entscheiden: Wende ich diese Zeit und die mir zur Verfügung stehende Kraft in erster Linie dafür auf, um die innerparteilichen Prozesse und Rituale der Konfliktaustragung zu bedienen? Bleibt mir dann noch genügend Zeit und Kraft, um mich mit denjenigen zu beschäftigen, für die ich Politik machen will? Oder muss ich dazu meine Prioritäten verändern, damit die Balance zwischen dem Wichtigen und dem weniger Wichtigen stimmt? Ich bin der Meinung, dass wir das wieder neu justieren müssen. An der Zustimmung hier merke ich, dass das offenbar nicht nur ein Problem der SPD ist.

In diesem Zusammenhang ist aber auf etwas anderes zu achten: Wir müssen uns, bei aller Bereitschaft zur Selbstkritik an den Fehlentwicklungen in unserem Parteiensystem, hüten vor den Unachtsamkeiten im heutigen Politentertainment mit seinen oft oberflächlichen, überspitzten Urteilen. Diese Tendenz mündet in Deutschland gern in dem pauschalen Satz: Die Zeit der Volksparteien ist vorbei. Das ist in den selteneren Fällen die analytische Beschreibung einer vielleicht bedauernswerten Entwicklung. Es kommt vielmehr meistens mit dem Unterton der »klammheimlichen Freude« daher. Deshalb möchte ich auch hier nochmals sagen: Wir müssen einiges dafür tun, um dem sich allmählich verbreitenden Irrtum entgegenzuwirken, wonach die Existenz von Volksparteien ein Irrtum der Geschichte ist. Das Gegenteil ist richtig: Das System der Volksparteien hat uns in mehr als 60 Jahren Nachkriegsgeschichte ein hohes Maß an politischer Stabilität und demokratischer Vielfalt gebracht.

Wer das aus Nachlässigkeit oder Übermut infrage stellt, der bereitet einer anderen Entwicklung den Weg, den ich nicht für den besseren halte. Wir haben in vielen westeuropäischen Ländern im Augenblick einen relativ starken Trend zur Zersplitterung des Parteiensystems, zur Gründung von reinen Interessensparteien, die Gemeinwohlaspekte nicht mehr zur Geltung kommen lassen und auch nicht berücksichtigen. In diesem System prallen dann Interessen ohne Puffer aufeinander, die Unversöhnlichkeit der gegensätzlichen Interessen und der politischen Parteien werden zum neuen Qualitätskriterium in der politischen Struktur dieser Länder. Das halte ich für eine bedrohliche Entwicklung. Ich halte die Volksparteien nach wie vor nicht für überlebt, selbst wenn sie von den Medien in deren bedauerlichen Selbstbeschränkung auf politische Unterhaltung als langweilig abgestempelt werden.

Ich plädiere keineswegs für Langeweile. Aber ich bin überzeugt davon, dass es gut ist für die Demokratie, wenn manche Konflikte bereits innerhalb von Parteien bearbeiten werden und nicht jeweils in einer zersplitterten Parteienkonstellation von zehn oder mehr in einem nationalen Parlament aufeinanderprallen. Deshalb sage ich: Zu der Neuaufstellung gehört auch noch mal ein neues Selbstbewusstsein, eine neue Selbstvergewisserung darüber, dass Volksparteien ein historischer Fortschritt sind, der es wert ist, verteidigt zu werden.

Was auch heißt: verbessert zu werden.

Zweifellos. Aber ich glaube, das Unwohlsein in der Bevölkerung mit den Volksparteien hängt zusammen mit der Wahrnehmung von deren Repräsentanten. Wie wird unsereins wahrgenommen? Wenn ich mir überlege, ich wäre ein durchschnittlicher bundesdeutscher Fernsehzuschauer und würde nur fünf von den ungefähr zwölf Talkshows pro Woche sehen – also an jedem Werktag eine –, welches Bild hätte ich dann von unseren Politikern? In der Regel funktioniert das doch so: Da sitzt ein Vertreter der Wirtschaft, ein Vertreter der Gewerkschaften und dann jemand von einer gesellschaftlichen Gruppierung und schließlich noch der eine oder andere Politiker. Nach dem Ende der Sendung ist in der Regel klar: Die einen haben ganz eindeutige Interessen, die sie auch klar formulieren, und die Politiker sind diejenigen, die keine klaren Antworten geben. Das müssen deshalb die Doofen sein. Das ist der Eindruck, der von der üblichen Besetzung der Talkshows am Ende bleibt. Die Dramaturgie läuft darauf hinaus, dass in dieser Form des politischen Entertainments die Politiker die ewigen Verlierer sind. Damit meine ich: Die Art und Weise, wie unsere politischen Prozesse und die politische Debatte öffentlich im Fernsehen vorgeführt werden, ist nicht dazu angetan, Respekt und Autorität von Politik neu zu stärken.

Dass die Politik selbst ihren Anteil daran hat, ist völlig klar. In der Politik sind nicht nur Geistesgrößen unterwegs, das ist eine Binsenweisheit. Auch da haben wir eine gesellschaftliche Normalverteilung. Es gehen kluge Leute und es gehen weniger kluge Leute in die Politik. Dementsprechend gibt es auch unterschiedliche Motive, warum Leute in die Politik gehen. Aber ich glaube nicht daran, dass diejenigen, die sich in der Politik aktiv beteiligen, prinzipiell dümmer sind als diejenigen, die ihre Erwartungen an die Politik richten, selbst aber draußen bleiben.

Dem ist kaum zu widersprechen. Aber was lehrt es uns für die Zukunft der Volksparteien und die Aussichten der europäischen Sozialdemokratie?

Wir haben noch eine Frage offen, über die wir noch nicht gesprochen haben: Wie verhalten wir uns zu solchen Konflikten, wie sie in Deutschland unter dem Stichwort »Stuttgart 21« öffentliche Aufmerksamkeit finden? Ich finde, wir können gar nicht daran vorbei, dass aus den vielen Veränderungen, zu denen aber auch sicherlich die Veränderung der Kommunikationsgewohnheiten durch das Internet gehören, allmählich eine neue Haltung zur repräsentativen Demokratie entstanden ist.

In Großprojekten, wie der Planung des Stuttgarter Hauptbahnhofs oder in Berlin die Planung des neuen Flughafens der Hauptstadt, verändert sich die Gewichtsverteilung im Verhältnis von Politik, Verwaltung und Bevölkerung zueinander. Wir waren über Jahrzehnte hinweg gewohnt, dass derjenige, der die Planungsprozesse in der Hand hatte, der informiertere Teil war. Der Bürger – auch der protestierende Bürger – war benachteiligt. Er war sozusagen der »dümmere Teil«. Die Kommunikationsmöglichkeiten des Internets haben diese Situation verändert: Politik und Verwaltung treffen heute auf informiertere Bürger, die manchmal besser informiert sind als diejenigen, die die Planungsunterlagen selbst verfasst haben. Das schafft ein völlig verändertes Gewicht zwischen Bürgerschaft auf der einen Seite und Verwaltung auf der anderen Seite. Und es fördert bei den Bürgern den Anspruch, dass ihre politische Mitsprache über die Möglichkeit zur Teilname an der Wahl alle vier oder fünf Jahre hinausgeht. In der bundesdeutschen Auseinandersetzung ist »Stuttgart 21« dafür ein Menetekel.

Was das bedeutet, ist für mich eine der großen, bisher unbeantworteten Fragen. Sie ist auch nicht leicht zu beantworten. Robert Misik hat gerade einen Artikel dazu geschrieben und darin für mehr Bürgerbeteiligung plädiert. Das kann ich mir auch vorstellen. Ich habe Ihnen in einem anderen Gespräch aber auch gesagt: Wenn die Autorität der parlamentarischen Demokratie leidet, wenn sie erodiert, wenn Parlamente und deren Vertreter in der Öffentlichkeit nicht mehr genügend ernst genommen werden, dann kann die Antwort darauf nicht Flucht aus der Verantwortung sein. Dann muss unser Gespräch in der Politik zunächst darum gehen, wie Politik verloren gegangene Autorität wieder herstellt. Das gelingt nicht mithilfe der Abgabe von Verantwortung und nicht durch Preisgabe all der Entscheidungen, die gegenwärtig der durch Wahlen dazu berufenen und verpflichteten Politik vorbehalten sind. Heute müssen wir eine neue Balance finden zwischen einer wiederhergestellten repräsentativen Demokratie auf der einen Seite und der direkten Einbeziehung der Bürger, die mehr Mitsprache und Mitentscheidungsmöglichkeiten in den öffentlichen Angelegenheiten fordern.

Die Wiederherstellung der Autorität von Parlament und demokratisch gewählter Regierung ist dafür unverzichtbar. Glaubwürdigkeit und Vertrauenswürdigkeit der Menschen, die aktiv Politik machen, sind dazu die Voraussetzung. Davon unabhängig sind neue Möglichkeiten für eine – notwendiger- und sinnvollerweise limitierte – Einführung von neuen und erweiterten Möglichkeiten der Bürgermitwirkung. Die Suche nach dieser neuen Balance bedarf allerdings größerer Fantasie als in der Forderung nach mehr Volksentscheiden und Volksbefragungen erkennbar wird. Damit allein, so als wäre das ein Patentrezept, lassen sich die beschädigte Autorität und Glaubwürdigkeit der am politischen Prozess in unseren Demokratien Beteiligten nicht wiederherstellen. So einfach ist das nicht.

Zum guten Schluss, Herr Steinmeier, gleichsam als Fußnote, noch eine Frage, die Sie vermutlich schon bei anderen Gelegenheiten gehört haben: Haben Sie vor, sich noch einmal für die SPD als Spitzenkandidat der Wahl zu stellen? Ihre regelmäßigen Spitzenplatzierungen auf den Popularitätslisten der Meinungsforscher legen das immerhin nahe.

Für diese selten gestellte Frage habe ich folgende Antwort anzubieten: Spätestens im Herbst 2013 wird gewählt. Bis dahin wird die SPD einen Kanzlerkandidaten oder eine Kanzlerkandidatin nominiert haben. Wir haben also noch viel Zeit und werden uns über diese Frage in der SPD nicht zerstreiten.

Ich entnehme dieser Antwort, dass Sie jedenfalls auf die Option einer erneuten Kandidatur nicht verzichtet haben.

Nein. Wenn wir einen Augenblick ernsthaft mit dieser Frage umgehen wollen: Man lernt ständig dazu, selbst in meinem hohen Alter. Man lernt vor allen Dingen, mit Umfragen umzugehen. Ich war nie ein Umfrage-Junkie und bin niemand, der den Tag nicht übersteht, wenn er nicht die neueste Umfrage gesehen hat. Andererseits ärgere ich mich auch nicht über gute Umfragen. Wenn sie gut sind, ist mir das lieber, als wenn sie schlecht sind. Das wird Sie nicht überraschen. Aber ich habe im Laufe der Jahre auch gelernt: Aus diesen Umfragen über die persönliche Akzeptanz sollte man keine weitreichenden Schlussfolgerungen ziehen. Natürlich spielt die Akzeptanz bei den Bürgern in der Politik eine Rolle. Aber Ansprüche darf man aus positiven Umfragedaten nicht ableiten. Und deshalb wird am Ende entscheidend sein, mit wem die SPD als Partei am liebsten kämpft. Aber wie gesagt: Bis dahin ist noch viel Zeit. Mehr ist dazu nicht zu sagen. Ich bitte also um Nachsicht.

LITERATUR

1 Thilo Sarrazin: »Deutschland schafft sich ab. Wie wir unser Land aufs Spiel setzen.« DVA. München 2010.

2 Heinz Buschkowsky: »Neukölln ist überall.« Ullstein. Berlin 2012.

DEMOKRATIE, MULTIKULTUR UND POPULISMUS

Was uns zusammenhält und was uns spaltet:
das niederländische Menetekel

Job Cohen im Gespräch

»Die multikulturelle Gesellschaft lebt, sie ist Teil unserer europäischen Realität, nicht nur eine idealistische Idee.«

© Astrid Knie

Job Cohen, geboren am 18. Oktober 1947 in Haarlem, wurde nach neun sehr erfolgreichen Jahren als Bürgermeister von Amsterdam im April 2010 »Listenführer« der niederländischen Sozialdemokraten für die Parlamentswahl und übernahm anschließend, nachdem die Rechtskoalition im Amt geblieben war, die Führung der Fraktion in der Zweiten Kammer. Im Februar 2012 trat er nach Auseinandersetzungen in der Partei zurück und schied aus dem Parlament aus. Vor dem Einstieg in die Politik (1993) als Staatssekretär im Erziehungs- und später im Justizressort (1998) hatte der promovierte Jurist eine akademische Karriere verfolgt und war unter anderem einige Jahre Rektor der Universität Maastricht.

Das Gespräch fand am 14. März 2011 in Wien statt.

Werner A. Perger:

Lieber Job Cohen, die Niederlande – das hört man immer wieder – sind eine Art Laboratorium Europas. Eigentlich waren wir hier in Österreich lange Zeit der Meinung, dass wir dieses Laboratorium seien, von dem Friedrich Hebbel sagte, dass hier, in dieser kleinen Welt »die große ihre Probe hält«. Ohne Neid stellen wir fest: Seit Längerem schon ist dies in den Niederlanden mindestens ebenso der Fall.

Ich erinnere mich noch an die 1960er-Jahre, als die Aktionen junger Menschen – der so genannten »Provos« – in den Straßen von Amsterdam uns schon vor den weltweiten Studentenunruhen von 1968/69 mit einer neuen Protestkultur bekannt machten. Ich erinnere mich auch noch gut an den Einfluss, den zur gleichen Zeit der legendäre »holländische Katechismus« auf die innerkirchliche Reformdiskussion im erzkatholischen Österreich hatte und hier das geistig gefördert hat, was dann als »Linkskatholizismus« eine zeitlang eine gewisse Rolle spielen sollte bei der inneren, kulturpolitischen Modernisierung unseres Landes im Zeichen von K u. K., Kanzler Kreisky und Kardinal König.

In den 1980er-Jahren spielte der holländische Pazifismus im Rahmen der Debatte um die NATO-Nachrüstung eine wichtige Rolle in der Gegenöffentlichkeit. Etwas weniger bekannt ist der Umstand, dass sich die ostdeutsche Friedensbewegung in der damaligen DDR stark mit der kirchlichen Friedensbewegung in den Niederlanden vernetzt hatte. Sich mit der westdeutschen Friedensbewegung zu verbinden, kam dem ostdeutschen »Staatssicherheitsdienst« zu riskant vor. Aber mit den Holländern ging das – das erschien der »Stasi« vergleichsweise ungefährlich, womöglich im Gegenteil: Da die Holländer sowieso als ein bisschen unberechenbar galten, könnten die DDR-Strategen illusionäres Wunschdenken über eine Schwächung der Nato auf Grund der pazifistischen Unterwanderung durch eine demokratische Bewegung gehegt haben, die ihr an und für sich ja ganz und gar nicht geheuer war.

Schließlich die Phase nach der europäischen Wende von 1989 und die 2000er-Jahre: Erst beschäftigte uns das inzwischen historische »Polder-Modell«, das mit seiner Mischung aus Flexibilität und Teilzeitarbeit Wege aus schwierigen ökonomischen Situationen zu zeigen schien; gerade in Deutschland wurde damals, mit offenkundig übertriebenen Erwartungen, das holländische »Jobwunder« studiert. Und dann war da noch die Sache mit dem Rechtspopulismus. Wir Österreicher können uns, was diese europäische Errungenschaft des jüngsten Vierteljahrhunderts angeht, nicht auf die Niederlande herausreden. Wir haben auf diesem Terrain unseren eigenen Beitrag geleistet, um nicht – mit falschem Stolz – zu sagen: Da waren wir die Ersten, in Österreich kam der Rechtspopulismus schon im Jahr 2000 an die Regierung, und wenn das fürs Erste auch vorbei ist, los geworden sind wir die Plage keineswegs. Aber natürlich haben auch wir die Konsistenz und Konsequenz, mit der der Populismus in den Niederlanden Karriere macht und die Islamophobie zum neuen Modell und Exportartikel befördert, mit Interesse und auch mit ein wenig Schaudern beobachtet. Pim Fortuyn, Geert Wilders und auch Ayaan Hirsi Ali sind dem politisch interessierten Publikum in Österreich durchaus geläufige Namen, leider auch Theo van Gogh, das prominente Opfer der holländischen Eskalation.

Um über die aktuellen Folgen dieser Entwicklung zu sprechen und gemeinsam darüber nachzudenken, was wir daraus lernen können, ist unser heutiger Gast, Job Cohen, der berufene Mann. Dem, was über Job Cohens Rolle in den Niederlanden in der Begrüßung schon gesagt wurde, möchte ich nur noch ein Detail hinzufügen. Im Herbst 2004, als in Amsterdam am 2. November der schon erwähnte Filmemacher und Autor Theo van Gogh von einem islamistischen Attentäter ermordet wurde, war Job Cohen Bürgermeister dieser multikulturellen europäischen Metropole. Die souveräne und mutige Art, in der er damals, als in der schockierten Stadt das Klima brodelte, die Menschen beruhigt und damit verhindert hat, dass die Stimmung überkochte, das hat ihm und den Holländern weltweit großen Respekt eingebracht. Das war eine große politische Führungsleistung. Das Time Magazine *in den USA hat Job Cohen damals zu »Europe's Hero« erklärt.*

Man sollte dazu eine Besonderheit der Situation in Amsterdam kennen, auf die ich zum Ende dieser Einführung noch hinweisen möchte. Job Cohen hatte in der damaligen extrem angespannten Stimmungslage einen Partner an seiner Seite, dessen Rolle man nicht unterschätzen darf, seinen sozialdemokratischen Stellvertreter im Bürgermeisteramt, Ahmed Aboutaleb. Dieser Mann ist als 15-jähriger Junge mit seiner Familie 1976 aus Marokko nach Holland eingewandert, wo sein Vater schon länger als Gastarbeiter gelebt hatte. Heute ist Ahmed Aboutaleb eine respektierte Persönlichkeit im öffentlichen Leben des Landes, inzwischen – seit 2008 – Bürgermeister von Rotterdam und ein Musterbeispiel dafür, wie Integration funktionieren und wohin sie führen kann, Islam hin, Islam her.

Lieber Job Cohen, ich möchte zu Beginn unseres Gesprächs zunächst über diese schwierige Phase Ihrer Amtszeit als Bürgermeister von Amsterdam sprechen, über die Wochen im Jahr 2004, nach dem Attentat auf Theo van Gogh, das von Kommentatoren als Hollands »Nine-Eleven« bezeichnet wurde, als Schock für das innere Sicherheitsgefühl, darin im Prinzip vergleichbar mit den Anschlägen in den USA am 11. September 2001. Wie haben Sie es geschafft, die explosive öffentliche Stimmung zu beruhigen? Wie gelang es Ihnen, Herr der Lage zu bleiben?

Job Cohen:
Sie haben soeben von Mut gesprochen. Ehrlich gesagt, ich fühlte mich in der Situation überhaupt nicht mutig. Ich konnte gar nichts

anderes tun. Die Öffentlichkeit zu beruhigen war, meiner Ansicht nach, der einzige mögliche Weg, Schlimmeres zu verhindern. Bei meinem Amtsantritt als Bürgermeister war mir klar: Amsterdam ist eine Stadt mit Einwohnern, die aus mehr als 170 verschiedenen Ländern stammen. Nach meiner Auffassung konnte diese Stadt nur dann funktionieren, wenn die Menschen aus all diesen verschiedenen Nationen ihren Platz haben.

Auf Holländisch sprach ich vom »*boel bij elkaar houden*«, also davon, »das Ganze zusammenzuhalten«. Mein Thema war die notwendige Herstellung einer Verbindung, das Bauen von Brücken, und ich wurde nicht müde, immer wieder auf die Notwendigkeit dieses Sich-miteinander-Verbindens, dieses Brückenschlages hinzuweisen und auf diese Weise den aggressiven, kriegerischen Argumenten, die an vielen Ecken laut wurden, die Stirn zu bieten.

Das galt umso mehr in der Situation nach der Ermordung von Theo van Gogh. Natürlich habe ich die Tat öffentlich sofort verurteilt und den Mord als schreckliches Verbrechen bezeichnet. Das stand ja außer Frage. Das bedeutete aber nicht, dass man alle Menschen, die derselben Volksgruppe wie der Attentäter angehörten und den gleichen ethnischen und religiösen Hintergrund hatten, pauschal verurteilen durfte. Das musste verhindert werden. Mir war wichtig klarzustellen und in Erinnerung zu rufen, dass diese Menschen nicht mit dem Täter gleichgesetzt werden durften. Man muss sehr genau unterscheiden. Jeder Kriminelle muss zur Verantwortung gezogen werden, aber das bedeutet nicht, dass die ganze Gruppe, aus der er stammt, schuldig ist und verfolgt werden darf.

Mich interessiert: Wie verhält man sich als Stadtoberhaupt in einer derartig kritischen Situation? Geht man durch die Straßen und spricht direkt zu den Menschen? Hält man jeden Abend im Fernsehen eine Rede, um Menschen von Racheakten und von Terrorabwehrmaßnahmen abzuhalten, in einer Atmosphäre, die auch von der Angst geprägt ist, dass empörte Bürger mit Racheakten reagieren und zum Beispiel Moscheen in Brand stecken könnten? Immerhin ist nichts dergleichen geschehen, entgegen vieler Befürchtungen.

Zufällig fand am Tag nach dem Mord eine Sitzung des Stadtrates statt. Ich hielt in dieser Sitzung eine Rede mit den soeben beschriebenen Argumenten. Und ja, ich ging in die verschiedenen Stadtviertel, um mit den Menschen dort über das, was geschehen war und was jetzt zu tun ist, zu diskutieren. Und Sie haben die Rolle von Ahmed Aboutaleb richtig beschrieben: Er konnte in der schwierigen Situation vieles von dem aussprechen, was ich nicht sagen konnte. Vor allem konnte er, der einstige Marokkaner, etwas sehr Wichtiges sagen: Alle Zuwanderer aus Marokko, die ins Land gekommen waren und sich weigerten, Mitglied unserer Gesellschaft zu werden, sollten doch lieber das Land verlassen. Die Tatsache, dass er das sagte, hatte unglaubliche Wirkung. So konnten wir beide, eher durch Zufall als mit Absicht, unsere geteilten Rollen spielen. Aboutalebs Worte an die Zuwanderer wirkten beruhigend auf die ursprüngliche holländische Bevölkerung. Ich beruhigte meinerseits die anderen Gruppen, indem ich ihnen deutlich zu verstehen gab, dass sie natürlich Teil unserer Gemeinschaft sind und dass sich trotz dieser schrecklichen Tat nichts daran ändern würde.

Wie erreichte Aboutaleb die Bevölkerungsgruppen der Allochthonen, *wie die nicht im Land geborenen Niederländer genannt werden, und zugleich auch die* Autochthonen, *also die Niederländer ohne Migrationshintergrund?*

Er hielt eine Rede in einer Moschee, doch in unserer Ära des Fernsehens, Radios und der Neuen Medien verbreitete sich diese Rede sofort im ganzen Land. Und diese Rede hatte mindestens eine so starke Wirkung wie meine Rede im Stadtrat und meine Kontakte mit den Menschen in ganz Amsterdam.

Wie wichtig es war, dass in dieser speziellen Situation ein muslimischer Immigrant klare Stellung bezog, haben Sie gesagt. War es von vergleichbarer Bedeutung, dass Sie selbst aus einer jüdischen Familie kommen? Oder ist dieser Umstand in den multikulturellen Niederlanden von heute eher zu vernachlässigen?

Zumindest zum damaligen Zeitpunkt war das, glaube ich, eher unbedeutend. Es ist immer recht schwierig, über Juden zu sprechen, und ich bin ja Jude, weil mein Vater und meine Mutter Juden sind, doch ich bin nicht religiös. Ich befand mich insofern in einer besonderen Lage, weil ich als Jude Bürgermeister von Amsterdam war, aber nicht der Religionsgemeinschaft der Juden angehöre. Aber wie gesagt, ich glaube nicht, dass dies speziell in der damaligen Situation wichtig war. Der persönliche Hintergrund von Aboutaleb spielte eine größere Rolle. Den Umstand, dass er damals schon seit einem Jahr Vizebürgermeister der Stadt und eine bekannte und geachtete Persönlichkeit war, kann man auch einen Glücksfall nennen. Wir waren jedenfalls sehr froh, dass gerade er damals diese Position bekleidete.

Gehen wir noch ein paar Jahre zurück. Ende Januar 2000 veröffentlichte der holländische Soziologe Paul Scheffer in NRC Handelsblad *seinen inzwischen berühmten Artikel »Das multikulturelle Drama«, mit dem er eine leidenschaftliche Debatte in den Niederlanden auslöste. Dieser Artikel, den viele als Angriff gegen die niederländische Multikultur und gegen eine relativ liberale Einwanderungspolitik verstanden – oder besser gesagt: missverstanden –, hatte so große Schockwirkung, dass er sogar im Parlament behandelt wurde. Scheffer, selbst Mitglied der Arbeiterpartei, wurde vor allem von der holländischen Linken angegriffen, die ihn des Tabubruchs bezichtigte. Und auf der Rechten wurden seine Thesen über Fehler der Zuwanderungspolitik und über soziale Spannungen als Produkt einer unkontrollierten multikulturellen Entwicklung begierig aufgegriffen. War das damals ein Dammbruch, von einem Sozialdemokraten verursacht?*

Es war nicht das erste Mal, dass die multikulturelle Lage in den Niederlanden thematisiert wurde. Der Führer der rechtsliberalen Partei, Frits Bolkestein, hatte zuvor genau das Gleiche gesagt und im Parlament mehrmals wiederholt. Das hatte die Gemüter sehr bewegt, Bolkestein wurde vor allem von den Linksparteien scharf kritisiert. Doch mit Paul Scheffer hat zum ersten Mal ein Mitglied der »Partij van de Arbeid« (PvdA) die Probleme des Zusammenlebens in der multikulturellen Gesellschaft zum Thema einer kritischen Publikation gemacht und dieser Umstand sorgte tatsächlich für großes Aufsehen in der niederländischen Öffentlichkeit. Heute äußern sich auch viele Mitglieder der Linksparteien kritisch zu den Problemen der Migrations- und Integrationspolitik und zu den Folgen vergangener Fehler und Versäumnisse, wie man das früher nur von Politikern der Rechten zu hören bekam.

Diese Entwicklung ist heute, gut zehn Jahre später, in ganz Europa anzutreffen. Dass das multikulturelle Projekt am Ende sei, ist eine weitverbreitete Ansicht, die populäre bis populistische Parole lautet: »Multikulti ist tot.« In Deutschland verkündete die Kanzlerin: Die multikulturelle Gesellschaft »ist absolut gescheitert«. Sehen Sie das auch so?

Keineswegs. Die multikulturelle Gesellschaft lebt. Ich habe schon erwähnt, dass in Amsterdam Menschen aus 170 unterschiedlichen Nationen zusammenleben – das ist wahrlich eine *multikulturelle*

Gesellschaft. Ob man will oder nicht, die kulturelle Vielfalt ist Teil unserer europäischen Realität, sie ist nicht nur eine idealistische Idee. Man kann gewiss argumentieren, dass einige Konzepte der multikulturellen Politik nicht aufgegangen und die ursprünglichen Erwartungen der Menschen enttäuscht worden sind. Im 17. Jahrhundert bestand die Amsterdamer Bevölkerung allerdings auch schon zu einem Drittel aus Menschen anderer Nationalitäten. Somit handelte es sich schon damals um eine multikulturelle Gesellschaft. Und wie wir wissen, braucht es einige Zeit, bevor eine Integration stattfinden kann. Heute haben wir erstens diese Zeit nicht, und zweitens ist diese Integration mit vielen Problemen belastet. Paul Scheffer hat meiner Ansicht nach darauf hingewiesen, dass wir, oder jedenfalls viele von uns, so manche dieser Probleme unterschätzt haben oder nicht bereit waren, sie zu akzeptieren und ernst genug zu nehmen.

Glauben Sie, dass dies aus Naivität geschah oder einfach aus Nachlässigkeit: Hat man nicht genau genug hingesehen? Oder wollte man es gar nicht so genau wissen?

Beides trifft zu. Wir waren nicht nur naiv, sondern wir sahen auch nicht genau hin. Während des Wahlkampfes habe ich immer wieder darauf hingewiesen, dass viele Menschen in traditionellen Wohnvierteln mit einem hohen Anteil von Zugewanderten wohnen. Diese Menschen leben 30 oder 40 Jahre in ihrem Bezirk und fühlen sich heute, als wären sie woanders hingezogen. Der Grund dafür: Ihre Umgebung hat sich völlig verändert. Vor 40 Jahren hatten sie Nachbarn, mit denen sie reden konnten, denn sie hatten denselben Hintergrund. Heute leben sie Tür an Tür mit einer türkischen Familie zur Rechten und einer Familie aus Surinam zur Linken. Sie können mit diesen neuen Nachbarn zwar meistens auch Holländisch sprechen, doch es ist nicht dasselbe, mit Menschen aus Marokko oder der Türkei zu kommunizieren. Es ist nicht wirklich dieselbe Sprache. Die Veränderung in der Gesellschaft wird so deutlich spürbar.

Ich glaube, viele Parteien – auch die PvdA – wissen das inzwischen. Aber wir haben anfangs nicht genau hingeschaut und somit nicht begriffen, was sich da entwickelte und welch enorme Auswirkungen das auf die Menschen haben würde. Sehr oft sind vor allem Familien, die nur über ein geringes Einkommen verfügen, davon betroffen. Das war der Fall zu Beginn des 21. Jahrhunderts, als sich Pim Fortuyn zum Sprecher dieser Menschen machte und sich ihrer Sache und ihrer Beschwerden annahm. Und diese Menschen sagten dann: »Ja, das ist unser Mann, er spricht aus, was uns seit vielen Jahren widerfährt.«

Mit Pim Fortuyn[1] *begann dann auch gleich der Aufstieg des Populismus in den Niederlanden. Als er auf der Bildfläche erschien und mit seinen kritischen Anmerkungen zur Rolle der moslemischen Imame und einiger »Hassprediger« Aufsehen erregte und alsbald begeistertes Echo fand, reagierten viele erschrocken, nicht zuletzt auch außerhalb der Niederlande. Sie dachten, das sei nun die holländische Version des österreichischen Rechtspopulisten Jörg Haider, also ein weiterer fremdenfeindlicher Extremist mit rassistischen Positionen und tief sitzenden Resten der Nazi-Ideologie. Doch Pim Fortuyn vertrat, bei aller Zuspitzung und Radikalität, zunächst etwas differenzierte Positionen, indem er als europäischer Radikalliberaler gegen den radikalen Antiliberalismus einiger moslemischer Prediger auftrat und als bekennender Homosexueller die Rechte von Schwulen und Lesben gegen die Attacken reaktionärer Imame verteidigte. Am Anfang, bevor er sich immer mehr zum Kämpfer gegen die Zuwanderung radikalisierte, standen seine Attacken gegen jene antidemokratischen Tendenzen in Teilen der moslemischen Gemeinden, die nicht nur aus seiner Sicht eine Herausforderung für die nicht-islamische holländische Gesellschaft darstellten, von den etablierten Parteien aber ignoriert wurden. Hat diese Ignoranz Pim Fortuyn bei seinem Einstieg in die Politik nicht enorm geholfen?*

Damit könnten Sie recht haben. Ich erinnere mich noch genau daran, was Wim Kok, damals, zu Beginn des neuen Jahrhunderts, Premierminister und Vorsitzender der Sozialdemokraten, jahrelang immer wieder gesagt hatte, wenn wir über die Migrations- und Integrationsprobleme sprachen: Ich verstehe nicht, was da im Gange ist.

Er war nicht der Einzige. Es gab viele, die nicht begreifen konnten, was da in unserer Gesellschaft passierte und welche Rolle Pim Fortuyn dabei mit seinen Positionen einnahm. Er hatte immer schon, während seines ganzen Lebens, extreme Standpunkte vertreten. Schon als junger Bursche war er politisch aktiv, damals in der extremen Linken. In den Sechziger- und Siebzigerjahren war er Marxist. Er war nicht gerade ein Straßenkämpfer, doch während seines gesamten Lebens war sein Denken von extremen Positionen geprägt.

Ehe er dann Mitglied Ihrer Partei wurde und danach, auf seiner Reise von ganz links nach weit rechts, zum liberalkonservativen VVD wechselte, dann seine eigene Partei gründete und schließlich zu seinem Feldzug gegen den Islam und gegen Hollands damals noch relativ liberale Asylpolitik aufbrach und schließlich den verbreiteten und von ihm konsequent geschürten Unmut über die Traditionsparteien in Den Haag zu bündeln, vor allem den Unmut über die regierende Sozialdemokratie. Wie sehr ihm das gelungen ist, wurde ja auch darin deutlich, dass nach Fortuyns Ermordung kurz vor der Wahl 2002 seine Liste Pim Fortuyn *mit ihm als posthumen Spitzenkandidaten zweitstärkste Partei wurde. Was ich an diesem Punkt jetzt von Ihnen wissen möchte ist Folgendes: Hat die Forderung nach stärkerer*

Abschirmung des Landes gegenüber Asylbewerbern und Wirtschaftsimmigranten sich seither verstärkt, geht die Tendenz in der Bevölkerung, verkürzt ausgedrückt, weiter in Richtung »Ausländer raus!«, oder gibt es auch eine Bereitschaft zu mehr Bemühungen um eine Politik zur Förderung der Integration der Zugewanderten?

Die öffentliche Meinung ist gespalten. Im Parlament braucht die neue Regierung zur Mehrheit die Stimmen der rechtspopulistischen Partei von Geert Wilders. Wilders' Partei hat keine Mitglieder in der Regierung, doch sie unterstützt die meisten wichtigen Punkte des Regierungsprogramms, das dementsprechend radikal ist und auch vehement gegen Zuwanderung und auch gegen Integration auftritt. Politisch lautet ihre Botschaft: »Verlasst bitte unser Land!« Für Integration wird wenig gemacht. Dabei haben wir in den letzten zehn Jahren viel gelernt, und wir wissen heute viel mehr darüber, wie eine Integrationspolitik aussehen sollte, zum Beispiel, welche Sprachförderungsprogramme angeboten werden sollten und so weiter.

Was bedeutet Sprachförderungspolitik für Sie? Die Verpflichtung, die Landessprache zu erlernen?

Ja, das meine ich.

Bedeutet das die Verpflichtung, Holländisch schon vor Zuzug ins Land zu erlernen?

Ja.

Und was geschieht mit jenen, die sich schon im Land aufhalten und noch keine Sprachkenntnisse haben?

Die Möglichkeit, die Landessprache zu erlernen, sollte auch durch finanzielle Anreize geschaffen werden. Wir wollen, dass die Migranten unsere gemeinsame Sprache lernen und wir wollen das nach Kräften fördern. Aber wenn sie das nicht tun und deshalb auch keinen Arbeitsplatz finden, dann gibt es keine Sozialversicherung.

Aber keine Ausweisung?

Natürlich nicht.

Genau das plant aber die konservativ-liberale Regierung.

Die Regierung macht ihre eigenen Pläne, die sich von unseren Vorstellungen zum Teil deutlich unterscheiden. Es geht dabei nicht um die Migranten, die bereits in den Niederlanden ansässig sind, sondern um diejenigen, die einwandern wollen. Diese müssen zunächst einige Bedingungen erfüllen, wie gesagt müssen sie zum Beispiel die holländische Sprache einigermaßen beherrschen. Wenn sie diese Bedingungen erfüllen und eine Arbeitsgenehmigung erhalten, können sie einreisen. Doch wenn sie sich in den Niederlanden aufhalten und arbeitslos werden, dann müssen sie nach den Plänen der Regierung nach einigen Jahren wieder zurück in ihr Ursprungsland. Das widerspricht meiner Ansicht nach der europäischen Gesetzgebung. Wir werden sehen, was passiert.

Dieses Konzept könnte in Ihrer Partei aber auch Gefallen finden.

Absolut nicht. Aber schauen wir mal, was im Bereich der europäischen Gesetzgebung geschieht.

Da sollten Sie sich vielleicht nicht zu viele Hoffnungen machen. Europa wird mehrheitlich konservativ regiert.

Ich weiß. Ich hoffe aber sehr, dass das auch andere Länder einsehen: In Europa sollten wir nicht auf dieser Basis zusammenleben.

Noch mal zur Frage der sozialdemokratischen Haltung zu den Problemen mit der Integration, der Migration. Ich denke, dass hier die Debattenlinien nicht nur zwischen Konservativen und Progressiven verlaufen, sondern quer durch die Parteien. Ein britischer Intellektueller nannte vor Kurzem die Debatte über die Migration einen neuen »Bürgerkrieg der Linken«: Die Bruchlinie verlaufe zwischen den eher kosmopolitischen, städtischen, liberalen Flügeln der Mittelinks-Parteien und den etwas konservativeren Gruppierungen, die meinen, dass alles schon jetzt zu viel sei. Meinen Sie, die niederländischen Sozialdemokraten könnten bei diesem Thema eine gemeinsame Position finden, die auch Grundlage für einen Wahlkampf sein könnte?

Wenn es darum geht, ob jemand, der über die nötigen Sprachkenntnisse verfügt, eine Arbeitserlaubnis bekommen hat, sich somit in den Niederlanden niederlassen und hier arbeiten kann, das Land wieder verlassen muss, falls er, aus welchen Gründen auch immer, seinen Arbeitsplatz verliert, dann gibt es für meine Partei kein Problem. Das darf nicht sein.

Umso besser. Gestatten Sie aber bitte folgenden Hinweis: Aus einigen vor Kurzem durchgeführten Meinungsbefragungen geht hervor, dass in ganz Europa ein Drittel bis zu 50 Prozent der Bevölkerung glaubt, dass die Migranten von außerhalb Europas den Einheimischen die Arbeitsplätze wegnehmen. Selbst wenn das in der Realität so gar nicht stimmen sollte: Dass diese Meinung so stark verbreitet ist, lässt sich schwer ignorieren. Auch das gehört zur politischen Realität unserer multikulturellen Gesellschaft.

Das ist richtig. Nichtsdestotrotz bin ich davon überzeugt, dass sich diese Meinung in ein paar Jahren ändern wird, dann, wenn die unmittelbar nach dem Zweiten Weltkrieg geborenen Jahrgänge in Pension gehen werden und ein enormer Bedarf an Arbeitskräften entstehen wird. Das Problem der Arbeitslosigkeit wird spätestens dann an Bedeutung verlieren. Umso wichtiger ist die Bedeutung der Bildung in ganz Europa, auch die Bildung für die Zuwanderer. Wir brauchen deren Arbeitskraft und deren Wissen. Insofern müssen wir ihnen als Integrationsleistung auch die beste Bildung zukommen lassen. Bildung ist von enormer Wichtigkeit für uns, es geht dabei nicht zuletzt um unsere Wettbewerbsfähigkeit gegenüber den künftigen Konkurrenzländern und Mitbewerbern in anderen Teilen der Welt, China, Indien, Brasilien usw.

Dazu ist Bildung für alle wichtig, aber auch spezifisch für die Migranten. Denn sie verfügen über viele Talente, die bisher weitgehend brach liegen. Wenn wir ihnen genügend Aufmerksamkeit schenken, können sie viel weiter kommen, als das jetzt der Fall ist. Das trägt auch zur Integration bei, ebenso wie zu dem Beitrag, den sie zu unserem Wohlstand leisten, und zu ihrer Teilhabe an unserer Gesellschaft. Somit ist die Bildung ein lebenswichtiges Element, für alle Mitglieder unserer Gesellschaft, aber eben besonders auch für die Zuwanderer. Dabei haben wir registriert, dass besonders Mädchen und Frauen gute Erfolge erzielen. Man sollte das Argument, die multikulturelle Gesellschaft sei tot, einmal vor dem Hintergrund dieser Erfahrung bewerten, dass junge Zuwanderer und Zuwanderinnen der zweiten und dritten Generation heute Gymnasien und Universitäten besuchen, während ihre Eltern und Großeltern nicht einmal lesen konnten. Daran sieht man, wie sehr in Wahrheit die multikulturelle Gesellschaft lebt.

Wir haben von den Sprachkenntnissen als Einstiegsvoraussetzung für Migranten gesprochen und von der Weiterbildung. Aber was hilft das bei den Bemühungen um die Integration, wenn in schwierigen Zeiten die Arbeitsplätze fehlen und dadurch die Konkurrenzsituation zwischen »Allochthonen« – also Zugewanderten – und »Autochthonen« befördert wird?

Die Beschäftigung ist natürlich der wichtige dritte Punkt für die Integration. Einen Arbeitsplatz zu haben, mit Kollegen und Kolleginnen zu kommunizieren und zusammenzuarbeiten, das hilft am besten bei der Eingliederung Zugewandeter in die aufnehmende Gesellschaft. Es stimmt, derzeit ist es für Migranten schwieriger als für Einheimische, einen Arbeitsplatz zu finden. Doch die Situation wird sich allein schon dadurch ändern, dass wir bald nicht mehr genügend autochthone Arbeitnehmer haben werden.

Und dann gibt es noch einen weiteren Aspekt der Integration und der Beziehung zwischen Zuwanderern und Einheimischen in unseren Gesellschaften, den wir nicht vernachlässigen sollten: Ich meine die Einhaltung von Regeln durch die aus anderen Kulturen zu uns Gekommenen, um die Bereitschaft zur sozialen Anpassung und vor allem um Gesetzestreue etc., also um den eigenen Beitrag der Zuwanderer zum Prozess der Integration, ungeachtet ihres legitimen Bestrebens nach Wahrung der ursprünglichen kulturellen Identität. Eine schwierige Balance. In Ihren Reden haben Sie diesen Aspekt, der für die einheimische Bevölkerung eine bedeutende Rolle spielt, mehrmals thematisiert.

Das ist ein ungemein wichtiger Punkt. Wenn man von der Bevölkerung Gesetzestreue verlangt, dann gilt diese Forderung für alle, die in dieser Gesellschaft leben. Und man muss bei Gesetzesverletzungen mit den Tätern streng ins Gericht gehen, auch bei Zuwanderern, und zwar strenger als dies derzeit in der permissiven niederländischen Gesellschaft gehandhabt wird. Das heißt, wir sollten

Verstöße gegen unsere Gesetze und Regeln des Zusammenlebens in Zukunft härter ahnden, als dies bislang der Fall war. Während meiner Zeit als Bürgermeister habe ich diesen Standpunkt immer vertreten.

Im Prinzip wird Ihnen da auch kaum jemand widersprechen. Aber das Problem steckt für die Parteien der Linken immerhin darin, dass die populistischen Parteien in Europa dasselbe fordern, nur in viel radikalerer Form und ohne die Zielrichtung, dadurch die Integration zu befördern, sondern im Gegenteil. Ich denke dabei natürlich besonders an die Parallelen zwischen den antiislamischen und insgesamt ausländerfeindlichen Kampagnen von Populisten wie Geert Wilders in Ihrem Land und von Hans-Christian Strache in Österreich. Macht es deren Vorgangsweise für Sie und Ihre europäischen Parteifreunde nicht überall schwieriger, unbefangen Positionen zu vertreten, die viel härter und schärfer von den heutigen Populisten vertreten werden? Wilders' PVV ist heute die drittstärkste Partei in den Niederlanden und wer weiß, ob die Rechtspopulisten es nicht eines Tages schaffen, stärkste Partei des Landes zu werden. Großen Einfluss auf die öffentliche Debatte und das politische Klima hat die Partei jetzt schon. Welche Strategie sollen die Sozialdemokraten in dieser schwierigen Situation verfolgen?

Ich denke, in ganz Europa müssen wir Sozialdemokraten uns auf unsere Werte besinnen, sie wieder ins Bewusstsein rufen und öffentlich stärker dafür eintreten. Wir müssen zugleich die Probleme unserer Zeit in Angriff nehmen, wie etwa die Überalterung unserer Gesellschaft. Das ist keine leichte Aufgabe, die aber unumgänglich ist. Wir müssen uns auch um die Probleme kümmern, die aus der Tatsache herrühren, dass sich die Globalisierung auf die Menschen in unseren Gesellschaften sehr unterschiedlich auswirkt, ich meine damit die Unterschiede zwischen den Globalisierungsgewinnern und jenen, denen die Globalisierung keinerlei Vorteile gebracht hat oder sogar Nachteile. Wir müssen versuchen, unsere alten Werte mit diesen neuen Elementen in Verbindung zu setzen.

Als sozialdemokratische Partei sollten wir uns vor allem daran erinnern, dass die sozialdemokratische Bewegung Menschen unterschiedlichster Herkunft vereint. Unsere Anhänger sind zum Teil Intellektuelle, zum großen Teil sind sie einfache Angestellte und Arbeiter. Wir wollten und wollen immer noch all diese Menschen in einer Partei zusammenbringen und dann gemeinsam auf der Grundlage unserer traditionellen Werte eine neue Ausrichtung finden. Wichtig dabei sind die Emanzipation und das Bemühen jedes Einzelnen innerhalb der Gesellschaft, sein Bestes zu geben. Und wir müssen darauf hinweisen, dass dieser Brückenbau, diese Verbindung, dieses Herstellen von Gemeinsamkeit der wesentlich bessere Weg ist als eine Gesellschaft, die nicht alle einschließt, sondern im Gegenteil Menschen und Gruppen ausgrenzt oder sogar regelrecht gegeneinander ausspielt. Das entspricht nicht unserer Vorstellung einer friedlichen und gerechten Gesellschaft. Wir wissen, das kann nicht funktionieren. Deshalb sollten wir unsere Argumente mit großem Nachdruck vorbringen. Nur so können wir die Menschen überzeugen.

Das Umfeld, in dem Sie das tun, ist aber denkbar schwierig, manchmal sieht es so aus, als wären, wo immer ihr hinkommt, die Populisten schon dagewesen, wie in der Geschichte vom Hase und vom Igel. Ich möchte daher an der Stelle einen gemeinsamen Freund zitieren, den holländischen Sozialdemokraten René Cuperus, Mitarbeiter bei der Wiardi-Beckman-Stiftung, *dem sozialdemokratischen Thinktank in Den Haag. René hat vor Kurzem eine Abhandlung über den Populismus veröffentlicht und darin von der Janusköpfigkeit des Populismus geschrieben. Auf der einen Seite stehe der gefährliche politische Aspekt des Populismus, gekennzeichnet von anti-plura-*

listischem, xenophobem, islamophobem, autoritärem und reaktionärem Denken, also von Elementen, die dem Gedanken der Aufklärung konträr gegenüberstehen und es mit ihrem demagogischen Stil und ihrer Panikpropaganda überaus schwierig machen, verunsicherten und besorgten Menschen komplizierte politische Probleme zu erklären. Auf der anderen Seite der zweite Januskopf, Renés wichtigste Aussage: Das sei die Tatsache, dass der Populismus eine legitime Warnung in sich berge, vergleichbar dem Fieber, das anzeigt, wenn etwas im Körper nicht in Ordnung ist. Der Erfolg des Populismus, so das Argument, sei also nicht die Krankheit an sich, sondern ein Warnsignal. Die Krankheit, auf die das populistische »Fieber« hinweise, bestehe aus einer elitistischen, technokratischen Politik, die über die Köpfe der Menschen hinweg von oben herab betrieben werde und gehe zurück auf profunde Mängel unserer Demokratien, in denen oligarchische, meritokratische Privilegien für neue Ungleichheiten und Ausgrenzungen gesorgt hätten. Ich erinnere mich an eine Aussage Ihres Amtsvorgängers Wouter Bos, der einmal Aufsehen erregte mit der Bemerkung: »Vielleicht brauchen die demokratischen Parteien, um in der Demokratie zu überleben, einfach mehr Populismus.« Was halten Sie davon?

Zunächst zu diesem Januskopf: Das, was sich an Ungeheuerlichkeiten hinter dem ersten Kopf verbirgt, werde ich niemals akzeptieren, die antimoslemischen Parolen zum Beispiel sind grotesk. Wir haben schon vom extremen Flügel des Islam gesprochen, den wir natürlich bekämpfen müssen, so wie wir jede Form des Extremismus bekämpfen. Doch ich werde niemals gegen den Islam an sich kämpfen. Lasst uns also die Vorteile des aufgeklärten Denkens in diesem Sinn verteidigen. Einer dieser Vorteile liegt in der Trennung von Kirche und Staat, was bedeutet, dass sich der Staat nicht in die Religion einmischt, solange die Ausübung des Glaubens innerhalb der Grenzen der Gesellschaft stattfindet. In dieser

Hinsicht werde ich mich also Geert Wilders niemals annähern oder anschließen.

Nun aber zum zweiten Kopf, wie er von René Cuperus so treffend beschrieben wurde. Ich glaube, als Arbeiterpartei hatten wir viele Mitglieder in wichtigen Positionen, die manchmal zu technokratisch vorgingen, die zuweilen sogar voreilig Teile von populistisch gefärbten Programmen übernahmen. Das muss sorgfältig betrachtet werden, und daraus kann man die nötigen Lehren ziehen. Der Gedanke vom »zweiten Kopf«, der mit den Fehlentwicklungen der repräsentativen Demokratie und der Rolle, die wir selbst dabei hatten, verbunden ist, leuchtet mir ein und ist für unsere weitere Arbeit sicherlich hilfreich.

Was könnten die Lehren sein, die man aus der Analyse des zweiten Januskopfs ziehen sollte? Was sollen Parteien, die – wie in Österreich – eine starke Stellung in der Regierung haben, oder die – wie in Holland oder in Schweden – immerhin zweitstärkste Partei sind und im Grunde jederzeit wieder an der Regierung beteiligt sein könnten, anders machen als bisher? Was sollten sie ändern im Stil oder auch programmatisch? Wie kommt man aus der Ecke, wo man mit dem Rücken zur Wand steht, wieder raus?

Das Wichtigste ist, wieder an die Regierung zu kommen und dazu beizutragen, dass das Land wieder besser regiert wird und so der Auftrieb für die Konservativen und deren populistische Bündnispartner schwindet. Die Regierungen müssen sorgfältiger auf die Bedürfnisse der Menschen eingehen und darauf müssen wir uns konzentrieren.

Haben denn die niederländischen Sozialdemokraten das in den Phasen ihrer Regierungsbeteiligung bisher nicht versucht?

Wir haben alles zu sehr verkompliziert. Die Regierungstätigkeit ist von außen nicht mehr überschaubar. Es wurde immer weniger nachvollziehbar, welche Institution wofür zuständig ist. Wenn Sie als normaler Bürger etwas von der Regierung verlangen und es nicht bekommen, wissen Sie oft nicht, wohin Sie sich wenden sollen. Manchmal sind die diversen Stellen schlampig organisiert und auch schlecht kontrolliert. Da besteht großer Korrekturbedarf. Da haben wir vieles zu lange laufen lassen. Darüber hinaus haben wir in den Niederlanden viele Bereiche privatisiert. Und bei den Privatisierungen stellte sich immer wieder heraus, dass die Chefs dieser Organisationen und Institutionen sofort nach der Privatisierung doppelt oder dreimal höhere Gehälter bezogen, wobei viele von diesen Profiteuren der Privatisierung Mitglieder der Sozialdemokratie sind.

Da stimmt doch etwas nicht.

Absolut richtig. Und das muss sich ändern. Wir arbeiten zurzeit hart daran, indem wir sagen: Wenn ihr wirklich wollt, dass die Menschen verstehen, was ihr tut, warum ihr es tut und wofür ihr euer Geld bekommt, dann erklärt bitte, weshalb ihr jetzt doppelt oder dreifach so viel verdient.

Wenn man also versucht herauszufinden, was schief gelaufen ist, was die traditionsreichen Parteien falsch gemacht haben, so stößt man auf viele Hinweise und Ideen. Ich fand einiges in Abhandlungen, die von zwei unserer Freunde stammen, nämlich von dem schon erwähnten René Cuperus und von dessen Kollegen Frans Becker, der übrigens heute unter uns ist. Sie schrieben Artikel über die letzte Wahl in den Niederlanden im Allgemeinen und über die Gründe für die sozialdemokratische Niederlage im Besonderen. Dabei zitieren sie, offenkundig zustimmend, den früheren progressiven Führer der

Liberalen, Hans van Mierlo, mit der Bemerkung: »Wir leben in einem Land des Sich-etwas-Vormachens. Wir machen uns vor, die Regierung lenke nach wie vor die Gesellschaft, während die Regierung in Wirklichkeit die Kontrolle über die Bürokratie verloren hat und der Bürokratie schon vor langer Zeit ihr Realitätsbezug verloren gegangen ist.« Ein ziemliches Drama, das da beschrieben wird, finde ich. Was geht da vor? Man hat das Gefühl, was für ein Glück, dass wir da nicht leben.

Was Sie jetzt vorgelesen haben, entspricht ungefähr dem, was ich zu erklären versucht habe, es ist aber stärker pointiert. Das ist etwas, worüber man sorgfältig nachdenken muss. Wenn man, wie wir, eine neue Regierung verlangt, die für die Menschen da ist und die sich um die Menschen kümmert, dann muss man sich auch darüber Gedanken machen, wie man sicherstellt, dass diese Regierung für die Menschen auch erreichbar ist, was man verbessern muss, um diese Distanz, die entstanden ist, wieder zu verringern und neues Vertrauen zu schaffen. Wir brauchen dieses Vertrauen mehr denn je, denn wir stehen vielen Problemen gegenüber, die wir lösen müssen: die Folgen der demografische Entwicklung, die Energieversorgung und die mit der Globalisierung einhergehende Spaltung der Gesellschaft in die Globalisierungsgewinner und Globalisierungsverlierer. Es besteht vielfältiger Handlungsbedarf, wofür wir eine effiziente und funktionierende Regierung brauchen. Demgegenüber wollen die Liberalen und insbesondere die derzeitige Regierung uns glauben machen, weniger Staat sei besser. Das halte ich für total falsch. Aber wenn man sich dagegen wendet und für eine stärkere Rolle des Staats eintritt, muss man auch Überlegungen haben, wie man eine Regierung so aufstellt und organisiert, dass sie diese Probleme lösen kann und zugleich auch den demokratischen Kontakt zu den Menschen behält. Dafür ist derzeit nicht in ausreichendem Maße gesorgt.

Das Organisieren der Regierung ist ohne Zweifel ein entscheidender Punkt. Aber lassen Sie uns auch noch kurz darüber sprechen, was die traditionellen Parteien, also Sozialdemokraten, Christdemokraten und da, wo es sie in nennenswerter Größe gibt, Liberale dazu beitragen können, dass die Demokratie durchschaubarer und wieder attraktiver wird. Was raten Sie speziell den Sozialdemokraten, um sich der Wählerschaft mehr zu öffnen und mehr Rückmeldungen zu bekommen? Wie können die Arbeiterparteien, die überall von Mitgliederschwund und abnehmenden Stimmanteilen bei Wahlen gezeichnet sind, diesem Negativtrend begegnen? Wie wirbt man erfolgreich um neue Mitglieder, unter denen sich womöglich auch Parteiführer und Spitzenkandidatinnen der Zukunft befinden?

Obwohl ich diesen Satz hasse, sage ich dazu: Wir sollten genau hinhören, was uns die Menschen zu sagen haben.

Klingt ganz vernünftig. Weshalb hassen Sie diesen Satz?

Weil er so klingt, als würde man, sobald man zuhört, alles tun, was die Leute wollen. Aber darum geht es gar nicht. Sie müssen wissen, was los ist, wo vielleicht etwas falsch läuft, insbesondere, welche Fehler begangen werden. Dazu muss man offene Ohren haben. Und man muss das Gehörte zu den eigenen Werten in Beziehung setzen. Damit das funktioniert, muss das allerdings besser gemacht werden als wir das in den letzten Jahren geschafft haben. Das heißt, auf die Straße gehen, auf die Menschen zugehen, mit ihnen reden, erklären, was man vorhat und warum, und genau hinhören, was die Leute dazu sagen und was sie alles bewegt. Bei den letzten Wahlkämpfen haben wir das auch getan, das hat ganz gut geklappt.

Manche sagen, die Werbung von Wählerstimmen sei zwecklos, wenn man als Partei zwischen den Wahlterminen keine ausreichende Prä-

senz zeige und nicht für die Menschen da sei. Wenn Politiker in der Zeit zwischen den Wahlkämpfen für die Mitbürger im Viertel nicht ansprechbar seien und kein Interesse zeigten, könnten sie sich die Hausbesuche im Wahlkampf von Tür zu Tür sparen.

Das stimmt. Wie Sie wissen, haben wir eben eine Wahl hinter uns. Demnächst bereiten wir bereits unsere Kampagne bis zur nächsten Wahl vor, die spätestens in vier Jahren stattfindet, sofern die Regierung so lange im Amt bleibt, was ich nicht hoffe.[2] Aber wenn sie es schafft, führen wir unsere Kampagne eben vier Jahre lang. Im letzten Wahlkampf hatten wir in verschiedenen kleineren und größeren Städten viele Menschen, die für uns auf die Straße gingen. Ich hoffe, wir können sie dafür gewinnen, dass sie das wieder tun, wenn wir gemeinsam – das heißt, die Mitglieder des Parlaments und der regionalen und kommunalen Gremien – unsere Aufklärungsarbeit fortsetzen. Ich hoffe, dass es uns gelingt, viele Menschen auf die Straße zu bringen und mit den Menschen zu kommunizieren, zu hören, was gedacht und gesprochen wird und zu beobachten, was da im Gange ist. Die Vertreter der Stadtverwaltungen zum Beispiel sehen sich sehr genau an, was gut läuft und was weniger gut läuft in den einzelnen Stellen und Behörden. Wir haben so viele Institutionen und müssen beobachten, wie sie arbeiten, denn auf der Ebene spüren die Bürger am ehesten, ob der Staat funktioniert oder nicht. Und wenn etwas nicht so klappt, wie es sollte, dann müssen wir uns schnell überlegen, wie wir Abhilfe schaffen können. Das ist die Idee des Engagements zwischen den Wahlen.

Ist die Gemeinde, der unmittelbare Wohnbezirk der Bürgerinnen und Bürger, nicht ohnehin die wichtigste Ebene, um den Anschluss an die Menschen wieder zu bekommen und Vertrauen neu aufzubauen?

Das ist richtig. Darum wollen wir uns da besonders um Präsenz bemühen.

Job Cohen, zum Schluss ein kleines Gedankenspiel, eine Spekulation über die Zukunft: Wenn wir in zehn Jahren auf die heutige Situation zurückblicken und sie mit der dann vielleicht bestehenden Lage vergleichen, was glauben Sie, werden wir sagen können? Das waren die Turbulenzen der Vergangenheit, die wir erfolgreich überwunden haben? Oder werden wir uns in Europa nach zehnjährigem Ringen bange umsehen und feststellen, dass wir gescheitert sind und uns nun in der Endphase der liberalen Demokratie befinden?

Vor uns liegt sicherlich ein unbekanntes, schwieriges Gelände – *Terra incognita*. Wenn wir uns die enormen Veränderungen vergegenwärtigen, die das Internet gebracht hat, dann kann man nur erahnen, dass die künftigen Veränderungen mit noch viel höherer Geschwindigkeit eintreten werden. Somit können wir davon ausgehen, dass die Welt völlig anders aussehen wird. Und im Rückblick wird man sehen, dass die Diskussion um die ganze Integrationsproblematik geführt werden musste, dass hässliche Fragen behandelt werden mussten. Das war unvermeidlich und ist die beste Methode, um Probleme zu lösen. Wenn wir den Herausforderungen nicht ausweichen, sie nicht ignorieren, sondern sie annehmen und das in ganz Europa tun, dann werden wir in zehn Jahren vermutlich sagen können: Das waren schwierige Zeiten, das war ein schwieriger Weg, doch wir sind vorangekommen und wir wissen jetzt etwas besser, wie man mit all diesen Problemen zurande kommt. Das wäre schon ein Fortschritt.

ANMERKUNGEN

1 Pim Fortuyn, niederländischer Politiker und Gründer der ersten islamfeindlichen Partei des Landes, geb. 19. 2. 1948, gest. 6. 5. 2002, Sozialwissenschaftler und Publizist, wechselte Ende der 1990er Jahre in die Politik und trat 2002 als Spitzenkandidat der von ihm gegründeten »Liste Pim Fortuyn« bei den Parlamentswahlen an. Am 6. Mai 2002 wurde er von einem radikalen Umwelt- und Tierschützer ermordet. Seine Partei wurde bei der Wahl zweitstärkste Kraft, scheiterte jedoch bald aufgrund interner Zwistigkeiten und löste sich 2008 auf. Fortuyns politisch-ideologischer Erbe ist der Rechtspopulist Geert Wilders, Chef der von ihm gegründeten »Partei der Freiheit«.

2 Aus vorzeitigen Neuwahlen am 12. September 2012 gingen die regierenden Rechtsliberalen (VVD) mit dem amtierenden Ministerpräsidenten Mark Rutte (41 Mandate, plus 10) und die sozialdemokratische Partei von der Arbeit (PvdA) mit dem neuen Spitzenkandidaten Diederik Samson (38, plus acht) als Gewinner hervor. Nach schwierigen Verhandlungen bildeten die beiden Wahlsieger unter dem von Job Cohen inspirierten Motto »Brücken schlagen« eine Große Koalition, in der die PvdA u. a. die Minister für Äußeres, Finanzen und Arbeit stellen. Die linkspopulistische Sozialistische Partei (SP) war in der Wahl entgegen den Umfragen, die sie zuvor als zweitstärkste Partei gehandelt hatten, bei ihren 15 Mandaten geblieben. Deutliche Wahlverlierer waren die Rechtspopulisten (PVV) von Geert Wilders (15 Mandate, minus neun) und die traditionsreiche christdemokratische CDA (13, minus acht).

STRATEGIEN GEGEN DIE »POSTDEMOKRATIE«

Frauen fördern, Bildung wagen, Gleichheit schaffen

Jutta Allmendinger im Gespräch

»Die bildungspolitischen Ziele sind klar: Wir müssen um jeden Preis versuchen, alle mitzunehmen. Inklusion und Partizipation sind die Ziele einer gerechten Gesellschaft.«

© Astrid Knie

Jutta Allmendinger, geboren am 26. September 1965 in Mannheim, ist Präsidentin des Wissenschaftszentrum Berlin für Sozialforschung. Die studierte Soziologin, Sozialpsychologin und Wirtschaftswissenschaftlerin, promoviert 1987 an der Harvard University, ist in Deutschland im politischen und wissenschaftlichen Bereich u. a. führend beteiligt an der Debatte über Fragen der Bildung, der Chancengleichheit und sozialen Gerechtigkeit. Von 1992 bis 2003 war sie als Professorin für Soziologie an der Münchener Universität tätig. Danach leitete sie bis zu ihrem Wechsel nach Berlin das Institut für Arbeitsmarkt- und Berufsforschung in Nürnberg.

Das Gespräch fand am 12. Mai 2011 in Wien statt.

Werner A. Perger:

Wir beginnen unser Gespräch mit der Vorstellung eines bemerkenswerten Buches, das unsere heutige Dialogpartnerin, Professorin Jutta Allmendinger, vor einiger Zeit veröffentlicht hat und das in Österreich noch nicht präsentiert wurde. Die darin behandelten Fragen und Fallbeispiele sind jedoch auch außerhalb Deutschlands interessant und lehrreich.

Das Buch trägt den schönen Titel, hinter dem ein rhetorisches Fragezeichen steht: »Verschenkte Potenziale?«[1] Der Begriff »Potenziale« steht in diesem Fall für die Wirtschaftskraft, die Lebenserfahrung und die Fähigkeiten von Frauen, die nicht auf dem Arbeitsmarkt aktiv sind. Frau Allmendinger geht der Frage nach, was diese Frauen mit ihren vielfältigen »Potenzialen« davon abhält, sich in den Arbeitsmarkt zu integrieren, wie sie ihr Leben verbringen und was man von ihnen erwarten könnte. Wenn ich die Autorin richtig verstehe, geht es im Grunde um die These, dass die Abwesenheit dieser Frauen vom Arbeitsmarkt einen Verlust darstellt: eben das »verschenkte Potenzial«, von dem im Titel die Rede ist.

Um Ihnen, meine Damen und Herren, den dramatischen Aufbau des Buches ein wenig näherzubringen, möchte ich zwei kleine Kostproben vortragen, und zwar vom Anfang und vom Ende. Am Anfang schauen wir ins Deutsche Fernsehen, es ist der Abend des 24. Juni 2010, im Ersten Programm laufen die »Tagesthemen«, das deutsche Gegenstück zur österreichischen »ZiB-2«:

»Die Sendung beginnt mit der Nachricht, dass sich die Konferenz der Justizministerinnen und Justizminister der 16 deutschen Bundesländer für eine Frauenquote in Führungspositionen ausspricht. Eine gesetzliche Regelung soll bis Anfang 2011 vorbereitet werden. Die bayrische Justizministerin, Frau Dr. Beate Merk von der CSU, erläutert

eloquent und höchst überzeugend, warum nicht länger gewartet werden dürfe. Positionen in Aufsichtsräten und Vorstände börsennotierter Unternehmen würden von Frauen selbst dann oft nicht erreicht, wenn sie im Vergleich zu den Männern deutlich besser dafür qualifiziert sind. Man müsse endlich handeln. Das geböte die Geschlechtergerechtigkeit und das Wohl des Wirtschaftsstandortes Deutschland.

Man reibt sich die Augen. Wenige Wochen zuvor hatte die Telekom ein Tabu gebrochen und eine Frauenquote eingeführt. Konnte dies noch leicht als Marketing eines Konzerns abgetan werden, der weibliche Kunden an sich binden möchte, so besitzt die Offensive der Bundesländer eine ganz andere Wucht. Plötzlich ist da mehr als die stete Flut von Nachrichten über die ungleiche Bezahlung von Männern und Frauen in vergleichbaren Positionen, mehr als der Girls' Day, mehr als die häufigen Berichte über geringfügige Beschäftigung von Frauen. Auf einmal wird es irgendwie konkret.«

Soweit der Einstieg in das Buch über die »Verschenkten Potenziale«. Im weiteren Verlauf lernen wir unterschiedliche Lebensbilder und Lebensverläufe von Frauen kennen und die Gründe, objektive und subjektive, die sie davon abhalten, dem Arbeitsmarkt zur Verfügung zu stehen. Wir lesen von konkreten Frauenschicksalen und wir werden mit internationalen Datenvergleichen konfrontiert. Am Ende dann ein fiktiver Ausblick, wieder ins Erste Fernseh-Programm: die »Tagesthemen« vom 24. Juni 2020, die Neues vom Arbeitsmarkt zu berichten haben:

»Die Sendung beginnt mit der Nachricht, dass das Bundesministerium für Arbeit und Soziales erstmals einen deutlichen Rückgang in dem Anteil nicht erwerbstätiger Frauen meldet. In den letzten zehn Jahren ließen sich nur mäßige Fortschritte in der gleichberechtigten Teilhabe der Geschlechter auf dem Arbeitsmarkt verzeichnen, und das, obwohl sich der Fachkräftemangel weiter verschärft hat. Zudem wuchs der Anteil von Frauen, die ihre Altersrenten mit staatlichen Transferzahlungen aufstocken müssen. Einige hatten ihre

Erwerbstätigkeit über eine lange Zeit unterbrochen, andere waren in ihrem Leben überwiegend teilzeitbeschäftigt. Aus all diesen Gründen ging die Arbeitsmarktstatistik dazu über, nebst den Arbeitslosenzahlen auch die Zahl der Nicht-Erwerbspersonen zu vermelden.« Die Frauen, von denen dieses Buch handelt, empfinden das immerhin als Fortschritt.

Das ist das Ende der Geschichte. Frau Allmendinger, ich habe Ihre Studie mit großem Interesse gelesen und viel daraus gelernt. Erlauben Sie mir nun aber die bescheidene Anmerkung: Gemessen an der Fülle der recherchierten Daten und der starken Thesen, die in dem Text enthalten sind, finde ich dieses Finale ein wenig pessimistisch. In der Vorausschau auf das Ende einer Periode von zehn Jahren – wir befinden uns jetzt sozusagen noch am Anfang dieser Strecke – sollte nicht mehr herausgekommen sein als eine verbesserte Statistik im Blick auf die Entwicklung der weiblichen Erwerbsquote? Sonst ist nichts passiert? Das kommt mir, unter Gesichtspunkten des Fortschritts, doch ein wenig minimalistisch vor.

Jutta Allmendinger:
Das sehe ich anders. Die Lage ist in Deutschland und Österreich nicht sehr unterschiedlich. Ich habe mir zur Vorbereitung des heutigen Abends Ihre Arbeitsstatistik angeschaut. Sie umfasst die Quote erwerbstätiger Frauen. Dann unterscheidet man weiter nach den Kategorien von Erwerbstätigkeit in Vollzeit und in Teilzeit. Hinzu kommt die Quote von arbeitslosen Frauen. Eine solche Statistik hilft uns dabei aber nicht weiter.

Deshalb handelt das Buch weder von den in der Erwerbsstatistik erfassten Frauen, noch von den registrierten arbeitslosen Frauen. Es geht vielmehr, bezogen auf Deutschland, um 5,6 Millionen Frauen im erwerbstätigen Alter zwischen 18 und 65 Jahren, die in keiner Statistik erfasst sind, weil sie nämlich überhaupt nirgendwo erfasst werden. Auch nicht bei den Arbeitsagenturen. Nirgends. Deshalb nenne ich sie auch »Schattenfrauen«. Solange diese Frauen aber in den Statistiken gar nicht auftauchen – und wir von Monat zu Monat glücklicher werden über unsere rapide sinkenden Arbeitslosenzahlen –, solange bekommen wir diese Frauen nicht in den Blick. Sie bleiben aus unserer Wirklichkeit ausgeblendet.

Von daher, finde ich, hat das Buch ein optimistisches Ende. Der Unterschied besteht darin, nicht nur die Erwerbsarbeit von Frauen zu betrachten und sich nicht nur anzuschauen, wie man die Arbeitslosigkeit von Frauen reduziert, sondern endlich auch darauf zu blicken, was Frauen insgesamt machen. Es geht darum, eine Gruppe in den Blick zu nehmen, die in der empirischen Sozialforschung, aber auch in der Politik bisher völlig vernachlässigt wurde. Und deshalb widerspreche ich, wenn Sie das Ende als pessimistisch oder minimalistisch bezeichnen.

Wir haben eine Diskussion über die Quotierung von Frauen in Führungspositionen. Aber geht es nicht genauso um die Potenziale der Frauen unterhalb der Führungsebene? Diese Fragen werden nicht thematisiert. Bezogen auf eine Demokratiewende und eine neue Demokratiedebatte, aber auch bezogen auf Parteidiskussionen, brauchen wir diese Erweiterung des Blickfeldes. Wir müssen das eine tun, aber dürfen das andere nicht lassen.

Was wohl nicht allein für die Debatten über die Frauen und den Arbeitsmarkt gelten sollte.

So ist es. Eine Parallele sehe ich im Bereich der Bildung: Dort werden die »Bildungsarmen« übersehen, diejenigen, die wenige Kompetenzen aufweisen und über keinen Schulabschluss verfügen. Sie kommen in Deutschland in der bildungspolitischen Diskussion gar nicht vor. Wir führen eine reine Elite-Diskussion. Über »Eliten« zu diskutieren, finde ich durchaus in Ordnung. Nicht der Begriff Elite oder die Idee einer »Exzellenzinitiative« an sich sind problematisch.

Aber wir müssen auch hier das Gesamtbild im Blick haben, auch die Kinder und Jugendlichen im Milieu der Bildungsarmut, die von der politischen Bildungsdebatte ausgeblendet werden.

Lassen Sie uns noch einen Moment über die Quote reden. Sie treten für die Frauenquote ein und begrüßen es, dass die Quotendebatte allmählich in Gang gekommen ist. Im Finale Ihres Buches plädieren Sie auch sehr stark für eine Frauenquote. Wie sähe die optimale Quotenregelung aus?

Als ich dieses Buch im vergangenen Herbst geschrieben habe, sah die Welt für mich noch ein klein wenig anders aus. Im Moment bin ich stärker hin- und hergerissen, als ich es in den vergangenen Jahren war.

Ein Blick in die Bildungsstatistiken zeigt, dass in Deutschland Frauen seit etwa 1970 die Männer überholt haben – im Erreichen des Abiturs und auch bei den Zugängen zu Universitäten. Neben den Zertifikaten kamen weitere qualitative Bildungsindikatoren hinzu, die international zuverlässigere Vergleiche ermöglichten. Ich rede von den PISA-Daten, die die kognitiven Kompetenzen von 15-Jährigen abbilden. Auch da sieht man, dass Frauen den Männern wesentlich voraus sind.

Was die Quote betrifft: Eine Diskussion über Quoten habe ich vor 30 Jahren nicht geführt. Ich dachte, es sei eine Frage der Zeit, bis Frauen tatsächlich in Führungspositionen kommen. Doch dann wurde allmählich deutlich, dass diese Veränderung in höchst bescheidenen, in homöopathischen Dosen verläuft. Man konnte eher von Stagnation sprechen als von einer Steigerung des Anteils an Frauen in Führungspositionen. Dennoch war zur gleichen Zeit zunächst in der Wissenschaft, dann aber zunehmend in der Wirtschaft, von jungen gut ausgebildeten Frauen immer häufiger zu hören: »Wir wollen aber keine Quotenfrauen sein!«

Ich selbst wollte das auch nicht, zumal auch niemand je zu mir gesagt hatte: »Sie sind eine Quotenfrau.« Als ich das öffentliche Auflehnen gegen die Quoten hörte, wurde mir zum ersten Mal jedoch bewusst, dass ich genau diese Rolle der »Quotenfrau« eingenommen hatte. Mir fiel auf, dass ich in vielen Beiräten immer die einzige Frau war, also eine Quotenfrau. Schließlich habe ich mich eines Tages gefragt: Was ist daran eigentlich so schrecklich?

Ich muss zwar zugeben, dass eine solche Position schon unangenehm sein kann – nicht die Sitzungen als solche, in denen man die einzige Frau ist. Das ist noch einigermaßen erträglich. Ich denke dabei an die Pausen. Die Pausen waren anfangs das Schlimmste. Da stehen die Männer dann alle zusammen, sie wissen, worüber sie sich unterhalten, sie kennen sich auch alle gut, während ich dann immer alleine stand. Ich musste immer die Initiative ergreifen und die Herrenrunde fragen: »Darf ich da Platz nehmen?«

Das ist übrigens ein Gegensatz zu anderen Kulturen. Ich bin in den USA akademisch groß geworden und habe mich dort immer willkommen gefühlt.

Seit ich das realisierte hatte, bekenne ich mich öffentlich zur Quotierung. Wahrscheinlich hat das auch etwas damit zu tun, dass ich mir es leisten kann. Ich führe nun seit vielen Jahren große öffentliche Institutionen und kann es mir leisten, eine Quotenfrau zu sein.

Ohne das quälende Gefühl, das sei eine Schande.

Ich verstehe, dass die jungen Frauen da Probleme haben. Aber ich habe auch gelernt, dass man – ohne den Anteil von Frauen in Führungspositionen zu ändern – weder kulturelle noch strukturelle Veränderungen schafft.

In Ihrem Buch sprechen Sie von »Anschubquoten«. Das ist offenkundig der Gedanke. Die Quote als Einstieg in einen Veränderungsprozess.

Der Begriff »Anschubquote« und die Überlegung dahinter gehen in der Tat in diese Richtung. Ich habe das einmal in einem ganz anderen Beispiel dargestellt, nämlich anhand von Symphonieorchestern. Da konnte ich in einem Vierländervergleich sehr schön zeigen, welchen Unterschied eine Frau allein in einem Symphonieorchester macht: so gut wie keinen. Demgegenüber bedeutet in Symphonieorchestern ein Frauenanteil von zehn Prozent schon einen deutlichen Unterschied. Auf der Grundlage dieses größeren Frauenanteils beginnt sich die Mentalität zu ändern, es entsteht allmählich eine andere Art der Zusammenarbeit. Das zeigt: Erst ein bestimmter Anteil von Frauen führt zu offeneren Strukturen.

Das verhält sich im Übrigen ähnlich wie bei der außerhäuslichen Kinderbetreuung und den Ganztagsschulen. Vorurteile gegenüber den als »Rabenmüttern« bezeichneten Müttern, die ihre Kinder zur Betreuung geben, kann nur durch eben diese »Rabenmütter« abgebaut werden. Wir wissen ja, dass sie es nicht sind. Untersuchungen zeigen, dass eine gute außerhäusliche Betreuung den kleinen Kindern nicht schadet

Und inwiefern haben Sie Ihre Haltung in der Quotendebatte inzwischen modifiziert?

Der Grund, warum ich nun meine Position als Quotenfrau mit etwas weniger Verve vertrete, ist der sogenannte »Quotengipfel«, zu dem die Bundesregierung eingeladen hatte. Vertreter der Dax-30-Unternehmen haben sich mit Arbeitsministerin von der Leyen und Familienministerin Schröder – beide sind Mitglieder der CDU – getroffen. Leider muss ich sagen: Das Ergebnis tat mir richtig weh. Ich kam mir vor wie auf einem Bazar. Die versammelten

Repräsentanten der verschiedenen Dax-Unternehmen feilschten geradezu darum, wer in fünf oder sechs Jahren am wenigsten Frauen in Führungspositionen bringen muss. Das fand ich respektlos gegenüber uns Frauen.

Ich frage mich außerdem, ob ich mit einem klaren Bekenntnis für eine Quotierung nicht Gegenreaktionen auslöse, die dann für Frauen mehr Schaden als Nutzen bewirken. Vielleicht ist das Bild für die jungen Frauen ja so abschreckend, dass sie erst gar keine Führungspositionen mehr wollen, da diese von vorneherein abgewertet erscheinen. Inzwischen diskutiert man zudem über »flexible Quoten«. Dieser Begriff ist als solches schon ein Unding. Wie kann eine Quote flexibel sein? Man kann von unterschiedlichen Quoten sprechen, je nachdem, in welcher Branche man ist. Man kann darüber sprechen, in welcher zeitlichen Abstufung man welche Anteile von Frauen erreicht. Man kann die Diskussion auf der Grundlage von gut ausgebildeten Frauen auf einzelnen Hierarchiestufen führen, was als Kaskadenmodell bezeichnet wird. Man darf die Diskussion aber nicht nach dem Motto führen: »Je weniger, desto besser!« Das ist aber leider genau das, was in den Dax-30-Unternehmen in Deutschland gerade abläuft.

»Je weniger, desto besser?« Was soll das bedeuten? Was weniger? Weniger Frauen? Weniger Frauenquote?

Je niedriger die Quote ist, desto eher kann man hinterher sagen, man habe sich durchgesetzt, man habe gewonnen. Das war ja genau der Punkt.

Das kommt mir merkwürdig vor. So wie die Debatte bisher verlaufen ist, kann ich mir schwer vorstellen, dass eine Unternehmensführung stolz darauf sein kann, wenige Frauen im Vorstand zu haben.

Die Unternehmensführungen waren stolz, wenn sie nur auf drei oder vier Prozent gehen mussten. Diejenigen, die auf zehn oder fünfzehn Prozent gingen, waren ja in dieser Konkurrenz dann schon die Verlierer. Denn sie hatten zu viel hergegeben.

Was ist denn da passiert? Hat das mit der politischen Gesamtlage zu tun? Oder mit der Wirtschaftskrise? Ist da etwas zerbrochen an der Entschlossenheit, Frauen in der Gesellschaft offensiv zu fördern?

Ich habe das Buch nicht ohne Grund mit den CSU-Frauen angefangen. Ich fand interessant, dass sich für dieses wichtige gesellschaftspolitische Thema ein Tor innerhalb der Union öffnet, auch gegen die zuständige Ministerin. Das hatte natürlich politische Folgen. Die völlig unterschiedliche Politik von Familienministerin Schröder und von Arbeitsministerin von der Leyen und der Kampf dieser zwei Positionen gegeneinander innerhalb der CDU haben dazu geführt, dass viel Zeit verloren wurde.

Hat die Frauenpolitik Terrain verloren? Sehen Sie anstelle der erstrebten Durchbrüche die Tendenz in die Gegenrichtung, gab es Rückschläge?

Wir waren schon weiter. Man kann heute in der Tat von einem gewissen *Backlash* in Deutschland sprechen, von einem Rückschlag. Sehen Sie sich die Besetzung von wirklich hochrangigen Enquete-Kommissionen in Deutschland an, dann werden Sie merken, dass viel zu wenig vorankommt. Eine Enquete-Kommission, die sich mit Wohlfahrtsbedingungen der Demokratie in Europa auseinandersetzen soll und nur mit Männern besetzt ist, sehe ich als ein deutliches Indiz dafür. Die Wissenschaft wird ausschließlich von Männern repräsentiert. Wir haben mit der Politikerin Daniela Kolbe zwar eine Frau als Leiterin dieser Enquete-Kommission, aber das allein reicht nicht aus. Die Besetzung führte zwar zu einem leichten Aufschrei, der aber keine Veränderung bewirkte, außer einer parallelen Enquete-Kommission, die jetzt die SPD einsetzen wird. Das hätte es meines Erachtens vor fünf Jahren so nicht gegeben.

Was ebenfalls in diese Richtung verweist, ist ein erfolgreiches Buch mit den Thesen von Bascha Mika[2]. Die Journalistin vertritt darin Meinungen, die empirisch teils vollkommen ungesichert, teils klar widerlegt sind. Sie stellt sich gegen die Bewegung zur Förderung der Frauen, die jetzt gerade einmal angefangen hat. Mich wundert der Erfolg solcher Thesen, gerade in einer Situation, wo uns die brachliegenden Potenziale beruflich ausgebildeter Frauen, die gerne erwerbstätig wären, nicht zur Verfügung stehen. Gleichzeitig fehlt uns aber auch eine entsprechende Zuwanderungspolitik, der man sich aber aus anderen Gründen verstellt. Das ist ein Rückschrittsdenken, das nicht nur, aber auch unter ökonomischen Gesichtspunkten gefährlich ist.

Deutschland wendet innerhalb der Europäischen Union für die Familienpolitik fast das meiste Geld auf. Diese familienpolitische Strategie läuft im Prinzip darauf hinaus, dass die Frau sich entscheiden muss: Will sie zu Hause bleiben und diese, wie man so schön sagt, »Herdprämie« des Staates in Anspruch nehmen, oder geht sie ins Erwerbsleben. Die Politik sollte sich entscheiden, welche Richtung sie fördern will. Verfolgt sie eine Politik mit dem Ziel »Frauen bleibt zu Hause!«, dann muss das sozialpolitisch anders flankiert werden, wenn sie Schaden von den Frauen abwenden will. Dann müsste sie beispielsweise über ein Grundeinkommen nachdenken und über bezahlte Erziehungsarbeit von Frauen, die weit über die »Herdprämie« hinausgeht und vor allem rentenwirksam sein muss, wenn Altersarmut unter Frauen vorgebeugt werden soll. Oder man muss sagen: »Gut, wir haben jetzt die Vision und auch das Ziel, Frauen in die Erwerbsarbeit zu integrieren.« Dann kann man familienpolitisch viel Geld sparen und sie in eine ordentliche Bildungspolitik investieren. In dieser Perspektive ist Bildungspolitik dann aber auch eine ordentliche Frauenpolitik.

Ein zentraler Satz in Ihrem Buch und auch in vielen Ihrer Aufsätze lautet: »Die Politik muss endlich Politik machen.« Dieser Satz gefällt mir als Forderung und als Auftrag an die verantwortlichen Parteien und die Politiker. Ich möchte darüber mit Ihnen sprechen, zunächst anhand eines der biografischen Beispiele für die »Schattenfrauen« aus Ihrem Buch. Eine dieser Erzählungen eines Lebens im Schatten der diversen Statistiken, den Fall der Biologin, die ohne eigenes Verschulden den Anschluss verpasst hat, fand ich besonders illustrativ für Ihr Thema. Ich würde Sie bitten, uns diesen exemplarischen Fall hier zu beschreiben.

Das mache ich gerne. Hier ist die Geschichte der 38-jährigen Anne (»Ich möchte nicht nur Familienobjekt sein«) als Auszug aus meinem Buch:

»Ich bin Diplom-Biologin, habe in Kassel, Köln und Oldenburg studiert. 1998 schrieb ich meine Diplomarbeit bei einer großen Arzneimittelfirma in Darmstadt, arbeitete als freie Mitarbeiterin und forschte im Labor. Die Firma bot mir an, meine Ergebnisse für eine Promotion zu nutzen. Das klang verlockend und ich legte los. In der Zeit wurde ich schwanger. Meine Tochter kam viel zu früh und so ging ich praktisch direkt vom Labor in den Kreißsaal.

Unsere Tochter wurde 2003 geboren. Ich kümmerte mich um das Kind und versuchte, nebenbei die Promotion fertigzustellen. Das war schwierig, denn mein Mann arbeitete Vollzeit und war wenig zu Hause. Einen Kindergartenplatz bekamen wir nicht. Da erhielt mein Mann ein Stellenangebot aus Berlin. Er ist auch Biologe, betreut Ausstellungen im Museum und ist in den heißen Phasen Tag und Nacht beschäftigt. Wir führten zunächst eine Wochenendbeziehung, denn ich wollte noch letzte Versuche abschließen. Wenn ich ins Labor ging, musste ich unser Kind irgendwo unterbringen. Das funktionierte schlecht, und ich war viel krank.

Nach ungefähr einem halben Jahr zog ich auch nach Berlin. Da war unsere Tochter ungefähr zweieinhalb. Erneut begann die Suche nach einem Kindergartenplatz. Wir erkundigten uns bei knapp 30 Kindergärten, Kinderläden und Kitas, führten regelrechte Bewerbungsgespräche. Was da teilweise von den Eltern erwartet wird, ist enorm und ziemlich übertrieben. Schließlich fanden wir einen sehr guten Kindergarten, und ich atmete auf. Ich dachte, jetzt kann ich wieder arbeiten gehen, denn mein Kind ist dort gut aufgehoben. Ich schrieb Bewerbungen und setzte mich parallel noch einmal an meine Promotion.

Da kündigte sich unser zweites Kind an, wir waren glücklich, hatten es uns sehr gewünscht. Unsere zweite Tochter wurde 2007 geboren. Von Anfang an nahm ich sie mit in den Kindergarten ihrer älteren Schwester, in dem ich mich engagierte und teilweise bis zu 15 Stunden in der Woche aushalf. Die Kleine bekam dort auch einen Platz und wieder war es, als ob sich in meinem Kopf ein Schalter umlegt. Ich wusste, meine Kinder sind gut versorgt, und ich kann mich als Mutter etwas zurücknehmen. Mir die Freiheit geben, auch an mich zu denken, ohne ein schlechtes Gewissen zu haben.

Und dann zogen wir um, in die Nähe von Potsdam. Die Kleine blieb drei Monate bei mir zu Hause. Jetzt geht sie in eine ganz normale staatliche Kita. Ich sehe schon den Qualitätsunterschied zu ihrem früheren Kindergarten, aber die Auswahl in der Gemeinde ist einfach nicht so groß.

Unsere ältere Tochter besucht mittlerweile die Schule, und ich habe den Freiraum gewonnen, mich neu zu orientieren. Meine Promotion habe ich jetzt nach sieben Jahren ad acta gelegt. Stattdessen würde ich gern eine Weiterbildung beginnen und in den Schuldienst wechseln. Ich habe im Internet recherchiert, mich direkt in der Schule erkundigt und mit Leuten gesprochen, die diesen Weg gegangen sind. Es besteht die Möglichkeit, berufsbegleitend eine Weiterbildung zur Lehrerin zu durchlaufen. Ich würde zwei Jahre stundenweise unterrichten und an den Wochenenden die eigentliche Schulung absolvieren. Nach einem Referendariat könnte ich regulär im Schuldienst tätig sein. Am liebsten würde ich in einer Grundschule arbeiten, aber ob die mich als Biologin nehmen, weiß ich nicht. Ich würde auch in den erweiterten Schuldienst gehen, doch das entscheidet sich nach meiner Bewerbung.

Meine Arbeit im Kindergarten und früher mit Jugendgruppen habe ich gern gemacht. Ich fand es interessant, in den Kitas meiner Kinder die verschiedenen Erziehungsformen und Lernstrukturen kennen zu lernen. Tatsächlich fehlte mir bei meiner früheren Forschung der menschliche Faktor. Ich habe auch schon daran gedacht, im pädagogischen Bereich zu forschen, auf neurobiologischer Basis. Das wäre mein Traum.

Über einen Bekannten, der an einem Institut in Berlin arbeitet, habe ich angefragt. Da hieß es, ich wäre zu alt und zu lange raus aus der Forschung. Wahrscheinlich müsste ich dort persönlich vorsprechen und einen konkreten Vorschlag einreichen. Doch das ist für mich eine Riesenhürde. Ich hätte das Gefühl, in eine Bettelposition zu geraten, mich für mein Muttersein und meine Auszeit rechtfertigen zu müssen. Ich bin ja nicht dümmer geworden und bei jedem Berufswechsel muss ich mich neu einarbeiten. Warum wird mir das als Mutter nicht ermöglicht? Was ist daran so schlimm, wenn man als Mutter einige Zeit zu Hause bleibt und dann wiedereinsteigen möchte?

Doch gerade in der Forschung ist es schwierig, halbtags zu arbeiten. Und Vollzeit heißt in der Wissenschaft meist mehr als 38 Stunden. Wenn man pünktlich geht, weil man seine Kinder abholen muss, wird man schief angesehen. Zumindest habe ich das früher beobachtet. Also wenn die Arbeitszeiten hier flexibler wären, ich viel zu Hause arbeiten könnte, würde mir das helfen. Doch unter diesen Umständen kann ich nicht Vollzeit arbeiten. Diese Doppelbelastung würde ich nicht verkraften, das würde auf Kosten meiner Kinder gehen und ich hätte ihnen gegenüber ständig ein schlechtes Gewissen.

Mit meinem Mann habe ich darüber gesprochen und er versicherte mir, dass er mich unterstützen würde, im Rahmen seiner Möglichkeiten. Doch dass er seine Arbeitszeit generell reduziert, ist für ihn sehr schwierig. Da wäre er in seinem Beruf schnell benachteiligt. Und es ist natürlich auch ein finanzielles Problem. Manchmal trifft mich das schon. Schließlich bin auch ich gut ausgebildet und war erfolgreich in meinem Beruf. Doch wir beide sind sehr konservativ erzogen, kommen nicht aus unseren Rollen raus. Bisher war die Betreuung der Kinder meine Aufgabe, ich bin für sie da, wenn sie krank werden oder der Kindergarten wegen der Ferien schließt.

Dennoch ist mein Mann auch davon überzeugt, dass es für mich besser ist, wenn ich wieder arbeite. Er schlug deshalb vor, dass wir uns ein Au-Pair-Mädchen nehmen oder uns eine Tagesmutter suchen. Ich finde es problematisch, meinen Kindern grundsätzlich eine dritte Bezugsperson zuzumuten. Die Großeltern einmal ausgeschlossen, doch die sind nicht vor Ort. Ein Au-Pair bleibt meist nur ein halbes, maximal ein ganzes Jahr, und das Kind leidet unheimlich, wenn dieser liebgewonnene Mensch geht. Das habe ich bei Bekannten gesehen.

Wenn wir jemanden finden, der ab und zu nachmittags auf unsere Kinder aufpasst oder mal am Wochenende, wäre das eine gute Alternative. Ich könnte dann tatsächlich den Quereinstieg in den Schuldienst versuchen und auf einer Halbtags- oder Dreiviertelstelle arbeiten. Ich würde mich freuen, wenn ich das schaffe. Für meine Kinder wäre es auch gut, wenn ich wieder arbeiten gehe.

Sie fragen mich schon: ›Mama, warum machst du jetzt gar nichts mehr?‹ Sicher, sie genießen es, dass ich zu Hause bin, wenn sie aus der Schule oder dem Kindergarten kommen. Aber sie merken auch, dass ich mit der jetzigen Situation unzufrieden bin. Ich möchte nicht nur Familienobjekt sein, mein ganzes Tun auf die Familie fixieren, sondern mir wieder eine gewisse Eigenständigkeit schaffen. Mir ist wichtig, unabhängig zu sein, auch finanziell. Ich bin gerne Mutter und für meine Kinder da. Doch ich merke, dass es auch für meine Kinder nicht gut ist, wenn ich den ganzen Tag zu Hause bin. Früher habe ich selbst erfahren, wie anstrengend es ist, wenn sich die Mutter nur über die eigene Familie definiert, die Kinder ihren Erfolg widerspiegeln müssen. Davor möchte ich meine Kinder bewahren. Und dies spornt mich zusätzlich an, die nächsten Schritte zu gehen und meine Bewerbung abzuschicken. Gerne würde ich spätestens im nächsten Jahr mit der Arbeit anfangen. Mein größter Wunsch? Dass ich es schaffe.« Soweit der Bericht von Anne in meinem Buch. (S. 118–121)

Diese Geschichte ist nicht nur traurig, sie ist leider auch sehr typisch: Große Erwartungen an das Berufsleben enden nach wenigen Jahren. Frauen erreichen aufgrund der erzwungenen Unterbrechung einen Punkt, von dem aus sie nicht mehr zurückkommen in die eingeschlagene berufliche Laufbahn. Und warum? Es gibt keine entsprechenden Weiterbildungen und Umschulungen; das offenkundig vorhandene Potenzial der Frauen wird vergeudet. Viele Frauen werden durch diese fehlenden Möglichkeiten der ›Mitarbeit‹ sogar krank. Diese Zusammenhänge sind mittlerweile auch wissenschaftlich untersucht und belegt. Belegt ist auch, dass dieser Ausschluss, der oft mit finanziellen Schwierigkeiten einhergeht, auch weitergegeben wird an die nächste Generation. Es ist keineswegs nur das Problem der einzelnen Frau, es wirkt weiter auf die Bildung und die Lebensambitionen der Kinder.

Die Fälle in Ihrem Buch scheinen mir für das soziale Zusammenleben, für den Zusammenhalt unserer Gesellschaften drängender und brisanter zu sein, als die viel diskutierte Frage, wie viele Frauen in Vorständen börsennotierter Unternehmen sitzen. Wenn Sie nun sagen – ich habe es schon zitiert –, dass die Politik Politik machen solle, welche Erwartungen verbinden Sie damit? Was kann die Politik an Leitlinien vorgeben?

Ich würde jetzt gar nicht sagen, dass das eine wichtiger ist als das andere. 5,6 Millionen Frauen, über die nicht gesprochen wird, sind einfach quantitativ enorm viel. Das war die Motivation, dieses Buch zu schreiben. Ich wollte wissen, aus welchen Berufen diese Frauen kommen, welche Qualifikation sie haben und ob es wahr ist, dass sie eigentlich nicht erwerbstätig sein wollen. Und siehe da, es ist nicht wahr. Diese Frauen wollen erwerbstätig sein!

Damit komme ich natürlich zu der ersten Herausforderung, mit der wir unser Gespräch begonnen haben. Man muss überhaupt einmal Position beziehen, man muss Fahnen aufstellen und Aufklärung betreiben: Achtung, hier gibt es Hilfe. Wenn ihr lange nicht erwerbstätig gewesen seid, kommt zu unseren Einrichtungen. Wir kümmern uns, nutzt die Angebote und die Hilfe.

So sollte es sein. Aber diese Einrichtungen haben wir ja noch nicht. Was wir haben, sind Einrichtungen für arbeitslos gemeldete Frauen – mit allen Stigmatisierungsprozessen, die mit Arbeitslosigkeit verbunden sind. Was wir brauchen, sind Einrichtungen zur Beratung für die Rückkehr ins Berufsleben. Darüber spreche ich auch mit Herrn Weise, dem Vorstandsvorsitzenden der Bundesagentur für Arbeit, für die ich ja vier Jahre gerne gearbeitet habe. Wir beide meinen, dass Modellprojekte zu wenig sind. Gerade jetzt bei den sinkenden Arbeitslosenzahlen in Deutschland, können und sollen wir eine aktive Arbeitsmarktpolitik betreiben, wie wir sie ja schon einmal angedacht haben. Wir müssen zum Beispiel

Weiterbildungen ermöglichen, bevor Menschen arbeitslos werden. Wir müssen nicht nur Angebote für sogenannte Normalbiografien bieten, sondern von unterbrochenen Erwerbstätigkeiten ausgehen, sie als neuen Standard akzeptieren und nicht als Unglücksfall betrauern.

In Deutschland trauern wir der Normalität, die schon längst passé ist, hinterher. Die Nonstop-Vollzeiterwerbstätigkeit ist ein Modell aus der Vergangenheit, das auf die Einverdiener-Familie zugeschnitten war. Der Mann arbeitet in Vollzeit, fünf Tage in der Woche, er hat die Karriere-Perspektiven – und die Familie wird mit ihm geschützt gegen die Wechselfälle des Lebens: gegen Arbeitslosigkeit, Krankheit und Alter.

Die skandinavischen Länder, vor allem die Schweden, sind da offenkundig viel weiter.

Sie sind wesentlich weiter, ich komme gleich darauf zurück. Wir müssen darauf achten, wie wir es hinbekommen, Phasen der Erwerbstätigkeit und der Nicht-Erwerbstätigkeit miteinander zu vereinbaren. Da reden wir nicht nur über Kinder, sondern wir reden zunehmend auch über Pflege und Betreuung Älterer. Darüber wird viel zu wenig nachgedacht. Angesichts der aktuellen, immer weiter zurückgehenden Fertilitätsquoten in Deutschland und deren demographische Folgen ist dies ein massives Problem, dessen Bedeutung unterschätzt wird.

Wir müssen uns verabschieden von einem Alleinverdiener-Vollzeitmodell und zu einem Zweiverdiener-Vollzeitmodell gehen, wobei die tarifliche Vollzeit dann niedriger als heute liegen sollte. Denn wie wollen Sie bei zwei Vollzeit-Karrieren Kinder erziehen oder Ältere pflegen? Oder auch einmal selbst krank sein und Hilfe brauchen? Oder die nötige Weiterbildung erhalten? Wir brauchen – und da sind wir beim Modell der skandinavischen Länder – ein

Vollzeitarbeitsmodell, das weniger Stunden in der Woche umfasst, als das immer noch gültige Vollzeitmodell bei uns. Wir müssen also über Arbeitszeitkonten reden, die wesentlich besser ausgestattet sind, wo man auch einmal Zeit mit Geld tauschen kann und nicht nur Zeit mit Zeit. Wir müssen über eine 4-Tage-Woche reden, die dann Männer und Frauen nehmen, und zwar abwechselnd. So dass ein 75-Prozent-Arbeitszeitmodell für Väter und für Mütter nicht nur theoretisch eingeführt wird, sondern auch praktiziert wird. Wenn wir das erreichen könnten, würde das Arbeitszeitvolumen insgesamt sogar höher als heute sein.

Das sind Ansätze, die wir in die politische Diskussion bringen müssen und denen entsprechend wir dann unsere Sozialversicherungssysteme und die Steuersysteme zu verändern haben. Das heißt auch, dass wir uns von der Prämierung der Ehe verabschieden müssen und ebenso von den extremen finanziellen Transfers, von denen wir wissen, dass sie nicht bei den Kindern ankommen. Wir brauchen den Wechsel hin zu einer Politik, die Gelegenheitsstrukturen schafft, die Frauen und Männer, Väter wie Mütter in die Lage versetzt und ihnen Freiräume verschafft, ihr Leben jenseits einer knallharten Ausrichtung auf die pure Erwerbsarbeit zu leben.

Sie beschreiben in Ihren wissenschaftlichen Arbeiten und politischen Interventionen eindrucksvoll, was notwendig ist auf der Männerseite des Arbeitsmarktes. Die stärkere Einbeziehung der Männer in die häuslichen Aufgaben und die Bemühungen, das mit ihrem Normalarbeitsmodell zu vereinbaren, stößt in der Praxis auf Schwierigkeiten, wie wir wissen. Das braucht nicht zuletzt ein Umdenken vor allem in den Chef-Etagen. Wenn Männer den Väter-Erziehungsurlaub beantragen, den es inzwischen ja in vielen Ländern zumindest als Einstieg in neue Arbeitsmodelle gibt, dann stöhnen die Chefs – und oft auch die Kollegen innerhalb von Arbeitsteams – und fragen: »Muss das denn sein?« Man versucht da und dort, an diesem Punkt innerbetrieblich zu helfen. Sie erwähnen an einer Stelle, dass es in der Berliner Großklinik Charité inzwischen einen Väter-Beauftragten gibt. Ist das ein Zeichen für Bewegung?

Ich beginne zunächst einmal mit dem Ergebnis, das mich frustriert hat. In einer großen Lebensverlaufsuntersuchung, die unter dem Namen *Brigitte-Studie* bekannt wurde, habe ich Frauen und Männer untersucht, die zwischen 18 und 28 Jahre alt waren und nun über ihr Leben begleitet werden. Wir befragen die ausgewählten Personen jetzt gerade zum dritten Mal. Die Antworten zeigen, wie sich diese jungen Männer und Frauen verändern, wenn Kinder kommen. Es ging darum, die These zu überprüfen, ob die jungen Frauen tatsächlich in ihrem Leben Kinder und Erwerbstätigkeit vereinigen wollen. Und wir wollten prüfen, ob die Männer noch immer, sobald sie Väter werden, mehr Stunden als vorher erwerbstätig sind. Bislang haben wir gesehen, dass genau dies unverändert der Fall ist. Wenn das Kind kommt, reduzieren die Frauen ihre Arbeitszeit, und die Männer erhöhen ihre bereits bestehende Vollzeit-Erwerbstätigkeit. Ich bin sehr gespannt auf die Ergebnisse unserer ›dritten Welle‹.

Im Sinne von mehr Arbeitszeit? Mehr Stunden am Arbeitsplatz statt mehr Stunden daheim?

Genau. Ich fragte mich: Wie kommt das? Die erste Möglichkeit wäre: Sie brauchen das Geld. Aber es sind interessanterweise die gut ausgebildeten und gut bezahlten Männer, die auf einmal diese Überstunden schieben. Wenn man diese Männer dazu befragt – dazu gibt es mittlerweile sehr gute Studien –, dann stößt man auf das Phänomen, dass es gar nicht um mehr Geld oder dringend nötige Extra-Arbeit geht, sondern dass Männer durchaus auch das im Büro entspanntere Ambiente schätzen. Da ist es weniger anstrengend als daheim mit schreienden Säuglingen. Ich bin ein bisschen skeptisch, ob sich Väter über die zwei Vätermonate hinaus im Haushalt engagieren und einen gesellschaftlichen Wandel bewirken.

Also keine »Anschub-Wirkung« wie bei der Frauenquote?
Bislang lässt sich nicht sehen, dass etwas grundlegend angeschoben wird.

Wie ist das nun mit dem Väterbeauftragten der Charité? Als ich es bei Ihnen gelesen habe, dachte ich, das ist so etwas wie eine neue Idee? Bewährt sich das in der Praxis, oder blieb es bei der Idee?

Ich habe das erwähnt, weil es zunächst ungewöhnlich war. Wir haben ja heute auch keine Frauenbeauftragten, sondern Gleichstellungsbeauftragte. Dann wurde der Väterbeauftragte plötzlich eine Symbolfigur. Ich dachte sofort: Anschub, Anschub, Anschub. Ich bin durchaus fortschrittsgläubig: Jetzt haben wir einen Väterbeauftragten in der Charité, bald haben wir mehrere oder gar viele Väterbeauftragte. Stimmt bislang nicht. Es gibt immer noch den einen in der Charité. Sonst ist nichts passiert.

Da müssen wir jetzt wohl auf das Selbstbewusstsein der jungen Frauen hoffen, die in der schon zitierten Brigitte-Studie[3] *eine Sonderrolle spielen. Haben Sie denn aus dem Feld vom dritten Durchgang der Untersuchung schon einen Eindruck, ob sich das mit dem Selbstbewusstsein und der Entschlossenheit dieser jungen Frauen – Motto: »Wir wollen arbeiten und wir wollen rein« – inzwischen weiter entwickelt hat?*

Die Ergebnisse liegen mir noch nicht vor. Aber die jungen Frauen von heute haben zumindest einen großen Vorteil: ihre Väter.

Väter ganz allgemein, als Generation oder ihre eigenen Väter?

Ihre eigenen, ja. Schauen Sie sich die Wissenschaft an. Da gab es tatsächlich eine harte Quotierungsdiskussion, die von Männern eingeleitet worden ist. Zum Beispiel vom ehemaligen Präsidenten der Deutschen Forschungsgemeinschaft, Herrn Winnacker. Ich habe mich gewundert, was ihn antreibt und dabei gelernt: Das treibende Moment waren die Töchter. Viele Männer in Führungspositionen sehen, dass ihre hervorragend ausgebildeten Töchter nicht in die Positionen kommen, in die sie nach Meinung ihrer Väter hineinkommen müssten. Das führte zu einem Sinneswandel bei den Vätern. Ich kenne viele Frauen, die von ihren Vätern unterstützt werden, damit sie sich die Kindererziehung leisten und weiter erwerbstätig sein können.

Analog zu dieser Rolle der Väter gibt es auch die Rolle der Mütter, von der die ostdeutschen Frauen in den Untersuchungen erzählen. Sie sagen mir, sie könnten gar nicht anders als erwerbstätig sein, denn sonst würden sie unendliche Probleme mit ihren Müttern bekommen. Ihre Mütter würden ihnen es nie verzeihen, wenn sie nicht erwerbstätig wären. Ostdeutsche Mütter kennen es nicht anders. Dass sich dies über Generationen hält, finde ich bemerkenswert.

Weil sie es selbst gar nicht anders kennen?

Weil sie es gar nicht anders kennen und weil sie daran glauben. Sie haben ein anderes Rollenbild. Wenn wir uns jetzt überlegen: 1989 war die Wiedervereinigung, und solche kulturellen Prägungen wirken noch jetzt fort.

Sind diese heutigen jungen Frauen so etwas wie Hoffnungsträger, was den Wandel und den Fortschritt angeht? Sind sie potenzielle gesellschaftspolitische Verbündete für die Sozialdemokratie, oder ist diese Frauengeneration im Prinzip schon an die Grünen verloren?

Sie meinen das jetzt parteipolitisch. In Deutschland sind die Grünen auf diesem Feld nicht herausragend aktiv. Sie sind nach meinem Eindruck keine treibende Kraft, was die Einbeziehung von Frauen betrifft. Klar, sie hatten ihre Quotierungen, was die wichtigen Parteiämter bei den Grünen selbst betrifft. Aber ansonsten sehe ich das nicht.

Wo ist dann der soziale Motor, der für den fehlenden Anschub sorgt und damit neue Bewegung in Richtung der notwendigen politischen Veränderungen möglich macht?

Diese Motoren sind in Deutschland eher Individuen. Man setzt auf die einzelne Frau, man setzt drauf, dass sie selbst ihre Bildung in Erwerbstätigkeit umsetzen kann und dass sie dafür entweder auf Kinder verzichtet oder reich genug ist, sich private Kinderbetreuung leisten zu können. Das ist der »Motor«, auf den man setzt. Ich sehe keine darüber hinausgehenden kraftvollen gesellschaftspolitischen Antriebskräfte.

Ich sehe beispielsweise nichts, was einem bundesländerübergreifenden Ganztagsschulprogramm entspräche, wie wir es dringend bräuchten, um Kinderbetreuung und Erwerbstätigkeit von Frauen zu ermöglichen. Das stockt. Wir beobachten einen schleppenden Ausbau von Kindertagesstätten, verglichen vor allem mit den skandinavischen Ländern, wo wir für jedes Kind eine solche Einrichtung haben. Wir haben in einigen Bundesländern in Deutschland gerade einmal für jedes zehnte Kind einen Betreuungsplatz. Es fehlt schlichtweg an Gelegenheits- oder Ermöglichungsstrukturen, Beruf und Familie zu vereinbaren. Und an der fehlenden Kultur, diese Frauen zu unterstützen. Es ärgert mich, wenn man davon redet, dass die Frauen zu faul sind, beides in Einklang zu bringen.

Sie müssen sich mangels gesellschaftlicher Strukturen diese Möglichkeit selbst erarbeiten und sich immer wieder durchsetzen.

Ich möchte nochmals auf den Wunsch der selbstständigen jungen Frauen zu sprechen kommen, den Partner stärker in die Aufgabenteilung einzubeziehen und so die Vereinbarkeit von Arbeit und Beruf für beide möglich zu machen. Ein Autor, mit dem Sie sich ähnlich wie mit Bascha Mika kritisch auseinandergesetzt haben, Thomas Gesterkamp, hat in einem Buch mit dem Titel »Die Krise der Kerle«[4] *Zweifel daran geäußert, ob die jungen Frauen wirklich diese Männer wollen, die sich daheim als Hausmann aktiv an der Arbeit beteiligen. Mich erinnert das an die Kritik Bascha Mikas an den modernen Frauen, wenn dieser Autor davon ausgeht, dass die moderne Frauengeneration anscheinend doch mehr den Helden und Beschützer sucht als den Partner und Helfer. Die »Krise der Kerle« bestünde darin, dass die modernen Männer dieser doppelten Rolle als klassischer Beschützer und moderner Partner nicht gewachsen sind und von ihren Frauen nicht ernst genommen werden. Wer zu Hause der Mann am Herd ist, läuft Gefahr, für ein »Weichei« gehalten zu werden: unterm Strich ein Versager.*

Wie schrecklich.

Ihr Mitgefühl wird den »Kerlen« sicher guttun. Aber ernsthaft gefragt: Was wissen Sie darüber aufgrund Ihrer empirischen Arbeit?

Man kann durchaus über die »Krise der Kerle« sprechen. Aber dazu würde ich eher den Bildungsbereich betrachten, als den Bereich, den Sie jetzt angesprochen haben. Ich bin Empirikerin. Um über diese »Krise der Männer« zu sprechen, müsste ich diese über einzelne Fälle hinaus erst einmal finden.

Einzelfälle aus der Therapie?

Im Moment reden wir über Einzelfälle, über individuelle Krisenerfahrungen. Die Statistiken und die empirischen Befragungen gehen in eine ganz andere Richtung als das, was hier beschrieben wird. Die gehen in die Richtung, dass innerfamiliäre Aushandlungen absolut schwierig sind bei einem Steuersystem, das dann am meisten Steuerersparnisse abwirft, wenn ein Mensch sehr viel und der andere entweder nichts oder sehr wenig verdient. Die Grundlage vieler Probleme ist das gemeinsame kollektive Versteuerungssystem, das es so in den skandinavischen Ländern beispielsweise gar nicht gibt. Das heißt, wir setzen große Anreize dafür, dass eine Person maximal halbtags erwerbstätig ist. Das sind keine Einzelfälle, sondern Standard. Aber natürlich unterstützen einige Männer auch die Erwerbstätigkeit ihrer Partnerinnen und treten selbst etwas zurück.

Gibt es nach Ihrer empirischen Erfahrung dieses Phänomen tatsächlich, dass auch die modernen Frauen doch den Beschützertyp bevorzugen?

Wenn die von mir befragten Frauen den Eindruck haben, dieser Mann ist eigentlich ein Versorgungsfall, dann trennen sie sich lieber von ihm, als dass sie ihn weiter füttern, kosen, pflegen und ihm den Rücken frei halten. Frauen sagen sich in dieser Situation dann: Gut, dann kümmere ich mich lieber allein um das Kind, als dass ich mich um Kind und Mann kümmere, mich selbst aber ins dritte Glied stelle.

Die Bereitschaft, sich von eigenen Idealen zu verabschieden und eigene Lebensentwürfe aufzugeben zugunsten einer harmonischen Paarbeziehung, hat bei Frauen stark abgenommen. Das kann man empirisch zuverlässig zeigen. Das ist das Erste.

Das Zweite ist, dass sich Frauen die Väter ihrer Kinder stärker als früher bewusst aussuchen. Dabei sind die Kriterien, nach denen Frauen Männer aussuchen, vollständig andere als jene, nach denen Männer sich Frauen aussuchen. Das gilt auch für die jungen, vielleicht sogar gerade für die jungen Frauen. Das fand ich auch interessant.

Wir haben schon über die Notwendigkeit der Ganztagsbetreuung für die Kinder und Jugendlichen gesprochen als Voraussetzung für eine Öffnung des Arbeitsmarktes auch für die Frauen und als Grundlage für die Herstellung von echter Gleichberechtigung. Woran liegt das eigentlich, dass gerade dieses Thema in unseren Ländern so viele Emotionen weckt und auf so viel Widerstand und Schwierigkeiten stößt?

In einem Gespräch mit Spiegel Wissen *weisen Sie darauf hin, dass Deutschland, die deutschsprachige Schweiz und Österreich die Länder sind, wo sich vor allem die konservativen Organisationen, Verbände und Parteien immer noch gegen die Idee der Ganztagsbetreuung von Kindern außerhalb der Familie sperren. Ist bei uns die Bildungspolitik insofern eine zentrale Kampfzone zwischen den progressiven und den konservativen Kräften geblieben?*

Auf rein rhetorischer Ebene ist keine Partei mehr gegen Ganztagsschulen. Aber man handelt nicht. Da spielt auch eine Rolle, dass in Deutschland aufgrund eines föderalistischen Übereinkommens zwischen Bund und Ländern seit 2006 die Schulpolitik reine Ländersache ist. Das heißt, eine finanzielle Hilfe für Ganztagsschulen, die über die Bereitstellung eines warmen Mittagessens hinausgeht, ist nicht mehr möglich. Eine einheitliche Ausgestaltung dieser Idee der Ganztagsbetreuung ist 2006 begraben worden.

Wenn man Bildungs- und Schulpolitik als progressive Aufgabe versteht, hat man da nicht viel Spielraum für qualitative Arbeit?

Das ist ein großes Problem. Die bildungspolitische Vielstaaterei von 16 Bundesländern – plus der zum Teil unterschiedlichen Strukturen innerhalb der Bundesländer – bietet keine gemeinsame Konzeption mehr an.

Damit ist aber der Weg zu einer Förderung der Gleichheit oder zum Abbau von Ungleichheiten blockiert.

Nicht nur dadurch. Neben dem Föderalismusproblem gibt es weitere Gründe für unsere bildungspolitischen Probleme. Wir sind heute auf dem Trip: je schneller, desto besser. Wir haben die Schulzeiten im Gymnasium von 13 auf 12 Schuljahre verkürzt. Weiterhin haben wir die Zeit in den Universitäten verkürzt vom Diplom auf ein dreijähriges Bachelor-Studium mit einem unklaren Übergang zum Master-Abschluss. Wie viele dann tatsächlich den Master haben werden, wissen wir nicht. Man gilt heute, wenn man nach einem mit Promotion abgeschlossenem Studium im Alter von etwa 30 Jahren in die Wirtschaft geht, schon als ziemlich alt. Man sollte mit Mitte 20 in der Wirtschaft sein.

Diese Beschleunigung ist falsch und jeder weiteren Stufe von Bildung und Ausbildung unzuträglich. Sie wirkt sich auch auf die Inhalte aus. Mein Sohn zum Beispiel sollte im Alter von 13 entscheiden, was seine »Profilfächer« sind.

Ich fragte: »Philipp, was sind denn bitte jetzt Profilfächer?«

»Profilfächer sind die Fächer, die dann nachher zu meinen Leistungsfächern werden«. Dann sagte ich: »Ja, klasse. Und was sind die Leistungsfächer?«

»Mit den Leistungsfächern qualifiziert man sich für die Auswahlverfahren an den Universitäten. Mit bestimmten Leistungsfächern hat man die besten Chancen, in die Universitäten reinzukommen.«

Das heißt, man lässt Kinder im Alter von 13 mehr oder weniger entscheiden, was sie später werden wollen. Nochmal: Das ist absurd. Kinder wissen in diesem Alter meist noch nicht, wofür sie ›brennen‹. Und der Arbeitsmarkt verändert sich so schnell, dass wir besser daran wären, eher breit auszubilden. Man müsste also eher Generalisten ausbilden, die erst später in spezifische Felder hineingehen, statt dass man diesen Trichter der Spezialisierung immer früher ansetzt.

Lassen Sie mich zum Schluss unseres Gesprächs fragen: Ist die gegenwärtige öffentlichen Auseinandersetzung um die alten Strukturen und die damit verbundenen Lerninhalte nicht in erster Linie eine Verteidigung der alten Strukturen durch diejenigen sozialen Schichten oder Milieus, die davon am meisten profitieren?

Klar. Ein schönes Beispiel dafür ist die Volksabstimmung in Hamburg über die künftige Schulform, was von vielen als Bedrohung des klassischen Gymnasiums verstanden wurde. An dieser Abstimmung haben sich gerade die Angehörigen der Schichten jenseits des Bildungsbürgertums am wenigsten beteiligt, die von einer Mehrheit für die Reform am meisten profitiert hätten. Ein weiterer Beweis dafür, wie eng politische Bildung und demokratische Partizipation zusammenhängen. Die Abstimmung haben jene entschieden, die ihre Kinder weiter auf den klassischen Gymnasien halten und die Schulstruktur bewahren wollten.

Um welche Inhalte geht es Ihnen, Frau Allmendinger? Was müssen Ihrer Ansicht nach die sozialen Eliten von morgen wissen und können? Wenn Sie so schalten könnten, wie Sie wollten, welche Bildungsziele würden Sie vorgeben?

Die Ziele sind klar: Es geht um Bildungsinhalte, Bildungssysteme, Bildungsteilhabe. Es muss mehr sein als auswendig gelerntes Wissen, mit dem man dann bei den PISA-Tests oder den

Zertifikatsvergleichen der OECD besser dasteht als andere Länder. Wir müssen auch soziale Kompetenzen und ein Demokratieverständnis schulen und ausbilden. Wir müssen uns von den gegliederten Bildungssystemen lösen, die die Kinder zu früh voneinander trennen und das Erfahren wie Erlernen von Vielfalt verhindern. Auch für die kognitive Entwicklung der Kinder sind leistungshomogene Klassen nicht zuträglich. Wir müssen den Anteil von Bildungsarmen mit ganzer Kraft senken. Das bedarf eines individuelleren Lehrens und Lernens und kostet Geld. Doch wenn wir nicht mehr in Bildung investieren, werden wir eine noch größere soziale Spaltung in unseren Ländern haben und den Herausforderungen der Arbeitsmärkte von morgen nicht gewachsen sein.

Inklusion und Partizipation sind die Ziele einer gerechten Bildungsgesellschaft.

LITERATUR

1 Allmendinger, Jutta: »Verschenkte Potenziale. Lebensverläufe nicht erwerbstätiger Frauen.« Campus. Frankfurt a.M./New York 2010.

2 Mika, Bascha: »Die Feigheit der Frauen. Rollenfallen und Geiselmentalität. Eine Streitschrift wider den Selbstbetrug.« C. Bertelsmann Verlag. München 2011.

3 Allmendinger, Jutta: Frauen auf dem Sprung. Wie junge Frauen heute leben wollen. *Brigitte-Studie.* 2009. München: Pantheon.

4 Gesterkamp, Thomas: »Die Krise der Kerle. Männlicher Lebensstil und der Wandel der Arbeitsgesellschaft.« Lit Verlag. Münster 2004.

AUS DER »EMPÖRUNG« LERNEN

Stresstest für Demokratie und Wirtschaft: Was gegen den Verlust an Vertrauen zu tun ist

Brigitte Ederer und Henrik Enderlein im Gespräch

»Das reformpolitische Dilemma, wenn man weiß, was notwendig wäre: Wie viel davon kann man tun, ohne Gefahr zu laufen, politisch daran zu scheitern?«

Henrik Enderlein, geboren am 13. September 1974 in Reutlingen, lehrt politische Ökonomie an der Hertie School of Governance in Berlin. Nach Studien in Paris und New York hatte er in Politikwissenschaft am Max-Planck-Institut für Gesellschaftsforschung in Köln promoviert. Er ist Mitglied des von Sigmar Gabriel einberufenen Wirtschaftsrats der SPD.

Brigitte Ederer, geboren am 27. Februar 1956 in Wien, ist seit Mai 2010 Vorstandsmitglied der Siemens AG in München. In den deutschen Konzern ist die studierte Volkswirtin nach ihrem Ausscheiden aus der Politik im Jahr 2000 gewechselt, zunächst zu Siemens Österreich. Von 1983 bis 1997 war sie, mit einer Unterbrechung in den 1990er Jahren, SPÖ-Abgeordnete zum Nationalrat, von 1992 bis 1995 EU-Staatssekretärin im Kanzleramt, von 1997 bis 2000 Finanzstadträtin in Wien.

Das Gespräch fand am 20. Juni 2011 in Wien statt.

Werner A. Perger:

Wir benützen im programmatischen Titel unseres heutigen Gesprächs zwei Begriffe, »Empörung« und »Stresstest«, die zurzeit eine gewisse politische Brisanz haben. Den »Stresstest« kennen wir aus den Belastungsprüfungen für die Atomkraftwerke nach der Katastrophe von Fukushima, und für die europäischen Banken, nach der Katastrophe – manche sagten auch »Kernschmelze« – an der Wall Street im Herbst 2008. Inzwischen sieht es so aus, als würden im Gefolge der Weltfinanzkrise nicht nur die Energieversorgung und das Bankensystem, sondern darüber hinaus unsere Demokratien insgesamt einem Stresstest – und zwar einem politischen *Stresstest – unterzogen. In diesem Fall handelt es sich aber nicht um eine Probe, die auf einer Krisensimulation beruht. Dieser Test ist der Ernstfall. Er besteht nicht nur in der Herausforderung der Demokratien durch die inzwischen in ganz Europa bekannten vor- oder antidemokratischen Kräfte im Populismus, sondern auch in der Auflehnung einer wachsenden Zahl von jungen Menschen gegen das politische System unserer Gesellschaften und in einer Rebellion gegen die Repräsentanten und die Institutionen der Demokratien.*

Wenn wir im Titel unserer Veranstaltung also von »Empörung« sprechen, so meinen wir die Bewegung, die sich seit Mitte des Jahres in ganz Europa ausbreitet, ausgehend von der Besetzung der Puerta del Sol, des zentralen Platzes in Madrid. In vielen Hauptstädten Europas gab es inzwischen Großkundgebungen gegen das bestehende System von Wirtschaft und Gesellschaft, Demonstrationen und ebenso längere Platzbesetzungen.

Es handelt sich um genau diese Empörung, zu der Stéphane Hessel die Jugend Europas aufgefordert hat. Der französische Schriftsteller, geboren im Oktober 1917 in Berlin, schrieb in seinem innerhalb weni-

ger Wochen zum europäischen Bestseller gewordenen Buch »Empört Euch«[1]*, die jungen Generationen sollten es nicht hinnehmen, dass sie die Opfer der sich ausbreitenden Ungerechtigkeit in unserem Wirtschaftsleben und in unserem politischen Leben seien. Sie sollten dagegen aufstehen, hat er gefordert und genau das passiert jetzt. Und der Hauptslogan, den die spanischen Pioniere der Bewegung – die Indignados, also die »Empörten« – in Madrid plakatiert haben und der sich inzwischen über den Kontinent ausgebreitet hat, lautete: »Wir sind nicht Material in den Händen der Politiker und der Manager und der Banker.«*

Hierin äußert sich die tiefe Enttäuschung, der Vertrauensverlust und der Zorn der jungen Generation, die wenig Hoffnung auf eine bessere Zukunft empfindet, am wenigsten in Spanien, einem Land mit 50 Prozent Jugendarbeitslosigkeit, oder in Griechenland, wo die Zahlen nicht so präzise sind, die Zustände aber genauso triste. Was wir heute auf der iberischen Halbinsel, zum Teil in Frankreich und vor allem in Griechenland erleben, ist das Zeichen für eine tiefe Unzufriedenheit und Unrast in unseren Gesellschaften. Das verheißt für die Zukunft nichts Gutes. Wir erkennen das auch an den Wahlergebnissen in den Demokratien, in denen die politischen Ränder gestärkt werden.

Meine erste Frage an meine Gesprächspartner, Brigitte Ederer aus Wien und Henrik Enderlein aus Berlin, lautet daher: Was ist in den letzten Jahren passiert? Welche Fehler sind gemacht worden, was wurde versäumt, sodass diese »Empörung« mit einem mal mit derartiger Wucht auf uns zukommt?

Henrik Enderlein:
Ich glaube, die ausschlaggebende Veränderung in den vergangenen 15 bis 20 Jahren besteht darin, dass die Grundlagen für Entscheidungen in der Politik viel komplexer geworden sind. Die Verschränkung der Wirtschaftsräume miteinander und die langen Zeiträume,

die heute durch demokratische Entscheidungen geprägt werden, haben den Demokratien zwei Grenzen gesetzt. Demokratien sind immer dann im Nachteil, wenn es darum geht, über lange Zeiträume und über große geographische Distanzen hinweg zu entscheiden. Beides steht in unserer heutigen Lage permanent auf der Tagesordnung. Das demographische Problem, die Umweltproblematik, die Energiefrage: alles Herausforderungen über lange Zeiträume. Sie stellen die Politik immer vor die Frage, ob sie kurzfristig attraktive Entscheidungen trifft, die womöglich nicht die richtigen sind, oder langfristig die richtigen, die aber politisch nicht attraktiv sind.

Europa steht für die gleiche Problematik, im geographischen Kontext. Wir alle wissen heute, dass die Hilfen für Griechenland notwendig sind, dass aber dieses Gefühl der Zusammengehörigkeit über die große, geographische Distanz hinweg zwischen Berlin und Athen oder Wien und Athen von der Demokratie kaum noch bewältigt wird. Das hat dazu geführt – jetzt spricht der Politik- und Wirtschaftswissenschaftler –, dass Politiker in den vergangenen 15 Jahren in den Parteiprogrammen immer öfter den Weg der schnellen und einfacheren Lösungen gegangen sind und dabei die wahre Komplexität der Entscheidungen ignoriert haben. Irgendwann merken die Menschen das. Und dann sagen viele: Ihr sagt, ihr könnt die Steuern nicht senken, ihr sagt, ihr müsst die Arbeitslosengelder zusammenstreichen – aber wenn es darum geht, Banken zu retten, sind 400 Milliarden überhaupt kein Problem. Oder wenn es darum geht, in Deutschland den Hartz IV-Satz um 5 Euro zu erhöhen, dann dauert das Monate. Hier ist eine Kluft entstanden, deren Überwindung zu einer politischen Herausforderung geworden ist. Ihr müssen die Demokratien sich stellen.

Brigitte Ederer:
Die Bewegung der »Indignados« in Spanien kenne ich zu wenig, um sie im Detail kommentieren zu können. Aber ich glaube, das,

was sie mit den jungen Menschen in allen europäischen Demokratien gemeinsam haben, ist eine gewisse Perspektivlosigkeit, die von den vorangegangenen Generationen so nicht erfahren wurde. Die meisten von uns hatten Aufstiegsvisionen vor Augen. Mit einer gewissen Berechtigung durften wir erwarten, dass die sich realisieren lassen. Nach Abschluss der Ausbildung oder des Studiums hat man in der Regel ja einen Job gefunden.

Die Gesellschaft heute ist nach meiner Beobachtung weniger durchlässig, als sie es etwa Mitte der 1970er Jahre war. Ich weiß nicht, ob ein Unterschichtskind wie ich heute ähnliche Karrierechancen hätte. Nehmen Sie ein vergleichbares Szenario aus der heutigen Situation: Heute wäre ein vergleichbares Unterschichtskind die Tochter einer serbischen Hausmeisterin in Favoriten, das wäre den sozialen Bedingungen vergleichbar, unter denen ich aufgewachsen bin. Ich glaube nicht, dass es für dieses Kind heute die Aufstiegsmöglichkeiten gäbe, die ich damals vorgefunden habe. In der undurchlässiger werdenden Gesellschaft heute ist es für junge Menschen ganz schwierig geworden, einen festen Platz zu finden. Und diese Perspektivlosigkeit ist die Ursache für die Unruhe, die wir heute haben.

Der zweite Punkt ist der Verlust von Glaubwürdigkeit der Politik. Der Erfolg der Rechtspopulisten, den Sie in Ihrer Einleitung erwähnt haben, ist darauf zurückzuführen. Sie schüren das unterschwellige Gefühl, das unter den Leuten verbreitet ist und von der Annahme ausgeht: Die Politiker wissen entweder wirklich nicht, was los ist, oder sie sagen es uns nicht. Durch dieses schrittweise, zögernde Zugeben einer gefährlichen Krise wird der Abbau von Vertrauen in die Politik beschleunigt.

Besonders verbreitet ist der Eindruck, dass es sich um eine Mischung von beidem handelt: aus Unkenntnis der Realitäten und aus Angst davor, über die Realitäten offen zu reden.

Brigitte Ederer:
Den richtigen Weg und den richtigen Ton zu finden, ist ja auch nicht leicht. Heute gewinnen die an Boden, die sich gegen Europa wenden. Das hat auch damit zu tun, dass man ihnen den Boden überlässt. In vielen europäischen Ländern ist es leider so, dass nationale Überlegungen und nationale Wahlrücksichten Vorrang haben. Zum Beispiel vermeidet man Entscheidungen, die den Euro betreffen oder Beschlüsse, die zur Hilfe für Griechenland notwendig wären, aus Rücksicht auf nationale Wahlen, selbst wenn es nur Regionalwahlen sind. Dann kann man auch nicht wirklich erwarten, dass man glaubwürdig wirkt. Geschimpft wurde auf Politiker schon immer, aber das ist in den letzten Jahren stärker geworden.

Ich muss sagen, dieser rasante Vertrauensverlust macht mir schon Sorge. Wenn man bedenkt, wie hoch unser Abstimmungsergebnis beim Beitritt zur EU war, 66,6 Prozent dafür, und die Zustimmung zu Europa ist heute deutlich unter 50 Prozent! In Finnland stimmten 1995 immerhin 56,9 Prozent für den Beitritt. Heute liegt die Unterstützung dort in Umfragen bei 19 Prozent. Das sind Anzeichen für einen großen Vertrauensverlust. Da fragst du dich: Was ist da los?

Darüber wollen wir reden. Kurz zur Vorgeschichte, wenn man das so nennen kann: In Berlin wurde zur Jahrhundertwende darüber diskutiert, was alles nötig sei, um die Demokratien und vor allem den europäischen Sozialstaat als Modell »fit zu machen für die Globalisierung«, wie der rot-grüne Kanzler Gerhard Schröder zu sagen pflegte. Der Elan dieser Debatte ließ aber alsbald nach, als man merkte, wie unpopulär diese »Fitness-Debatte« war und dass vor allem Vertreter der Reformsozialdemokratie, die auf dem »Dritten Weg« Tony Blairs unterwegs waren, überall in Europa Wahlen verloren, zunächst noch mit Ausnahme Großbritanniens. Ich erinnere mich an Gespräche mit den Regierenden in Berlin, in denen deutlich wurde, dass man angesichts der sozialpolitischen Einschnitte, die nötig sein würden, eine Heidenangst bekam, den Wählern die Wahrheit zu sagen. Es ist ja beileibe nicht nur in Österreich so, dass die Wahrheit oft sehr unpopulär ist, weshalb Politiker auch häufig meinen: Eigentlich wollen die Leute betrogen werden.

Ungarns Sozialdemokraten haben das dann besonders krass betrieben, was ihnen – und dem Land – überhaupt nicht gut bekommen ist. Schröder aber hat in Berlin nach langem Zögern umgeschaltet und 2003 mit der reformpolitischen »Agenda 2010« umgesteuert. Man sagt heute, er habe damit die Voraussetzungen dafür geschaffen, dass Deutschland in der Krise seit 2008 vergleichsweise gut dasteht. Damals aber sahen das zumindest die deutschen Wählerinnen und Wähler und vor allem die Stammwählerschaft der SPD anders. Rot-grün wurde 2005 abgewählt, Angela Merkel wurde Kanzlerin einer Großen Koalition und machte die SPD-Agenda in der Großen Koalition zur Basis ihrer Regierungspolitik, am linken Rand etablierte sich die »Linkspartei«.

Mich interessiert jetzt: Was ist da, aus Ihrer beider Sicht, falsch gelaufen. War Schröders »Agenda«-Reformpolitik mit ihren Umschichtungen und Anspruchskürzungen falsch konzipiert oder wurde sie nur falsch kommuniziert? Oder hätte Rot-grün besser überhaupt die Finger davon gelassen?

Henrik Enderlein:
Politisch ist das in der Tat für viele eine traumatische Perspektive: Ein Bundeskanzler in Deutschland plant eine notwendige Reform, setzt sie um, verstört seine eigene Partei und verliert seinen Posten, die Partei muss in die Opposition. Ich glaube, gerade Angela Merkel hat das sehr genau beobachtet und sieht heute, was man oder wie man es nicht tun darf. Das ist genau das reformpolitische Dilemma, das Brigitte vorhin angesprochen hat: Wenn man weiß, was notwendig ist, wie viel Richtiges kann man dann einerseits tun, ohne

Gefahr zu laufen, politisch darüber zu scheitern? Und wie viel Falsches muss man andererseits bewusst propagieren und tun, um wenigstens noch über den nächsten Wahltermin heil hinaus zu kommen, in der Hoffnung, anschließend wieder das Richtige tun zu können?

Das Problem der Agenda 2010 ist ein klassisches, sozialdemokratisches Problem. Die Sozialdemokratie in den großen europäischen Ländern wendet sich an zwei sehr unterschiedliche Klientelgruppen. Auf der einen Seite ist das die Klientel der, wie ich sie freundlich und wertfrei nennen will, alternden Gesellschaft. Das ist die Altersgruppe der Menschen, die langsam aus der Arbeitswelt ausscheiden und deren eigene, oft erzählte Aufstiegsgeschichte davon handelt, dass sie ihr Leben lang hart gearbeitet haben. Sie sind Transferempfänger, viele haben in den klassischen Industrien gearbeitet, sie sind vielleicht international nicht so weltoffen und interessiert wie die jüngere Generation, haben besonders in Fragen der Immigration und in europäischen Konfliktthemen oft eine andere Haltung als die jüngere Sozialdemokratie. Diese allmählich älter werdende Klientel ist das traditionelle Standbein der sozialdemokratischen Parteien.

Das andere Standbein ist eine neue urbane Mittelschicht, ökologisch orientiert und offen für internationale Erfahrungen und Modelle. Sie tritt ein für mehr Flexibilität am Arbeitsmarkt und hat mit Gewerkschaften nicht mehr viel am Hut, im Gegensatz zur Klientel der Älteren, die noch aus der klassischen Gewerkschafts-Sozialdemokratie kommt.

Das ist also das Problem. Die sozialdemokratische Bewegung muss diesen beiden Gruppen gleichzeitig etwas bieten. Und wie man sieht, ist das enorm schwierig, vielleicht geht es gar nicht. Nehmen wir das Beispiel der Rente mit 67. Jeder Wirtschaftswissenschaftler hält diesen Vorschlag für absolut richtig, mit dem Argument: Wir sind in einer alternden Gesellschaft, es geht nicht anders, wenn wir den Sozialstaat für diese Belastung abstützen wollen.

Warum soll man dafür nicht zwei Jahre länger arbeiten? Darüber kommt es aber überall zu leidenschaftlich geführten Debatten und dabei kann das eine Standbein wegbrechen, so wie das in Deutschland geschehen ist.

Ein anderes Beispiel: Kann man Menschen, die arbeitslos geworden sind und staatliche Transferleistungen in Anspruch nehmen müssen, klar machen, dass sie dafür zunächst ihre eigenen Vermögenspositionen offen legen müssen? Viele der Betroffenen in Deutschland empfanden das als tiefe Demütigung. Sie neigen dann natürlich dazu, sich von der Sozialdemokratie abzuwenden. Auf der anderen Seite gibt es aber die jüngere, offenere oder risikobereitere Gruppe von Sozialdemokraten, die auf dem Standpunkt steht: Ja, genau das ist notwendig, wir müssen flexibler werden, uns entsprechend der allgemeinen Entwicklung modernisieren. Sie steht für eine stärkere Orientierung am Markt. Zwischen diesen Polen muss die regierende Sozialdemokratie sich heute positionieren. Und um Macht und Einfluss zu sichern, muss sie versuchen, beiden Seiten gerecht zu werden, der traditionelleren und der moderneren Klientel.

In Deutschland hat die SPD das unter Kanzler Schröder versucht. Sie verlor darüber 2005 die Mehrheit und wurde 2009 mit einem Stimmenanteil von 23 Prozent grausam bestraft, auch weil die Linkspartei erfolgreich um die Traditionsklientel der SPD warb. Aus diesem Dilemma herauszufinden, das ist die große strategische Herausforderung für die Sozialdemokratie.

Brigitte Ederer:
Das grundsätzliche Problem der Sozialdemokratie ist heute, dass der Kreis der Leute, auf die sie hört und mit denen sie sich austauscht, immer enger wird. Ich war lange Zeit Bezirksvorsitzende der SPÖ im 2. Bezirk in Wien. In dieser Eigenschaft hatte ich anfangs auch viele Gesprächspartner aus der Privatwirtschaft, aus Be-

reichen der Gesellschaft, die nicht unbedingt sozialdemokratisch sind. Aber im Lauf der Jahre hat sich das geändert, die Klientel der Partei wurde immer enger, sie besteht inzwischen hauptsächlich aus Mitarbeitern des öffentlichen Dienstes. Das verengt mit der Zeit unseren Blick auf die gesellschaftlichen Realitäten und das prägt dann unsere Beschlüsse und unsere politische Haltung. Wenn wir die Argumente von Menschen aus der privaten Wirtschaft nicht mehr kennen und uns nur noch an Erfahrungen und Informationen aus dem öffentlichen Dienst stützen, verengen wir unsere Debatten. Das hat dazu geführt, dass wir nicht in der Lage waren, für bestimmte notwendige Reformen in Parteigremien die nötige Mehrheit zu bekommen. Der Sozialstaat ist wichtig, notwendig und gut. Man muss aber permanent daran arbeiten und auch bereit sein, ihn zu reformieren. Dafür findet man auf Parteitagen der Sozialdemokratie aber mit Sicherheit keine Mehrheit mehr. Das Schicksal der deutschen »Agenda 2010« ist dafür das beste Beispiel.

Inzwischen setzt sich in der internationalen Lageanalyse die Ansicht durch, dass Schröders »Agenda 2010« die wesentliche Voraussetzung dafür war, dass Deutschland in der gegenwärtigen Finanz- und Wirtschaftskrise vergleichsweise gut dasteht. Soeben habe ich in einem Kommentar gelesen, in dem es hieß, den Griechen ginge es besser, wenn sie einen griechischen Schröder gehabt hätten, auch in Spanien ist zu hören, die Regierung Zapatero hätte rechtzeitig ein spanisches Programm nach dem Modell der »Agenda« beschließen sollen. Tatsache ist, dass dies meistens Stimmen von außen sind, im Inneren der Partei ist davon weniger die Rede, da bleibt die »Agenda 2010« umstritten.

Brigitte Ederer:
Das hat mit der verengten Weltsicht der Funktionäre zu tun. Sie haben nicht mehr den Blick für die Gesamtheit der Realitäten. Der ist

verloren gegangen. Ein Beispiel dafür aus Wien: Wenn die heutige SPÖ beschließt, Glückspiele zu verbieten, wünsche ich viel Glück bei der Durchsetzung des Beschlusses. Ich kenne den 2. Bezirk, ich war hier Abgeordnete, zu diesem Bezirk gehört auch der Prater. Dort interessiert keinen Menschen, ob Glückspiel erlaubt ist oder nicht. Ich sage nicht, dass Glückspiel gut oder gar wünschenswert ist. Mein Argument ist, dass man sich mit einer Meinung, die mit den gesellschaftlichen Realitäten wenig zu tun hat, detailliert und genau auseinandersetzen müsste, um unnötige Konflikte und Brüche zu vermeiden, zu denen es auf Grund realitätsfremder Beschlüsse kommen könnte.

Henrik Enderlein:
Das Problem liegt darin, dass es zu viele divergierende Antworten auf die Frage gibt, worin die wirtschaftliche und sozialpolitische Geschichte der Sozialdemokratie besteht. Wenn jetzt jeder hier seine persönliche sozialdemokratische Erzählung vortragen würde, dann hätten wir, glaube ich, am Ende so viele unterschiedliche Antworten, wie sich Personen hier im Saal befinden. Wenn man zurück blickt in die 1960er-, 70er- bis in die 80er-Jahre, dann erinnert man sich: Da ging es in der Sozialdemokratie um den Aufstieg der arbeitenden Menschen. Es ging darum, dass sie alle die gleichen Chancen haben und dass diejenigen, denen der Aufstieg nicht gelingt, jedenfalls gegen den Abstieg geschützt sind. Es ging um ein Umverteilungssystem, das dafür sorgte, dass jeder abgesichert ist.

Das ist die sozialdemokratische Erzählung aus dem »Goldenen Zeitalter« der Sozialdemokratie.

Henrik Enderlein:
Und diese »Erzählung« trägt heute nicht mehr. Sie überzeugt heute die Allerwenigsten. Es ist aber bisher keine andere Geschichte an

deren Stelle gekommen. Ich glaube, daran muss man jetzt wieder arbeiten. Brigitte und ich sitzen in dem vom SPD-Vorsitzenden Sigmar Gabriel geschaffenen wirtschaftspolitischen Rat der SPD. Ich plaudere keine Interna aus, wenn ich sage: Da sind mindestens 20 unterschiedliche sozialdemokratische Geschichten präsent. Jeder erzählt im Prinzip seine Version dessen, was für ihn die Sozialdemokratie ist. Zum Arbeitsmarkt beispielsweise: Wollen wir die Arbeit modernisieren? Wollen wir Arbeitsplätze sichern? Oder wollen wir sagen: Nein, der Arbeitsprozess ist heute flexibler geworden, es geht heute darum, möglichst viel an Sicherheit zu behalten, falls man seinen Job verliert. Wie beim dänischen Modell *Flexicurity*, wo man vielleicht noch ein Jahr lang nach dem Jobverlust einen hohen Ausgleich bekommt, dann aber, wenn man immer noch keinen neuen Job gefunden hat, selber dran schuld ist.

Viele junge Menschen sehen das so, während andere sagen: Ich will meinen Arbeitsplatz aber nicht verlieren, das ist mir am wichtigsten.

Oder das Steuersystem: hohe Steuern, niedrige Steuern? Wie viele Steuern sollen wir bezahlen? Sind wir eine Gesellschaft, die im Wettbewerb mit anderen Gesellschaften steht und deshalb niedrige Steuern braucht? Oder wollen wir ein Sozialsystem, das hohe Steuern zur Grundlage hat, aber Umverteilungen möglich macht und hohe soziale Sicherheit garantiert? Mir scheint, die Sozialdemokratie besteht den Fahrstuhltest nicht, nämlich die Aufgabe, während einer normalen Fahrstuhlfahrt – in 30 Sekunden – zu erklären, worum es uns geht. Das ist heute nicht mehr zu schaffen.

Wir sind an dem Punkt, wo wir ein wenig über das Wirtschafts- und Gesellschaftssystem reden sollten, in dem sich das alles abspielt und das die anfangs zitierten »Empörten« kritisieren: den modernen Kapitalismus, der gelegentlich zwecks Unterscheidung vom angelsächsisch-klassischen Modell auch »Rheinischer Kapitalismus« genannt wird, beziehungsweise »Soziale Marktwirtschaft«, zu der sich auch die führenden Sozialdemokraten bekennen. Als Kennzeichen der Sozialen Marktwirtschaft wird nicht zuletzt das vernünftige Zusammenspiel aller an der Produktion Beteiligten genannt, die soziale Verantwortung der Unternehmerseite und die Mitwirkung der Arbeitnehmerschaft. Es gibt auch Unternehmer, Manager, Banker, Verbandsfunktionäre, die einer wirklich sozialen *Marktwirtschaft als einem am Gemeinwohl orientierten Gesellschaftsmodell das Wort reden. Meine Frage wäre nun: Gibt es diese moderne Soziale Marktwirtschaft in unserer Wirklichkeit überhaupt? Oder deutet die krisenhafte Entwicklung nicht eher darauf hin, dass es damit gar nicht weit her ist?*

Henrik Enderlein:
Die Soziale Marktwirtschaft hat zwei Charakteristika. Auf der einen Seite ist sie zum Allgemeingut geworden. Jeder will sich dazu bekennen.

Frau Merkel möchte sie sogar zum europäischen Exportartikel machen. Made in Germany!

Henrik Enderlein:
Genau! Das andere Charakteristikum aber ist: Was sich dahinter verbirgt, weiß heute kein Mensch mehr. Ich glaube, dass soziale Marktwirtschaft für Sozialdemokraten immer deutlich mehr war als einfach ein Lippenbekenntnis des Staates mit der Botschaft: Wir beschützen die Schwachen. Keiner weiß, worum es da geht und was das in Wahrheit bedeutet.

Ich nenne zwei Beispiele aus Deutschland: Das Unternehmen Daimler hat in den 80er-Jahren unter dem Vorstandschef Edzard Reuter sehr viele Steuern bezahlt. Reuter sagte damals immer: Ich zahle gern Steuern als Unternehmen, denn ich weiß, dass dies in die Zukunft, in die Infrastruktur des Landes investiert wird. Das ist mein Rohstoff.

Dann gab es den Wechsel an der Spitze von Daimler und Jürgen Schrempp übernahm die Leitung des Unternehmens in Zeiten, in denen die Idee des an der Rendite ausgerichteten *Shareholder Value* – im Gegensatz zu dem am Gemeinwohl orientierten *Stakeholder Value* – in den Vordergrund rückte bzw. gerückt wurde. In diesem Sinne verkündete Schrempp nach kurzer Zeit voller Stolz auf der Hauptversammlung, dass Daimler alles daran setzen würde, keinen Euro, oder damals keine Mark, Steuern mehr zu bezahlen. Hier wurde der gemeinsame Weg mit einer Politik, die dem Gemeinwohl verpflichtet ist, dem eigenen Profitinteresse zuliebe verlassen. Die Zahl der wichtigen Akteure, die sich in der Gesellschaft zu einer gemeinsamen sozialen Verantwortung – im Sinne der »sozialen Marktwirtschaft« – bekennen, hat inzwischen deutlich abgenommen, das ökonomische Eigeninteresse gewinnt an Bedeutung. Diese Entwicklung hat sich fortgesetzt, immer mit dem berühmten Argument, wir internationalisieren, auf Grund der Globalisierung haben wir diesen enormen Wettbewerbsdruck, wir können gar nicht anders.

In diesem Zusammenhang jetzt eine zweite Anekdote: Ich hatte in Berlin Axel Weber, bis vor kurzem noch Chef der Bundesbank, zu Gast. Zur Bankenkrise stellte ich ihm die Frage, ob er wusste, was während der Boomphase mit den Banken passierte.

Er hat eindeutig geantwortet: Natürlich wusste er, was da los war. Aber er hat darauf hingewiesen, wie eingeschränkt der Handlungsradius der Bankenaufsicht ist. Hätte jemand wie Weber öffentlich gesagt, die Geschäftspolitik der Deutschen Bank sei explosiv und kann diese Gesellschaft innerhalb von Stunden in eine mittlere Katastrophe stürzen, dann hätte er viel Kritik auf sich gezogen: Er zerstöre den Finanzplatz Deutschland – die Deutsche Bank wandere ab nach London.

Wenn aber ein Bundesbankchef, eine der unabhängigsten öffentlichen Personen in Deutschland nicht in der Lage ist, sich gegen den Wind des Marktes zu stellen, dann fragt man sich: Wie kann eine erfolgreiche Kontrolle in der Sozialen Marktwirtschaft noch ablaufen? Und dennoch bekennt sich der größte Teil der deutschen Gesellschaft zum Modell Soziale Marktwirtschaft. In Wahrheit passt das nicht mehr wirklich zusammen.

Das klingt wie die große soziale Lebenslüge des Kapitalismus. Aber hätte Axel Weber Ihrer Ansicht nach die Wahrheit sagen müssen, auch auf die Gefahr hin, dass nachher Panik aufkommt? Mit eben dieser Begründung hat Peer Steinbrück nach der Lehmann-Pleite gemeinsam mit Angela Merkel den deutschen Sparern unter Überschreitung seines realen Handlungsspielraums die deutschen Spareinlagen für sicher erklärt: um zu verhindern, wie er sagt, dass die Sparkassenkunden am nächsten Tag ihre Ersparnisse abheben und damit die Krise schlagartig verschärfen.

Henrik Enderlein:
Weil wir es gerade auch in Deutschland miterleben, ebenso wie wahrscheinlich Sie hier in Österreich, möchte ich noch eins hinzufügen: Wie läuft das denn mit der Euro-Krise? Die deutsche Bundesregierung spielt da ein Spiel, das heißt: national blinken und europäisch abbiegen. Das bedeutet, den Menschen die Wahrheit zu verschweigen. *Nein, es wird nie eine Hilfe für Griechenland geben.* März/April 2010. Dann kam die Griechenland-Krise. Am 8. Mai sagt die Bundeskanzlerin im Bundestag: *Das ist das letzte Mal, dass wir einem Land geholfen haben.*

Am gleichen Abend fährt sie nach Brüssel und verhandelt den europäischen Rettungsschirm. Dann kommt sie mit ihrem europäischen Rettungsschirm zurück und sagt: *Der wird nie aktiviert, der wird auch nie permanent werden.*

Dann wurde er aktiviert.

Da staunen die Menschen und sagen: Gießt uns lieber gleich reinen Wein ein, dann wissen wir wenigstens, worum es geht. Aber das kann man natürlich nicht tun, sonst verliert man die Landtagswahlen in Nordrhein-Westfalen und dann die Wahlen in Baden-Württemberg und so weiter. Was bin ich froh, dass ich kein Politiker bin!

Ich möchte noch einmal auf den Zusammenhang von Sozialer Marktwirtschaft und gesellschaftlicher Verantwortung der Beteiligten an der Marktwirtschaft zu sprechen kommen. Da gibt es den modernen und manchmal überstrapazierten Begriff der Corporate Social Responsibility, *also der Mitverantwortung der Unternehmen für das Funktionieren der Gesellschaft und für den sozialen Zusammenhalt. Frage an das Mitglied des Vorstands eines Weltkonzerns: Wie äußert sich diese Mitverantwortung, sofern sie einigermaßen ernst genommen wird, auf der Ebene des Topmanagements in der Wirtschaft? Ist die Art und Weise der Wahrnehmung dieser* Corporate Responsibility *ein Thema in Vorstandssitzungen? Wird da intern über die Balance von* Shareholder *und* Stakeholder Value *gesprochen, über die angemessenen Verwendung der Gewinne diskutiert, einerseits über die Forderungen der Aktionäre und andererseits über gesellschaftliche Projekte, die man vielleicht fördern will?*

Brigitte Ederer:
Wie man als Unternehmen versucht, der öffentlichen Verantwortung gerecht zu werden, ist latent immer ein Thema, das wird bewusst wahrgenommen und immer wieder auch diskutiert. Es gibt natürlich einen enormen Druck der Analysten und der Aktionäre, denen die Gewinnerwartungen am wichtigsten sind. In dem Spannungsfeld zwischen diesen Erwartungen auf der einen und den übrigen Projekten auf der anderen Seite befindet man sich jeden Tag.

Natürlich will man ein Unternehmen sein – vor allem in Europa –, das seiner sozialen und wirtschaftlichen Verantwortung gerecht wird, und hier auch mit seiner wirtschaftlichen Kraft hilfreich und aktiv sein. Aber wir sind uns gleichzeitig der Interessen der Analysten und der klar definierten Wünsche der Aktionäre bewusst und wissen, dass wir diesen Erwartungen und Wünschen am Ende des Tages in angemessener Weise gerecht werden müssen. Da muss man liefern – sonst hat man in der Welt, in der wir leben, als Unternehmen einen schweren Stand.

Die Kritik und der Unmut der jungen Leute auf dem Platz Puerta del Sol in Madrid, auf dem Syntagma-Platz in Athen oder im New Yorker Börsenviertel richten sich nicht nur an die regierenden Sozialdemokraten als Partei oder an die Politiker insgesamt. Die Vorwürfe der Ineffizienz, der Mutlosigkeit und der elitären Missachtung der Bedürfnisse der weniger Privilegierten und der einfachen Leute richten sich gegen das demokratische System als solches, und das muss Gründe haben in Versäumnissen und Fehlentwicklungen, die weit zurückreichen. Ich komme zurück zu der Frage: Haben Sie eine Vermutung, was da falsch gelaufen ist?

Henrik Enderlein:
Es fehlt der Mut. Es fehlen die Menschen, die den Mut vielleicht aufbrächten, sich für ihre Ideale und Wertvorstellungen einzusetzen. Ich habe gerade gesagt, ich bin froh, dass ich kein Politiker bin. Ich meine das tatsächlich so. Ich glaube, ich würde mich diesem Prozess heute nicht hingeben oder aussetzen wollen. Denn man steht unter einem nahezu unerträglichen, öffentlichen Druck. Es gab jetzt gerade in den USA diesen Zwischenfall mit einem Kongress-Abgeordneten, der eine sehr intime SMS privat versenden wollte, irrtümlich aber mit Druck auf den falschen Knopf die Mail statt an die gedachte Empfängerin an seine ganze umfangreiche

Twitter Community versendet hat: Er musste schließlich zurücktreten. Das ist sein eigenes Verschulden. Aber man kann als Politiker heute keinen Satz mehr sagen, ohne Gefahr zu laufen, dass dies zwei Minuten später in Bild und Ton auf *YouTube* erscheint. Das meine ich mit dem andauernden öffentlichen Druck, der kaum noch auszuhalten ist. Deshalb gibt es immer weniger, die sich entscheiden, in die Politik zu gehen und die damit verbundenen Belastungen auf sich zu nehmen. Das ist der erste Punkt.

Der zweite Punkt ist: Werner Perger hat von den Menschen gesprochen, die sich – mit Stéphane Hessels Worten gesagt – »empören«. Diese Menschen warten auf Antworten. Als Wissenschafter, der in einem ganz kleinen Bereich, in der Wirtschaftspolitik, unterwegs ist, muss ich sagen: Es ist immens schwierig geworden, die richtigen Antworten zu finden. Auch das hat sich geändert. Was ist die Antwort auf die Frage: Wie löse ich das Problem der Jugendarbeitslosigkeit heute? Man hat vielleicht Ansätze einer Antwort, aber ich glaube, die Wirtschaftspolitik wird überschätzt. Das, was heute ein Wirtschaftsminister oder ein Finanzminister tun kann, führt nicht dazu, dass morgen die Jugendarbeitslosigkeit sinkt.

Wenn man versucht, Ansätze zu finden – damit bin ich wieder bei Gerhard Schröder –, dann würde man wahrscheinlich als erstes sagen: Wir müssen den Arbeitsmarkt für die jüngeren Menschen flexibilisieren. Das heißt dann, man kann auch einmal auf sechs Monate, auf zwölf Monate, auf zwei Jahre, vielleicht auf drei oder fünf Jahre Personen einstellen und man kann sie wieder entlassen, wenn das nicht funktioniert. Dadurch kommt Bewegung in den Arbeitsmarkt. Aber das ist zugleich Gift für eine Partei, der wir alle sehr nahe stehen, die in der Regel dafür kämpft, dass es solche befristeten Arbeitsverhältnisse gerade nicht gibt. Das ist das Dilemma der Sozialdemokratie.

Wie löst man das? Ich glaube, diese Komplexität wird man nicht einfach los. Deshalb ist es wichtig, in der wirtschaftspolitischen

Diskussion wieder Farbe zu bekennen, nach draußen zu gehen und zu sagen: Ich setze mich jetzt besonders für die jungen Menschen ein. Dazu gehört aber auch, die Verhältnisse realistisch zu sehen und darüber die Wahrheit zu sagen. Wir leben in einer Gesellschaft sinkender Wachstumsraten. Die Politik versucht, darauf zu reagieren, doch wir haben in den letzten 15 Jahren gesehen, dass das mit der Schaffung von künstlichem Wachstum über Schulden nicht mehr funktioniert. Die Schuldenberge sind so weit angestiegen, dass wir heute wissen: Diese Belastung werden wir nicht mehr ohne weiteres los. Jetzt bleibt nur mehr, den Gürtel enger zu schnallen. Das will der Wählerschaft aber niemand vermitteln. Und die, die darunter leiden – in Spanien, in Griechenland und anderswo – das sind die jungen Generationen.

In diesem Zusammenhang fällt mir die Aussage von Gerhard Schröder ein, der – offenkundig inspiriert von Tony Blair – gesagt hat, ich zitiere sinngemäß: Es gibt keine linke und keine rechte Wirtschaftspolitik, es gibt nur eine richtige oder eine falsche.

Henrik Enderlein:
Dieser Satz ist ganz falsch und obendrein gefährlich. Wirtschaftspolitik ist immer Umverteilung. Darum geht es doch. Insofern ist es eine Illusion zu behaupten, das sei richtig oder falsch. Das ist der falsche Gegensatz. Damit entzieht man sich der Verantwortung.

Man muss nur entscheiden, wohin man umverteilt?

Henrik Enderlein:
Genau. Die einen profitieren davon, die anderen nicht. Dann ist es aber nicht mehr richtig oder falsch. Es geht auch nicht darum, ob es links oder rechts ist. Wirtschaftspolitik ist immer die Entscheidung darüber, wem geben wir etwas und wem nehmen wir

etwas. Was die Sozialdemokratie mit dem »Dritten Weg« gemacht hat, war der Versuch, sich dieser Verantwortung zu entziehen und zu sagen: Allen wird es besser gehen. Das war verbunden mit der Aussage: Es gibt keine Alternativen: Aus den Anfangsbuchstaben der englischen Formulierung – *There is no Alternative* – entstand das so genannte TINA-Prinzip...

Das ursprünglich von Margaret Thatcher geprägt wurde.

Henrik Enderlein:
TINA heißt immer: Wir haben nur diese eine Möglichkeit, wir können keinen anderen Weg gehen. Wir haben in Wahrheit aber Dutzende von Optionen vor uns. Eine Alternative heute heißt: Wollen wir Schulden aufnehmen, weil wir einen Lebensstandard oder Sozialstaatstandard weiter beibehalten wollen? Es ist legitim, das zu fordern. Oder wollen wir Schulden abbauen, um mehr Spielraum zu bekommen? Dann müssen wir sagen: Wem nehmen wir das Geld weg? Oder wir kürzen öffentliche Ausgaben. Es wird eine Gruppe treffen, wir müssen uns nur entscheiden, welche. Die Alternativen sind jedenfalls da. Man muss sie nur zur Abstimmung stellen.

Mit dem TINA-Argument hat die sozialdemokratisch geführte rot-grüne Berliner Koalition die Agenda 2010 durchgepaukt.

Henrik Enderlein:
Vielleicht hätte man das besser als Alternative präsentieren sollen: Was wollen wir? Wollen wir hohe Arbeitslosigkeit bei dem jetzigen System oder wollen wir lieber eine geringe Arbeitslosigkeit auf der Basis unserer Reformvorschläge? Dass Deutschland heute weniger Arbeitslose hat, hat jedenfalls vor allem mit der Agenda zu tun.

Wem gibt man, wem nimmt man? Wo konzentriert man Mittel und wo muss man auf Investitionen oder Förderung verzichten? Das sind angesichts der Knappheit der Mittel immer schwierige Entscheidungen, die Brigitte Ederer in ihrer Tätigkeit als Finanzstadträtin in Wien vermutlich zur Genüge kennen gelernt hat. War Ihnen das jeweils bewusst, wenn Sie da eine brisante politische Entscheidung zu treffen hatten? Wie groß war die Versuchung, die bestehenden Zustände lieber so zu verwalten, dass möglichst alle zufrieden sind und keiner sich beschwert?

Brigitte Ederer:
Das reibungslose Verwalten war schon ein wichtiges Moment. Aber manchmal habe ich versucht zu sagen: Dort und dort müsste man Schwerpunkte setzen, das und das sollte die Stadt vorantreiben. Ich habe es nicht oft unter dem Aspekt der notwendigen Umverteilung gesehen. Aber natürlich gab es auch schwierige Entscheidungssituationen.

Da gibt es beispielsweise einen Punkt, der mir immer noch leid tut. Jetzt ist das erledigt. Aber es gab damals das Anliegen, das letzte Kindergartenjahr kostenfrei zu machen. Dadurch wollte man die Kinder aus Gastarbeiterfamilien in die Kindergärten bekommen, damit sie deutliche bessere Chancen zur Integration bekämen. Ich hatte damals jedoch ein striktes Sparprogramm und habe deshalb entschieden: Nein, das machen wir nicht.

Das war aus meiner heutigen Sicht die falsche politische Entscheidung, die bedauere ich immer noch. Die ist jetzt revidiert, also insofern wurde das gutgemacht. Aber als Verantwortliche für die Finanzen hat man natürlich eine ganz spezielle Rolle: Man muss ständig darauf achten, dass man das Budget in Ordnung hat und alles zusammenhält. Da meint man oft, nein sagen zu müssen, wenn man eigentlich das Gefühl hat, das ist ein Unsinn, eigentlich müsste ich ja sagen.

Gehen wir einen Schritt weiter, von der Krisenpolitik zu den Zukunftsfragen, und zwar ausgehend von der aktuellen Wachstumsdiskussion und der Frage, ob unsere Art, das Wachstum beziehungsweise die Entwicklung des Bruttosozialprodukts zu messen, uns weiter hilft, ob wir die richtigen Kategorien zur Messung unseres Wohlstands benutzen.

So weit ich weiß, war das auch schon im Wirtschaftsrat der SPD ein Thema. Insgesamt habe ich jedoch den Eindruck, dass die Sozialdemokraten in den EU-Ländern die Wichtigkeit des Themas noch nicht wirklich entdeckt und erkannt haben. Ich behaupte nicht, dass die Konservativen die Vorreiter eines notwendigen Umdenkens sind. Sie treten aber immerhin da und dort zumindest rhetorisch so auf, als würden sie sich damit ernsthaft beschäftigen. So gewinnt man jedenfalls den Eindruck, sie sind die ersten auf diesem Spielfeld. Es war nicht Gerhard Schröder, es war kein Schwede und auch kein Österreicher, der eine Kommission zur Untersuchung dieser Fragestellung einberufen hätte. Die meisten hier im Saal werden aber wissen, dass niemand geringerer als der konservative französische Staatspräsident Nicolas Sarkozy eine Kommission einberufen hat mit dem Auftrag, Kategorien und Maßstäbe für einen neuen Wachstumsbegriff zu finden, mit den Nobelpreisträgern Joseph Stiglitz und Amartya Sen sowie dem französischen Ökonomen Jean-Paul Fitoussi als Co-Vorsitzenden. Ist die Sozialdemokratie dabei, da ein Thema zu versäumen?

Henrik Enderlein:
Ich glaube, diese Diskussion wird für die Sozialdemokratie in den kommenden Jahrzehnten wichtig sein und ihr wieder programmatisches Profil und eine Geschichte geben können. Die Geschichte sieht folgendermaßen aus: Wir werden – das gilt für Deutschland genauso wie für Österreich, Frankreich oder Benelux – fallende Wachstumsraten haben. Das ist hart zu akzeptieren, aber es wird so sein. Man muss sich nur die Wachstumsraten der vergangenen

Jahrzehnte ansehen: Sie gehen stetig nach unten. Wenn man versucht, diesen Abwärtstrend zu stoppen, über Schuldenaufnahme wenigstens etwas zu kompensieren, muss man zugleich sehen: Das Wachstum, das jeder ausgegebene Euro schafft, ist Wachstum auf Pump.

Was heißt das? Wir leben in einer Gesellschaft, in der der Kuchen nicht mehr größer wird. Er wächst nicht, im Gegenteil: Er wird womöglich sogar kleiner. In einer solchen Gesellschaft gerechte Wirtschaftspolitik zu betreiben, ist noch viel, viel schwieriger als in der Gesellschaft, aus der wir kommen. Unter Wachstumsbedingungen ist es allemal leichter, das Zusätzliche an die Menschen zu verteilen, die es brauchen. Aber wenn es gleich bleibt, muss man immer jemandem etwas wegnehmen. Die Frage ist: Wie geht man damit um? Ich glaube nicht, dass es da schon eine Antwort gibt.

Aber die drei, vier Richtungen, die ich einschlagen würde, wären die folgenden: Das Erste ist, wir müssen herausfinden bzw. neu definieren, was Wachstum überhaupt ist. In Großbritannien hat die City in London vor der Krise mit 20 Prozent zum Wachstum der britischen Gesellschaft beigetragen. Das hat keinen realen Effekt auf die Bevölkerung gehabt. Deshalb war es ja auch in dieser Krise so spannend, dass wir von dem Wachstum, das es vor der Krise gab, an vielen Stellen sehr wenig mitbekommen haben. Viele Familien haben davon nichts gemerkt. Interessanterweise haben dann in der Krise die Menschen auch nicht gemerkt, dass es diese Krise überhaupt gab. Es gab nicht diese Welle an Arbeitslosigkeit, die alle erwartet haben. Die Krise ist an vielen spurlos vorübergegangen, obwohl wir in Deutschland einen Einbruch von 5 Prozent des Bruttoinlandsproduktes in einem Jahr hatten.

Natürlich waren da wirtschaftspolitische Entscheidungen voran gegangen, die dazu beitrugen. Aber man sieht: Was wir als Wachstum des Bruttoinlandsprodukts messen, bildet nicht mehr das ab, was die Menschen unmittelbar spüren. Deshalb muss man als erstes genau ansehen und überlegen, was wir überhaupt messen sollen und woran wir uns orientieren müssen.

Das Zweite ist: Was tut der Staat? Wo setzt der Staat an, um Wachstum zu schaffen? Wenn man sich an einem anderen Wachstumsbegriff orientiert, wird man feststellen, dass der Staat auch neu denken muss, wenn es darum geht, welche Art von Investitionsentscheidungen er trifft und wie er deren Beitrag zur nationalen Wirtschaftsleistung misst. Wie messen wir beispielsweise den Beitrag eines Lehrers zum Bruttoinlandsprodukt? Die Ökonomen haben eine ganz einfache Antwort: Eine Lehrkraft ist so viel wert wie das Gehalt, das er oder sie bekommt. Das ist doch aberwitzig. Ein Lehrer oder eine Lehrerin leistet für die Gesellschaft viel mehr, als dieses lächerliche Gehalt ausdrückt, das die meisten in den Schulen bekommen.

Wenn wir jetzt aber nach einer Neudefinition der Maßstäbe andere Zielwerte im Kopf haben, dann werden wir plötzlich auch die Leistung eines Lehrers anders bewerten und infolgedessen an dieser Stelle mehr investieren. Das mag wie eine abstrakte Diskussion klingen, ist aber in der Wirkung sehr konkret. Und genau da sehe ich den interessanten politischen und strategischen Aspekt für die Sozialdemokratie. Hier könnte sie ansetzen und sagen: Dieses Feld müssen wir besetzen, da müssen wir uns anstrengen und die richtigen Antworten liefern.

Brigitte Ederer:
Was das Wachstum angeht, bin ich eine grenzenlose Optimistin.

Grenzenlos?

Brigitte Ederer:
Eine grenzenlose Optimistin, ja. Ich denke schon, dass der technische Fortschritt auch künftig dazu führen wird, dass es auch in den Industrieländern Wachstum geben wird. Davon bin ich überzeugt.

Die Frage ist nur – in welchem Verhältnis? Du hast recht mit dem Argument, man müsste gleichzeitig Reformen im Sozialstaat ansetzen und zu Einsparungen kommen, um das Wachstum richtig verteilen zu können. Ich mache mir keine wirklichen Sorgen um Europa. Allein die Tatsache, wenn wir die gesamte Energieerzeugung CO_2-frei machen, ist ein enormer Beitrag zu künftigem Wachstum, davon bin ich überzeugt. Vielleicht bin ich an dem Punkt eine Vertreterin der alten Sozialdemokratie. Es gibt hunderte Beispiele, wo der technische Fortschritt ständig neue Möglichkeiten zu mehr Wachstum schafft. Ich bestreite nicht, dass es da auch Fehlentwicklungen gibt, dass es auch Irrwege sind. Aber in der Summe sehe ich die Perspektiven positiv.

Das zweite Thema, die neue Definition des Bruttoinlandsprodukts und die Schaffung neuer qualitativer Kriterien, ist schon sehr schwierig. Du hast schon recht mit dem Beispiel, wie viel Lehrpersonal es gibt und wie man dessen Leistung insgesamt bewertet. Aber wie soll man das messen? Ich verstehe den Wunsch der qualitativen Kriterien, aber der Methodenwechsel bei der Messung ist ungeheuer schwierig.

Sicherlich, aber ist es nicht dessen ungeachtet notwendig, darüber grundsätzlich neu und politisch nachzudenken?

Das soll erstmal ein grundsätzlicher Gedanke sein, aber ist es nicht auch ein politisch-strategischer Entwurf zur Lösung des Problems, wie man neue soziale Kriterien für eine bessere Gesellschaft entwirft? Die Zweifel an den uns vertrauten Messmethoden sind ja nicht zerstreut, was deren Aussagewert über die Qualität *des Wachstums betrifft. Wie zum Beispiel misst man den Beitrag, den ehrenamtlich Tätige zum Bruttosozialprodukt leisten? Die sind für das Wohlbefinden einer Gesellschaft von enormer Bedeutung. Aber unbezahlt, wie ihre Tätigkeit nun mal ist, tragen sie zum Wohlstand, so wie er bisher statistisch erfasst wird, nichts bei.*

Brigitte Ederer:
Das ist schon richtig. Ich habe aber ein Problem genau damit, wie man das misst und wie man das letztendlich bewertet. Denn ich meine – hoffentlich kränke ich jetzt nicht jemand unter den Anwesenden – Lehrer ist nicht gleich Lehrer. Und die Frage der Qualität einer Ausbildung macht sich im Endeffekt schon in einer Wettbewerbsfähigkeit der Gesellschaft bemerkbar. Aber wie man das misst, sodass man auch zuverlässige Werte bekommt, ist bisher ungeklärt. Und deshalb bin ich skeptisch.

Henrik Enderlein:
Natürlich ist das schwierig. Ich glaube, es gibt auch keinen einfachen Weg, auf dem man das von heute auf morgen verändert, nach der Methode: Man drückt auf einen Knopf und weiß sofort, was man tun muss oder was man nicht tun sollte. Ich glaube aber, es ist schon entscheidend, dass sich der Staat und dass sich die Sozialdemokratie auf diesem Weg die Frage stellt: Was ist eine Staatsausgabe und was ist eine Staatsinvestition? Wenn man – ich nenne ein willkürlich gegriffenes Beispiel – einen Jugendklub in einem Immigrationsviertel finanziert, dann ist das in der Regel bei der Durchforstung der öffentlichen Ausgaben eine der ersten Positionen im Haushaltsplan, bei der man kürzt. Das gilt als verschenktes Geld. Und das, meine ich, ist ein falscher Gedanke. Das ist kein verschenktes Geld. An vielen Stellen sind solche Ausgaben eine bessere Investition in die Gesellschaft, als wenn ich an dieser oder anderer Stelle eine Steuerkürzung vornehme.

Deshalb muss man sich ganz genau fragen und an dieser Selbstbefragung muss gerade die Sozialdemokratie sich abarbeiten: Was für eine Gesellschaft wollen wir? Und wo und wofür wollen wir daher das Geld, das wir zur Verfügung haben, gezielt einsetzen? Deshalb ist auch die Blair-These, es gebe nur richtige oder falsche Entscheidungen, selbst wieder so falsch. Als Staat muss ich wissen, was ich mit dem Geld, das ich als Staat ausgebe, erreichen möchte. Und dann kann ich mich entscheiden, ob das eine sinnvolle oder keine sinnvolle Aufgabe ist.

Natürlich wird das Bruttoinlandsprodukt immer eine Messzahl bleiben. Ich will sie auch nicht abschaffen. Das ist schon eine wichtige Sache. Aber man muss sie ergänzen. Man muss fragen, wo das Wachstum ankommt. Es kann doch nicht sein, dass wir das BIP dadurch steigern, dass zwei Banken einander einen Kredit geben. Sobald sie das tun, steigert das nach bisheriger Berechnung das Bruttoinlandsprodukt. Das kann doch nicht sein, dass das die Maßzahl ist, mit der wir uns ernsthaft auseinandersetzen.

Brigitte, ich wollte aber noch einen kurzen Satz zu deiner Bemerkung sagen, dass es immer Wachstum geben werde.

Brigitte Ederer:
Ja, das denke ich.

Henrik Enderlein:
Aber das gilt nicht in allen Bereichen. Das eigentliche Problem ist die Wachstumsabhängigkeit dieser Gesellschaft. Wenn wir in jedem Jahr um 2 Prozent wachsen – der Politiker wird sagen, 3 Prozent sind gut, 2 Prozent sind schlecht, 1 Prozent ist katastrophal –, dann verdoppelt sich der reale Wohlstand in einer Gesellschaft alle 35 Jahre. Das heißt, wenn wir heute ein Bruttoinlandsprodukt pro Kopf von ungefähr 30.000 Euro hätten, dann haben wir in 35 Jahren – wenn wir mit 2 Prozent im Jahr wachsen – alle 60.000 Euro – plus Inflation. Es geht hier um eine reale Verdopplung. Glauben wir daran? Ich bin kein Wachstumsskeptiker, aber ich halte das nicht für realistisch. Auch nicht, dass wir dann in 70 Jahren plötzlich alle 120.000 Euro haben, mit dem gleichen Kaufkrafteffekt wie heute. Das heißt, die Herausforderung in postindustrialisierten Gesellschaften – in den Entwicklungsländern mag das ja noch möglich

sein – besteht darin, dass wir uns darauf einstellen müssen, auf diesem hohen Niveau, das ja gar nicht schlecht ist, zu verbleiben und uns dabei ernsthaft mit der Frage zu beschäftigen: Wie können wir auf diesem Niveau unsere Ausgaben qualitativ so platzieren, dass wir ein qualitativ besseres Wachstum erreichen, dass diese Gesellschaft trotz des ausbleibenden quantitativen Wachstums mehr Lebensqualität oder mehr Wohlstand erzeugt? Ich glaube, es ist wichtig, sich mit dieser politisch-strategischen Frage auseinander zu setzen, anstatt dieser abgenutzten Wachstumszahl hinterher zu laufen und dafür jedes Jahr neue Schulden zu machen.

Welche Rolle spielt in der Debatte um neue Kategorien und Indices der »Happyness factor«? *Ist Glück statistisch erfassbar und messbar?*

Henrik Enderlein:
Großbritannien hat begonnen, jährlich 200.000 Menschen zu befragen, wie glücklich und wie zufrieden sie mit ihrem Leben sind. Wir wissen schon heute ziemlich genau, dass die Antworten von einer ganzen Reihe kurzfristiger Faktoren abhängen, die ziemlich wenig mit der Wirtschaft zu tun haben: Hat mein Fussballclub gestern gewonnen? Ist das Wetter schön? Wie läuft es in meiner Beziehung? Insofern glaube ich, dass das nicht der alleinige Indikator sein kann, wenn wir über die Befindlichkeit einer Nation genaueres wissen wollen. Es geht am Ende immer darum, vier oder fünf Indikatoren auszuwählen, die man sich gleichzeitig anschaut. So eine Art Ampelsystem.

Wir stellen fest, dass Gesellschaften, die immer reicher werden, nicht glücklicher werden. Das heißt, ab dem Moment, wo ein bestimmter Prozentsatz erreicht ist – den man wissenschaftlich auch beschreiben kann, wenn man 60 Prozent des relativen Wohlstands seiner Vergleichsgruppe erreicht hat – dann wird man durch zusätzlichen Wohlstand nicht mehr glücklicher. Und das sollte uns zu denken geben.

Ich weiß nicht, ob Glück zuverlässig messbar ist, ob man also sagen kann, wir sind alle 2 Prozent unglücklicher als im vergangenen Jahr und deshalb muss die Regierung jetzt tätig werden. Ich glaube, dass das sehr genau untersucht werden muss. Genauso wie man prüfen muss, ob das Wachstum bei den Menschen ankommt.

Wie ist es mit der Schere zwischen Arm und Reich? Das ist eine Umfrage, die in allen Ländern gleich ist. Wenn man die Menschen fragt: Wollt Ihr lieber 120.000 Euro verdienen in einer Gesellschaft, in der das Durchschnittseinkommen 140.000 Euro ist, oder wollt Ihr lieber 60.000 Euro verdienen in einer Gesellschaft, in der das Durchschnittseinkommen 50.000 Euro ist? Dann wollen alle Menschen lieber die 60.000 Euro verdienen, weil sie über dem Durchschnitt sein wollen. Das sind aber eben keine absoluten Werte.

Gemessen wird seit längerem die »Zufriedenheit« der Menschen in ihren jeweiligen Gesellschaften, von den Vereinten Nationen, von der Europäischen Union und von anderen Organisationen. Gefragt wird, wie zufrieden man im Allgemeinen mit seinem Leben ist. Man hat dabei festgestellt, dass die Zufriedenheit heute mehr als früher aus dem privaten Umfeld bezogen wird. Wichtige Kategorien sind dafür der intakte Freundeskreis und dass die Familie in Ordnung ist. Eine abnehmende Rolle spielt hingegen die Erfüllung am Arbeitsplatz. Ist dieser Faktor – die Zufriedenheit am Arbeitsplatz – für Sie ein Thema in Ihrer Tätigkeit im Siemens-Vorstand, Frau Ederer? Also beispielsweise die Frage: Wie lässt sich die Zufriedenheit am Arbeitsplatz steigern? Wie kann man die Identifikation der Mitarbeiter mit der Arbeit stärken?

Brigitte Ederer:
Zunächst möchte ich sagen, dass ich nicht glaube, dass man das »Glücklichsein« messen kann. Das halte ich für eine höchst individuelle Kategorie. Ob ich »glücklich« bin, hängt von zu vielen Faktoren ab. Das hat auch sehr viel damit zu tun, wie man schon als

Kind mitbekommt, wann man zufrieden ist oder wann man sich glücklich fühlt. Ich glaube nicht, dass wir alle hier beispielsweise die gleichen Glückskategorien haben. Ich gehe jedenfalls davon aus, dass das nicht der Fall ist.

Zu der Frage, wie man die Zufriedenheit am Arbeitsplatz steigern kann: Ich kann da nur für meinen Erfahrungsbereich bei Siemens reden. Da stellen wir eine starke Veränderung fest bei den Ansprüchen der jungen Leute, die jetzt neu zu uns kommen. Sie legen auf andere Dinge wert, als das in der Vergangenheit der Fall war. Das gilt besonders für die Bindung ans Unternehmen. Früher hieß das: einmal Siemens immer Siemens. Das ändert sich in der neuen Generation sehr stark. Wir haben jetzt noch eine Fluktuation von 1.8 Prozent in Deutschland. Die jungen Leute wollen fünf bis zehn Jahre bei Siemens sein, um dann die nächste Erfahrung zu machen. Ein langjähriger Siemens-Mitarbeiter, Anfang oder Mitte 50, der seit 30 Jahren dabei ist, legt Wert auf ein großes Dienstauto und auf all die Medaillen, die man im Laufe des Lebens bekommt.

Das große Thema bei den Jüngeren ist Flexibilisierung der Arbeitszeiten. Viel wichtiger als bei meiner Generation ist ihnen, dass Beruf, Familie und Freizeit wirklich vereinbar sind. Das hat einen ganz hohen Stellenwert. Und auch die Frage »Wo kann ich arbeiten?« stellt sich ganz anders als früher. Ein heute 30-Jähriger arbeitet am Laptop oder am *BlackBerry*, wann es ihm einfällt und passt. Ich sage immer, die sind alle ein bisschen süchtig, weil sie immer hinschauen müssen, wenn was piepst. Die lassen sich nicht mehr sagen, von 8 bis 16 Uhr oder 9 bis 17 Uhr und dann schreibst du Überstunden. Das interessiert sie nicht. Sie arbeiten im Flugzeug, in der Bahn, sie arbeiten am Sonntag, wenn sie zurückkommen von einer Radtour. Sie haben ganz andere Vorstellungen vom Leben, als das die vorherige Generation hatte. Mit diesen neuen Vorstellungen und Lebensmustern müssen wir uns auseinander setzen.

Beschreiben Sie damit eine Art neues Anspruchsdenken? Oder ist das einfach die Feststellung eines sich ändernden Phänomens, mit dem wir zu leben haben? War es früher einfacher?

Brigitte Ederer:
Es ist einfach anders. Ich will nicht sagen, dass früher alles besser war und jetzt alles schlechter ist. Es hat sich viel geändert. Womit wir alle groß geworden sind, sind die kollektiven, gewerkschaftlichen Regelungen von Arbeits- und Ruhezeiten, wann man was wo tun darf. Das ändert sich und die gegenwärtige Art der allgemeinen Regelungen wird es nicht mehr lange geben.

Das dürfte eher ein Problem für die Gewerkschaften sein als für die Arbeitnehmer.

Brigitte Ederer:
Vielleicht auch für manche Arbeitnehmer. Ich merke das. Da gibt es Anpassungs- und Integrationsschwierigkeiten. Die jungen Leute interessieren einfach ganz andere Dinge, sie haben zum Teil ganz andere Vorstellungen, als die Vorgesetzten, die 50 bis 55 sind, sich vorstellen können oder in der Lage sind zu akzeptieren. Da gehen die Vorstellungen manchmal weit auseinander. Ältere verstehen das nicht, wenn der Jüngere sagt: Ich gehe jetzt nachhause zu meinen Kindern, um 21 Uhr schalte ich den Laptop wieder ein und mache weiter. Also wozu soll ich jetzt im Büro bleiben?

Henrik Enderlein:
Ich glaube, diese Generation stellt auch ganz andere Anforderungen an die Politik. Was ist für die jüngeren Arbeitnehmer wichtig? Ein schneller Weg zum Arbeitsplatz. Das heißt, am besten mit öffentlichen Verkehrsmitteln. Das heißt, eine gut funktionierende Infrastruktur. Naherholungsgebiete, die sauber sind. Schwimmbäder,

wo man am Wochenende schnell hingehen kann. Das heißt, ein Leben, das sich um diesen neuen Arbeitsbegriff herum organisiert. Und was erleben wir? Ich kann das Beispiel Berlin beschreiben. Die Schwimmbäder schließen. Der öffentliche Nahverkehr ist zwar noch einer der Besten in einer Großstadt, aber unsere S-Bahn funktioniert schon seit eineinhalb Jahren nicht mehr richtig.

Die Frage, was der Staat leisten soll, ist in dieser Generation plötzlich eine ganz andere. Meine Generation erwartet da wahrscheinlich viel weniger. Arbeitsplatzsicherheit hat nicht mehr den gleichen Stellenwert. Auch die Arbeitszeitdiskussion ist eine andere: Viele in der jüngeren Generation arbeiten in Dienstleistungsberufen teilweise deutlich mehr als 35 oder 38 Stunden. Dafür ist die Flexibilität wichtiger geworden. Um Beruf und Familie besser vereinbaren zu können, wollen viele Menschen flexibler arbeiten – Stichwort Heimarbeitsplatz.

Deshalb stehen die Gewerkschaften plötzlich für ein ganz anderes Politikverständnis, wie du das eben beschrieben hast. Und wenn ich die Sozialdemokraten betrachte, sehe ich, wie sie versuchen, mit den unterschiedlichen Vorstellungen zurechtzukommen und alles zu vereinbaren. Wir wollen alles gleichzeitig. Wir sagen, ja, wir müssen die Arbeitzeit natürlich begrenzen auf 38 ½ Stunden und gleichzeitig sind wir für Flexibilisierung.

Und plötzlich ist man in einem Magma von unterschiedlichen Politikoptionen, die nicht mehr zueinander passen. Hier werden die Sozialdemokraten sich entscheiden müssen. Und dazu ist politischer Mut gefragt.

LITERATUR

1 Stéphane Hessel: »Empört Euch!« Ullstein. Berlin 2011.

DIE DEMOKRATISCHE LINKE UND DIE KRISE DES EUROPÄISCHEN PROJEKTS

Gemeinsame Perspektiven gegen populistischen Rückschritt und nationalistischen Kleinmut

Daniel Cohn-Bendit und Hannes Swoboda im Gespräch

»Wir alle hatten unsere liberale Phase. Das müssen wir jetzt korrigieren und darüber müssen wir mit den Leuten reden. Entscheidend ist: keine taktischen Spielchen! Farbe bekennen! Jetzt!«

DANIEL COHN-BENDIT, geboren am 4. April 1945 in Montauban in Frankreich, ist deutsch-französischer Doppelstaatsbürger, Publizist und seit 1994 Abgeordneter im Europaparlament. Er kandidiert abwechselnd für die grünen Parteien der beiden Länder, derzeit vertritt er die *Europe Écologie Les Verts* und ist Co-Vorsitzender der Fraktion *Die Grünen/Europäische Freie Allianz*. International bekannt wurde er als Aktivist und Sprecher der rebellierenden Studenten im Pariser Mai 68.

HANNES SWOBODA, geboren am 10. November 1946 in Bad Deutsch Altenburg in Niederösterreich, ist seit Jänner 2012 Präsident der sozialdemokratischen Fraktion (»Progressive Allianz der Sozialisten und Demokraten«) im Europäischen Parlament. Dem EU-Parlament gehört er seit dem 11. November 1996 an. Davor war er seit Juni 1988 Stadtrat für Stadtentwicklung, Stadtplanung und Verkehr in Wien.

Das Gespräch fand am 3. Oktober 2011 in Wien statt.

Werner A. Perger:

»Die demokratische Linke und die Krise des europäischen Projekts« ist ein abendfüllendes Thema, die Zeit wird uns nicht lang werden. Herzlich willkommen, Hannes Swoboda und Daniel Cohn-Bendit, ich freue mich, dass wir Sie beide trotz Ihrer vollen europäischen Terminkalender für einen gemeinsamen Abend gewinnen konnten. Dies ist vorerst der letzte Dialog in der Reihe von öffentlichen Zwiegesprächen über die Lage und die Zukunft der europäischen Sozialdemokratie und der erste Abend in dieser Reihe, bei der auch ein Nicht-Sozialdemokrat auf dem Podium sitzt, Dany Cohn-Bendit. Seine Teilnahme soll uns daran erinnern, dass die »europäische Linke«, sorry, lieber Freund Swoboda, mehr ist als die Sozialdemokratie. Ich freue mich sehr auf dieses Gespräch.

Wir sollten mit der aktuellen Lage beginnen. Seit gut eineinhalb Jahren erleben und führen wir diese Finanz- und Verschuldungsdebatte, die schon den ersten Abend unserer Veranstaltungsreihe geprägt hat. Zu Gast war damals Peer Steinbrück, der frühere deutsche Finanzminister. An dem Abend im vergangenen Herbst war freilich noch nicht abzusehen, dass es mit Europa und mit der Performance der europäischen Regierungen noch dramatischer werden würde, als es ohnehin schon der Fall war.

Vor Kurzem las ich in der ZEIT einen Artikel des österreichischen Schriftstellers Robert Menasse[1]*, der sich seit einiger Zeit intensiv mit Europa beschäftigt und nun zu diesem komplexen Thema interessante Gedanken veröffentlicht hat. Zum Einstieg in unser Gespräch möchte ich gerne zwei dieser Überlegungen hier zitieren. Insgesamt geht es in diesem sehr lesenswerten Text um den Nationalismus, um Frau Merkel, um – so der Titel des Aufsatzes – »die Feigheit der europäischen Politiker« und um das mögliche Scheitern des europäischen*

Projekts. Also es kommt alles vor, was uns zurzeit so umtreibt, abgesehen von der Linken, aber das wollen wir ja hier selbst erledigen.

In dem ersten Zitat, das ich hier vorstellen möchte, geht es um den wachsenden Widerspruch zwischen Integration und den nationalen Sonderwünschen innerhalb der EU-Institutionen. Die seien ein Grund für politische Blockaden in Europa, schreibt Menasse, dann geht es weiter: »Gibt es nicht vielleicht so etwas wie nationale Interessen? Darauf eine Gegenfrage: Wenn die Westdeutschen nicht mehr einsehen, dass es Transferzahlungen in die neuen Bundesländer geben muss, bauen wir dann wieder die Mauer? Wenn die Bayern nicht mehr einsehen, dass sie mehr in den Bund einzahlen als sie bekommen, beginnen wir dann gleich wieder mit der deutschen Kleinstaaterei? Das ist doch lächerlich, oder? Aber wenn die Europäer aus Deutschland für Kredite der Europäer aus Griechenland bürgen sollen, dann wird allen Ernstes diskutiert, ob man Griechenland nicht besser bankrottgehen lassen und aus der Euro-Zone hinauswerfen soll? Das ist unernst. Ernst wird es nur dadurch, dass dies allen Ernstes so diskutiert wird.«

Wir befinden uns natürlich bei der Darstellung dieser absurden Diskussion in Deutschland. Das ist in Österreich sicher ganz anders, oder? Also – dass dies ernst diskutiert wird, ist das eigentlich Ernste daran, schreibt Menasse. Und weiter: »Was sich jetzt an deutschen Stammtischen abspielt, die ihre Filialen nicht nur in der Bild*, sondern auch in der* FAZ *eröffnet haben, und wie sich die Rhetorik bestimmter Teile der politischen und wirtschaftlichen Eliten dem Gerülpse von Vorstadtschlägern annähert, das ist schockierend.«*

Danach zieht Menasse einen großen Kreis und wehrt sich gegen den Vorwurf, er sei Utopist mit seinen Forderungen nach Veränderungen der europäischen Institutionen. Und er schiebt den Satz ein: »Der Mauerfall war noch am Tag davor völlig utopisch.« Was sicherlich stimmt, füge ich hier ein. Aus diesem Grund war ich mit Helmut Kohl damals mit etwa 150 oder 200 anderen Berufs-Bonnern in War-

schau und nicht in Berlin, als die Mauer fiel. Niemand hatte damit gerechnet. Menasse kommt dann zum Finale seiner Europa-Meditationen: »Es muss womöglich erst alles zusammenbrechen, die politischen Sonntagsredner werden vor den rauchenden Trümmern ihrer Politik stehen müssen, um dann erst die Größe aufzubringen, ganz betroffen wieder einmal zu sagen: Wir wollen eine Welt aufbauen, in der das nie wieder passieren kann.«

Ich muss sagen, das hat mich, so schlicht und so düster prophetisch, beim Lesen sehr beeindruckt. Darum wollte ich Sie beide mit diesen Überlegungen konfrontieren und fragen: Ist das von diesem europäischen Bürger, Schriftsteller und Nicht-Europa-Experten richtig gesehen? Ist es übertrieben? Schriftstellerische Übertreibung? Äußert sich darin die Angst des Zuschauers, der zu wenig weiß und daher nicht versteht, was wirklich läuft? Oder trifft er in seiner kritischen Unprofessionalität genau den Punkt? Dany Cohn-Bendit, würden Sie bitte anfangen?

Daniel Cohn-Bendit:
Ich mache es einfach: Die Krise ist ernst, vieles ist möglich, aber zusammenbrechen wird nichts. Ich finde diese ganze Debatte über die Frage »*Wird-der-Euro zusammenbrechen?*« falsch. Wie soll das denn gehen? Angenommen, Griechenland geht tatsächlich pleite. Warum sollte das Land deshalb den Euro-Raum verlassen? 1977 war die Stadt New York platt. Sie hat offiziell erklärt: Wir sind pleite! Wir können nicht zahlen! New York hat ungefähr genauso viel Einwohner wie Griechenland.

Nun ja, der deutsche Kanzler Helmut Schmidt sah darin eine große Gefahr für das internationale Finanzsystem und drängte in Washington darauf, anders als geplant, die Stadt der Wall Street nicht in die Insolvenz gehen zu lassen. Die Legende über jene Episode am Rande des Abgrunds geht bis heute weitgehend unwidersprochen da-

von aus, dass Schmidt mit dieser Intervention bei seinem präsidentiellen Freund Gerald Ford New York vor dem realen Bankrott schließlich gerettet habe.

Daniel Cohn-Bendit:
Egal, wer New York gerettet hat. Tatsache ist: New York ist nicht aus dem Dollar rausgegangen. Ein anderes Beispiel ist Orange County in Kalifornien, ein Bezirk mit damals etwa 2,5 Millionen Einwohnern, der war ein paar Jahre später zahlungsunfähig, ist aber ebenso wenig aus dem Dollar rausgegangen. Wenn die Griechen sich jetzt für pleite erklären, mit oder ohne Schuldenerlass, wird das Ding auch nicht zusammenbrechen. Diese Europäische Union, die wir mit Ach und Krach seit 50 Jahren aufbauen, wird es auch nach den nächsten 50 Jahren noch geben. Die hält das aus.

Das bedeutet nicht, dass wir nicht eine schwere Krise haben. Das heißt zunächst, dass wir uns nicht die falschen Fragen stellen müssen. Damit verplempern wir nur unsere Zeit. Wenn man mich fragt: »Wie geht es mit Griechenland?« Dann sage ich ganz einfach: Ich sehe das Problem nicht. Griechenland ist hoch verschuldet. Wer glaubt, dass die jetzt ihre Verschuldung ganz schnell wieder zurückfahren können, der irrt. Das ist deutlich sichtbar. Das ist ja kein Zufall, dass die Griechen die Sparmaßnahmen-Ziele nicht einhalten können. Diese Vorgaben waren verrückt. Ich habe kein Problem mit dieser Diskussion. Das habe ich schon vor eineinhalb Jahren im Europäischen Parlament gesagt: So wird das nicht gehen. Daraufhin hat man gesagt: Das darf man nicht sagen!

Das mag ja sein. Aber selbst, wenn man das »nicht sagen darf«: Was hilft's? Es geht trotzdem nicht. Jetzt ist es so, unübersehbar! Ich finde, dass wir irgendwann zu dem Punkt kommen werden, wo wir offen darüber reden, dass wir eine »Transferunion« haben. Die Deutschen flippen schon aus, wenn sie nur das Wort hören. Natürlich haben wir eine *Transferunion.* Sie wird auch einen Teil der Schulden übernehmen. Aber jetzt diskutieren wir ernst mit den Griechen. Es wird eine Streckung der Schulden geben. Vielleicht wird ein Teil erst einmal gestundet. Aber dann müssen die Griechen innerhalb von acht Jahren die Militärausgaben um 80 Prozent reduzieren.

Davor haben die deutschen Waffenproduzenten eine Heidenangst, denn die würden das am meisten spüren.

Daniel Cohn-Bendit:
Ist mir egal, wer das spüren wird. Das ist doch eines der Probleme. Vier Prozent des griechischen Bruttoinlandprodukts gehen in Militärausgaben. Ja, warum? Wegen der Türken. Klarer Fall: Die Türken haben denkbar wenig Chancen, als Vollmitglied der EU nach Europa zu kommen. Ich habe gerade in einer Zeitung hier gelesen, dass die Österreicher, die ja ganz wichtig sind in Europa, dagegen sind. Sie haben die Türken vor Wien ja schon früher aufgehalten. Deswegen haben sich die Türken gedacht: Wir kommen nur hinein, wenn wir Griechenland besetzen. Dann sind wir drinnen in der EU! Logisch, oder? Das ist ungefähr so, wie Klein-Moritz sich das vorstellt und weshalb Griechenland solche hohen Verteidigungsausgaben hat. Also erstens: ein Pakt über die radikale Senkung der Militärausgaben!

Zweitens: In den nächsten acht bis zehn Jahren muss Griechenlands Energieproduktion von der 80-prozentigen Anhängigkeit von importiertem Erdöl zu einem Produktionsanteil von erneuerbaren Energien in der Höhe von 80 Prozent kommen. Falls Sie es nicht wissen: Es gibt viel Sonne in Griechenland und auch viel Wind. Das ist also der zweite Punkt, an dem enorm eingespart werden kann.

Schließlich drittens, ich weiß, das ist schwierig: die Übereinkunft, dass die Kirche nicht mehr Eigentum und Verantwortung des Staates ist – die kirchlichen Popen sind dann keine Staatsbeamten mehr. Diese 30.000 Beamten sind zu viel. Sie sind vor allem als Personal der Kirche keine Angelegenheit des laizistischen Staates. Was gebraucht wird, ist ein Programm, das dazu führt, dass die Kirche insgesamt nicht mehr vom Staat finanziert wird. Das sind alles Einsparungsvorschläge, die nicht in einem Jahr passieren können: Aber es sind Reformen, die im Grunde genommen dazu dienen, den Griechen eine Perspektive zur Sanierung ihres Staatshaushalts zu geben.

Das mit der Kirche schafft Griechenland vermutlich nur, wenn es von Europa dazu gezwungen wird.

Daniel Cohn-Bendit:
Ich finde, es ist eine Debatte wert. Auch in Griechenland. Ich war dort der bestgehasste Europäer während des Bosnien-Krieges. Damals hatte ich gesagt: Ihr Griechen seid wegen eurer Unterstützung für die bosnischen Serben aus orthodoxer Bruderschaft mit der serbischen Kirche an den Verbrechen dort mitschuldig. Jedes Mal, wenn ich in Griechenland war, gab es irrsinnigen Streit. Seitdem ich aber meine Position zur aktuellen Krise erklärt und die Griechen gegen die irren Einsparziele unterstützt habe, ist die Lage eine andere. Jetzt haben sie mich wieder lieb. Aber Wahrheiten gibt es nicht nur eindimensional. So ist es nun mal!

Ich finde, diese Debatte muss man in diesen Ländern offen führen. Und wir müssen dann nicht nur über die Kürzungen von Militärausgaben diskutieren, sondern auch über europäische Investitionen in den ökologisch-sozialen Umbau der Gesellschaft. Dazu diskutieren wir im Europaparlament ja auch über die Vergemeinschaftung der Schulden, die *Eurobonds*. Barroso, der EU-Präsident, spricht von Projektbonds. Wir müssen über Perspektiven diskutieren, die ihnen einen Ausweg aus der Krise zeigen. Wenn wir das schaffen, dann bricht nichts zusammen.

Zunächst müssten Sie die deutsche Regierung und den französischen Präsidenten dafür gewinnen.

Daniel Cohn-Bendit:
Die deutsche Regierung ist am Ende und in eineinhalb Jahren vorbei. Die französische Regierung ist ohnehin in acht Monaten fertig. Und die italienische spätestens in 18 Monaten. Wir müssen der Sonne entgegensehen. Das schaffen wir schon.

Darauf kommen wir gerne zurück, wenn wir über die Perspektiven der Sozialdemokratie in Europa sprechen. Hannes Swoboda, zunächst würde ich gerne Ihre Sicht der griechischen Krise hören und welchen Ausweg Sie sehen.

Hannes Swoboda:
Erst einmal einen schönen guten Abend. Ich bin ja sehr froh, dass Daniel Cohn-Bendit in meiner engeren politischen Heimat zu Gast ist. Hier im 12. Wiener Gemeindebezirk war ich über mehr als 20 Jahre Vorsitzender der Sozialdemokratie und habe, wie sich das gehört, den Vorsitz an eine Nachfolger*in* abgegeben. Dass wir heute diese Debatte führen können, freut mich sehr. Und Sie brauchen sich gar nicht für die Feststellung zu entschuldigen, Herr Perger, dass »die europäische Linke« mehr ist als »die Sozialdemokratie«.

Na ja, ich dachte, in einer Stadt, in der die Sozialdemokratie trotz aller Krisen immer noch eine starke Stellung hat, kann es nicht schaden, daran zu erinnern.

Hannes Swoboda:
Ich wäre ja froh, wenn die Grünen generell zur Linken gehören würden. Das ist ja nicht durchgängig der Fall. Aber vielleicht ist heute sogar Daniel Cohn-Bendit mehr Sozialdemokrat als ich, weil

er sehr optimistisch den Reformismus in der Europäischen Union geschildert hat und Griechenland gleich mitreformiert hat. Ich bin ein bisschen skeptisch, dass das alles so funktioniert. Warum bin ich skeptisch? Nicht wegen der ökonomischen Aspekte. Die Vergangenheit hat ja gezeigt – das würde jetzt für Danys Optimismus sprechen –, dass auch Merkel & Co. einigen finanziellen Regelungen zugestimmt haben, die sie ein paar Monate davor noch entschieden abgelehnt hatten.

Was mich aber skeptischer macht, sind zwei Dinge. Das eine ist der massive öffentliche Protest in einigen Ländern, vor allem aber in Griechenland. Nicht der Protest der Reichen oder der Popen. Das wäre mir ziemlich egal. Aber es gibt eben diesen massiven Protest aus der Bevölkerung selbst, die den massiven Schulden- und Zinsendruck mit Brüssel und mit Europa identifizieren. Nicht ganz zu Unrecht, da stimmen wir auch überein. Ich glaube, für jeden vernünftigen Menschen war von Anfang an klar, dass Griechenland mit diesem ökonomischen Druck, mit dieser Zinsenlast nicht aus der Schuldensituation herauskommt. Der Protest ist nicht zuletzt deshalb so massiv, weil die Leute sich falsch informiert oder auch getäuscht fühlen.

Was mir aber noch mehr Sorgen macht, ist die Entwicklung einer Europa-kritischen Blockadestimmung in einer Reihe von kleineren Ländern, auch in Österreich. Hier hat sich das nur aufgrund der Einigung in der Großen Koalition von SPÖ und ÖVP noch nicht in der realen Politik niedergeschlagen. Aber diese Stimmung, die eine Weiterentwicklung in Europa aufhalten will, breitet sich aus. 50 oder 60 Kilometer von hier, in Bratislava, sitzt ein Parlamentspräsident, der zu den liberalen Parteien in Europa gehört, der jetzt eine Broschüre herausgegeben hat, dass der Euro zum Sozialismus führt und er daher nicht bereit ist, den Rettungsschirm zu unterstützen. Seine Partei ist aber Teil der regierenden Koalition der Slowakei.

Daniel Cohn-Bendit:
Aber Hannes, das kannst du gleich lösen. Die Mehrheit hat der slowakische Ministerpräsident mit den Sozialdemokraten. Die müssten das nicht mitmachen und sich nicht auf politische Spielchen mit Neuwahlen einlassen.

Hannes Swoboda:
So einfach ist das auch wieder nicht. Wir kennen das ja aus den Niederlanden oder eben der Slowakei und aus anderen Ländern, dass die Rechten in der Regierung die Stimmung in der Bevölkerung bedienen und ein rechtes Programm machen und dann, wenn es um Abstimmungen über Europa geht und ihre rechte Mehrheit nicht ausreicht, müssen die Sozialdemokraten helfen und sie aus dem Schlamassel holen.

Aber es geht mir jetzt gar nicht um die Parteipolitik und um taktische Fragen. Es geht mir um die öffentliche Stimmung, die immer mehr in diese Richtung geht. In den Niederlanden ist es der Rechtspopulist Wilders, der sie vorgibt, in Finnland ist die Regierung nicht einmal abhängig von den populistischen »wahren Finnen«, aber de facto bestimmen die mit, was die finnische Koalitionsregierung sagt. Finnland hat gerade erst Wahlen gehabt. Wenn ich schon unmittelbar nach der Wahl Angst vor der nächsten Wahl habe, was ist das dann für eine Politik, wo bleibt da der politische Handlungsspielraum? Wenn jetzt beispielsweise die Erweiterung von Schengen aufgehalten wird, dann mag das ja Gründe haben, etwa, dass beispielsweise Rumänien oder Bulgarien gewisse Hausaufgaben nicht erfüllt haben. Aber die Erweiterung von Schengen wird durch die Niederlande und durch Finnland nicht aufgehalten, weil es dabei konkrete Probleme gäbe. Da wären die Österreicher wahrscheinlich die ersten, die da darauf hinweisen würden. Sie wird blockiert, weil die Konservativen in diesen Ländern innenpolitisch davon profitieren möchten. Da sehe ich das politische Problem.

Das wirkliche Problem ist natürlich ökonomischer Natur, das ist richtig. Das ist ökonomisch auch lösbar, man muss allerdings anders, vor allem ehrlicher argumentieren. Aber ich betone, mehr Sorgen macht mir die Entwicklung des politischen Klimas in Europa, ein Klima, das es kleinen Gruppierungen und Parteien ermöglicht, mit einem einfachen »Nein« ganze komplizierte politische Konstruktionen, die für die Weiterentwicklung Europas wichtig wären, zu verhindern. Das Problem dabei ist, dass den anderen regierenden Parteien oft der Mut fehlt, deutlich und klar »ja« zu sagen und auch zu erklären, warum das so sein soll, warum man dafür eintritt.

Da fürchte ich natürlich auch um die entsprechende Stimmung in Österreich. Ein kleiner Lichtblick ist Deutschland, das noch immer in vielen Fällen eine Ausnahme darstellt. Dort hat die FDP mit dem Versuch, aus einem opportunistischen Kurs der Anpassung an diese Stimmungstendenzen Kapital zu schlagen, Schiffbruch erlitten. Das ist ein schönes Zeichen und ich würde mir wünschen, dass die Wählerinnen und Wähler das in anderen Ländern nachmachen und solchen Parteien, die nationalistische Schwenks vornehmen, eine Abfuhr erteilen und einfach »nein« sagen.

Daniel Cohn-Bendit:
Ich finde das gar nicht so schlimm, wenn die Sozialdemokraten einer Regierung in einer europapolitischen Zwangsage helfen. Beispielsweise fand ich es völlig richtig, dass in Deutschland Bündnis 90/Die Grünen und SPD Frau Merkel sofort gesagt haben, wir stimmen dafür, uns ist völlig egal, ob du da eine »eigene Mehrheit« hast oder nicht. Das hat ja mit dazu geführt, dass die anderen auch die Mehrheit bekommen haben.

Es gibt in Europa zwei große historische Beispiele dafür, wie die Linke eine rechte Regierung zu Recht aus dem Schlamassel geholt hat. Erstens, die deutsche Wiedergutmachung an Israel. Das hätte

Adenauer ohne die Sozialdemokraten nicht durchbekommen. Er hätte in der CDU dafür keine Mehrheit gehabt. Und zweitens die Abtreibungsgesetzgebung in Frankreich unter Giscard d'Estaing. Als liberal rechter Präsident hätte Giscard d'Estaing dafür keine »eigene Mehrheit« bekommen. Die Mehrheit wurde dann durch die Linke hergestellt.

Ich finde, das sind historische Momente, auf die man stolz sein kann. Man muss die historische Situation erkennen und danach handeln. Wenn in Holland zum Beispiel die Sozialdemokraten und die Grünen die Notwendigkeit sehen, die rechte Regierung in der Frage des Rettungsschirms zu stützen und deutlich sagen, wir werden dafür stimmen, weil wir das für notwendig halten, dann werden sie politisch davon profitieren, weil sie politische Handlungsfähigkeit beweisen. Genauso wird es mit der Slowakei sein.

Machen wir uns nichts vor: Das Problem ist, dass in Europa bis jetzt niemand sicher sein kann, dass es so kommen wird. Warum sagen die Sozialdemokraten in Europa nicht in einer gemeinsamen Erklärung, an uns wird der Rettungsschirm in keinem Land scheitern? Wir sorgen für die Mehrheit! Warum sagen sie das nicht? Da würden in ganz Europa die Sozialdemokraten gewinnen. Die sollen jetzt keine taktischen Spielchen mit Bedingungen machen, indem sie zum Beispiel sagen: Wir stimmen nur zu, wenn die Regierung Neuwahlen zustimmt. Lasst sie doch noch ein bisschen regieren, dann gewinnt ihr danach noch mehr! Es ist doch alles nicht so schlimm. Entscheidend ist in dieser europäischen Situation: Farbe bekennen! Jetzt! Keine taktischen Spielchen! Deshalb muss man in Deutschland klar sagen: Ja, Europa ist eine Transferunion! Und wenn man wegen des Bundesverfassungsgerichts in Karlsruhe die Verfassung ändern muss, gut, dann gibt es eben diese Zweidrittelmehrheit, um die Verfassung zu ändern. Die Christdemokraten, die Sozialdemokraten und die Grünen sind bereit, das zu machen. Sogar ein Teil der Linken würde dazu stehen. Dann machen wir es eben. Ich finde, das ist die Debatte: Was ist uns jetzt wichtiger?

Das europäische Projekt ist für alle eine Lösung aus den Krisen. Das kann man den Menschen heute doch erklären. Zuerst war die Krise nicht die Krise der Griechen oder der Iren, sondern es war die Krise des neoliberalen Kapitalsystems mit den *Subprimes* in den Vereinigten Staaten. Da hat das erst einmal angefangen. Da kann man doch sagen: Wir mussten handeln, und zwar im Interesse der kleinen Anleger. Man hat nicht die Banken um der Banken willen gerettet, sondern wegen all derer, die ihr bisschen Geld angelegt hatten. Als die Subprime-Krise angefangen hat, war ich wegen eines Vortrags in Montreal gewesen und flog gemeinsam mit einem Professor nach Boston. Er liest die Zeitung, plötzlich schaut er mich an und sagt: Ich habe gerade 30 Prozent meiner Rente verloren. Innerhalb einer Nacht.

Ich will damit sagen: Die Situation ist gefährlich, politisch, ökonomisch. Für alle. Wir alle sind in einer Welt groß und größer geworden, in der es immer hieß: immer mehr, immer weiter, immer schneller. Das ist nicht nur ein Problem der Politik und der Politiker, sondern aller Menschen. Man muss sich das einmal vorstellen: Einer wie Josef Ackermann, der Vorstandsvorsitzende der Deutschen Bank, sagt: »Ich garantiere 20 Prozent Rendite!« Was heißt das? Es kann nicht sein, dass alle Banken 20 Prozent Rendite machen. Das ist im Prinzip wie das System des amerikanischen Milliardenbetrügers und Börsenmaklers Bernard Madoff: ein Hütchenspiel. Aber die Leute spielen ja mit. Wenn man ihnen sagt, du kannst 20 Prozent Rendite haben, dann wären die ja verrückt zu sagen, ich will nicht dabei sein. Jeder will dabei sein. Das ist meiner Meinung nach unser Problem: Wir haben den Menschen ein System versprochen, in dem es immer schneller immer mehr gibt. Wir werden mehr konsumieren können. Es gibt überall Energie, die wir immer mehr verbrauchen können.

Jetzt aber sind wir an den Punkt gekommen, wo dieses »immer mehr« nicht mehr funktioniert. Das ist eine Herausforderung für die Sozialdemokraten und für die Grünen. Ob die Grünen linker sind als die SPD oder ob die SPD nur einfach traditionalistisch und in ihrem Verständnis von Fortschritt etwas rückwärtsgewandt ist und das links nennt, das können wir beiseite lassen. Wir könnten stundenlang diskutieren, was links ist, was nicht links ist. Aber was bringt das? Ich finde, jetzt kommt es darauf an, dass die politisch Handelnden mit den Menschen offen diskutieren, was zu tun ist und welche Risiken sie damit eingehen. Wenn es morgen eine rot-grüne Regierung in Deutschland gibt oder eine rot-grüne Regierung in Frankreich, dann wird das alles nicht einfacher. Ja, wir haben Überlegungen, wir haben Vorschläge. Aber auch die sind mit Risiken verbunden. Entweder wählen die Menschen und sagen, ja wir sind bereit, diese Risiken mitzutragen. Dann kann man vielleicht Veränderungen vollbringen. Wenn man den Menschen aber sagt, wir wissen, wie man immer, immer, immer 20 Prozent Rendite macht, und zwar für alle, weil wir ja für Gleichheit sind, also ständig 20 Prozent mehr für alle – auch wenn es vielleicht mal nur 18 Prozent für alle sind – das funktioniert nicht.

Das ist das politische Problem, in dem wir uns heute befinden. Auch mit Europa. Wir haben den Leuten gesagt, Europa ist ein Selbstläufer. Das ist es nicht. Europa ist, meiner Meinung nach, eine absolut notwendige und zugleich utopische Dimension. Aber es ist kein Selbstläufer. Da muss man investieren und hart arbeiten. Das ist meiner Meinung nach die Schwierigkeit, in der wir uns heute befinden, mit den ganzen politischen Blockaden, die du auch beschrieben hast. Weil viele zu viel versprochen haben und nicht ehrlich waren zu den Leuten.

Die Bedingungen für mehr Ehrlichkeit und für mehr Aufklärung über die Notwendigkeit von mehr Europa und die damit verbundenen

Risiken sind allerdings nicht sehr günstig. In einer Landschaft, in der die Boulevardpresse dagegenhält und in der eine ganze Phalanx von Meinungsmachern innerhalb der politischen Klasse sich gegen das europäische Projekt verbündet hat, wird auch eine rot-grüne Regierung bald merken, dass die Bürger nicht allzu viel von den Risiken einer ehrlichen Politik hören wollen. Der Eindruck der Debatten aus der letzten Zeit ist doch, dass dieses Europa von unten zu gestalten viel schwieriger geworden ist.

Hannes Swoboda:
Das kann man so sagen. Wir haben ja nicht überall eine so relativ aufgeklärte Situation, wie vielleicht in Deutschland oder auch anderswo. In einigen europäischen Ländern haben wir es vielmehr mit einer sehr verengten Diskussion zu tun. Da ist es nicht einfach zu sagen, wir machen das jetzt so. Was Europa betrifft, hast du beispielsweise in der Slowakei, aber auch in anderen Ländern eine sehr schwierige Debatte. Da haben nationale taktische Fragen eine große Bedeutung. Wir, als europäische Sozialdemokraten, versuchen da Einfluss zu nehmen. Wir reden mit den Sozialdemokraten in der Slowakei und anderen Ländern, drängen sie, sie sollten uns helfen, die europäischen Fragen seien viel zu wichtig, da dürfe man nicht parteipolitisch überlegen und taktieren. Dennoch bekommst du das nicht weg. Das war zunächst auch bei den Grünen in Österreich ein Problem und es gab taktische Überlegungen dabei. Nur sind die Grünen in Österreich und SPÖ, SPD und die Sozialdemokraten in Holland am Ende so klug, zu sagen: Wir werden die notwendigen europäischen Maßnahmen unterstützen. Dennoch wird es insgesamt für die großen Parteien immer schwieriger, diese Debatten zu führen, ob es um das europäische Budget geht, um die Erweiterung von Schengen oder die Erweiterung der EU. Da gibt es viele Einzelpunkte der europäischen Debatte, die mir Sorgen machen.

Dazu gehört auch die innere Entwicklung in einzelnen Ländern, vor allem in Ungarn. Wie sich dort der Ministerpräsident Viktor Orbán aufführt – er ist Mitglied der Europäischen Volkspartei und immerhin einer von deren stellvertretenden Vorsitzenden – ist ja am Rande dessen, was wir als Demokratie politisch noch einigermaßen akzeptieren können, wahrscheinlich sogar schon jenseits des Randes. Seine Medienpolitik und sein Umgang mit der Opposition sind gemessen an europäischen Demokratiestandards inakzeptabel. Im Europäischen Parlament haben Grüne, Liberale und Sozialdemokraten zusammen eine entsprechende Änderung des Mediengesetzes gefordert und dafür eine überraschend deutliche Mehrheit bekommen.

Ein anderes Thema, das uns Sorgen macht, sind nationale Alleingänge beim Thema Schengen, wie die dänischen Grenzkontrollen. Das ist ein ständiger Kampf. In Dänemark ist es wenigstens in der Wahl noch einmal gut gegangen.[2] Es hätte durchaus passieren können, dass eine Woche früher oder später, diese Regierung, die Grenzkontrollen wieder eingeführt hat, im Amt bestätigt worden wäre.

Die Umfragen bestätigen das: Eine Woche später wäre die Wahl wahrscheinlich anders ausgegangen.

Hannes Swoboda:
Ja, das sind Zufallsschwankungen, wie es sie halt gibt. Die europäischen Entscheidungsprozesse sind insgesamt schwieriger geworden als früher, weil man auf der nationalen Ebene plötzlich merkt, dass die Stellung des Europaparlaments und die europäischen Institutionen generell gestärkt worden sind. Darauf reagiert die nationale Politik nach dem Motto: Hoppla, jetzt kommen wir! Vor allem, wenn es ums Geld geht. Da heißt es: Was die Finanzen betrifft, da entscheiden wir in den nationalen Parlamenten. Entscheidend

ist für mich die Frage, wie wir Europa weiter bauen und zugleich mit der Demokratie verknüpfen. Wie wir die demokratische Basis erweitern können, vielleicht sogar vor einer Vertragsveränderung, die sehr schwer zu erreichen ist. Dafür gibt es keine einfache Lösung, aber darüber müssen wir streiten. Niemand von uns hat ein Rezept oder eine Strategie dafür. Wir müssen die notwendigen Maßnahmen ergreifen und gleichzeitig müssen wir schauen, dass wir die demokratischen Rechte der Bürger über ihre nationalen Parlamente und über das Europäische Parlament stärken. Das ist also die Kernfrage: Wie ist eine effiziente europäische Wirtschaftsregierung auf demokratischer Basis zu schaffen?

Daniel Cohn-Bendit:
Die demokratische Basis wahrt man, indem man den Leuten, die zum Beispiel weniger in den europäischen Haushalt zahlen wollen, sagt: Ok, ihr habt Schwierigkeiten und wollt weniger beitragen zum EU-Haushalt, das ist euer gutes Recht. Dann treffen wir einige Entscheidungen über Eigeneinnahmen der EU. Wir beschließen zum Beispiel Finanztransaktionssteuern. Das schafft Einnahmen von 55 Milliarden. Ich gebe euch ein anderes Beispiel: Handys. Die EU bekommt 0,1 Prozent von allen Telefonanrufen, die in Europa gemacht werden. Das bringt europäisch zwischen 30 und 60 Milliarden – man konnte es bisher nie richtig berechnen. Das wird direkt abgebucht von den Telefonunternehmen. Dazu braucht man keine zusätzliche teure Bürokratie. Es gäbe noch andere Beispiele. Im Gegenzug werden die nationalen Beiträge gesenkt. Bitte, und diese Auseinandersetzung will ich mit den Menschen führen. Man fragt sie: Was wollt ihr? Ihr wollt Investition für Europa. Gut, darüber müssen wir uns einigen, über die Einnahmen und über die Verteilung.

Das machen wir ja schon. Jede Woche, jeden Monat stimmen wir ab, aus dem Sonderfonds für diese europäische Region in Europa, über Sonderzuwendung für jene europäische Region. Wir haben eben erst in Straßburg darüber diskutiert und entschieden. Es ging um 20 Regionen aus ganz Europa ...

Darunter aktuell auch die Steiermark.

Daniel Cohn-Bendit:
Die Steiermark war auch darunter. Alle, die sich darüber aufregen, dass Europa zu viel Geld bekommt, nicht zuletzt die Holländer, kriegen Sonderzuwendungen aus Sonderfonds, kriegen Gelder zur Bewältigung von Folgen der Globalisierungskrise. Weiß das jemand? Niemand weiß das. Das müsste man den Menschen aber verdeutlichen. Man muss sagen: Steiermark, hallo, zu viel Geld? Ihr habt es jetzt gerade bekommen! Genauso Holland. Oder Finnland. Es gibt in Europa keine Region, die in der Krise ist, die nicht irgendeine Sonderzuwendung bekommt. Jeden Monat wird darüber abgestimmt. Das muss man den Menschen klar machen.

Zugleich muss man ihnen klar machen, dass wir die Klimakrise haben. Die Leute finden es toll, dass es warm ist, hier. Wie schön. Aber man wird die Folgen zu spüren bekommen, wenn es weiterhin immer wärmer wird und wir nichts unternehmen. Das muss man mit ihnen diskutieren: Wie investiert man für die ökologische Transformation? Wer hat das Geld dafür? Dazu braucht man die europäischen Bonds, die *Projektbonds*. Wie man die nennt, ist mir egal. Wichtig ist, man mobilisiert durch Europa Finanzmöglichkeiten für Investitionen in ganz Europa. Das wird Ergebnisse haben in der Steiermark, in Holland, in Finnland und so weiter. So muss man den Kampf führen – Punkt für Punkt den Leuten aufzählen, vorrechnen, erklären.

So sind Menschen eben: Sie wollen die Butter fressen und sie wollen die Butter verkaufen. Aber beides geht nicht. Wenn man sie gegessen hat, kann man sie nicht mehr verkaufen. Wenn man sie verkauft hat, kann man sie nicht mehr essen. Das klappt nicht. Daran müssen wir die Leute einmal erinnern: Ihr wollt Europa haben, aber ihr wollt nichts für Europa tun – das geht nicht! Ich verstehe alle nationalen Ängste, die sagen, wir haben die und die Aufgaben, für mehr reicht unser Geld nicht. Deswegen bin ich für einen Konvent, in dem nationale Parlamentarier und europäische Parlamentarier darüber diskutieren, wie man bei nationalen Einsparungen dennoch neue Finanzierungsmöglichkeiten für die europäischen Aufgaben findet. Daran werden alle Interesse haben. Das müssen wir schaffen.

Ich sage nicht, man soll über die Köpfe der Leute hinweg Beschlüsse fassen. Aber man muss ihnen sagen: Das sind die Bedingungen, unter denen man bestimmte Dinge machen kann, die man allein nicht schafft. Die globale Erwärmung kann man nicht allein von Österreich aus bekämpfen. Von Deutschland aus auch nicht und ebenso wenig aus Frankreich oder Finnland. Sondern, entweder hat man da einen Hebel, wo man dann wirklich global etwas bewirken kann oder man hat keinen. Das ist ein Schutz für alle. Das kann man den Menschen verständlich machen, davon bin ich überzeugt. Wenn man nicht immer Schiss davor hat, dass irgendein Wildgewordener, ob Deutscher, Finne, Österreicher oder Norweger, was weiß ich, dass einen irgend so einer dann anmeckert. Ich glaube, die haben am Ende keine Chance, wenn wir unseren Argumenten trauen. Da bin ich mir ganz sicher.

Da ist die Versuchung groß, einfach zu sagen: Bravo, genauso muss es sein! Packen wir's an! Aber warum ist das nicht schon längst passiert? Was ist eigentlich los? Ich meine, wieso kommt es dazu, dass man in einem Volk, wie jetzt im Fall der Österreicher, die in einer Volksabstimmung bei Beteiligung von mehr als 80 Prozent mit Zweidrittelmehrheit dem Beitritt zur EU zugestimmt haben, plötzlich ganz andere Werte feststellt? Wie kommt es, dass nur noch 37 Prozent die gemeinsame Währung für eine positive Entwicklung halten.

Da muss ja irgendetwas passiert beziehungsweise verpasst worden sein? Ist das nur eine Spontanreaktion auf die Finanzkrise? Oder geht das tiefer, ist es ein politisches Bildungsdefizit, wie manche sagen? Wirkt sich hier aus, dass die führenden Medien der guten Sache untreu geworden sind? Oder hat die Politik ihre Aufklärungs- und Führungsaufgaben sträflich vernachlässigt?

Ich erinnere mich an eine Diskussion über Europa in Berlin, an der Dany Cohn-Bendit mit dem deutschen Soziologen Ulrich Beck diskutiert hat, der SPD-Vorsitzende Sigmar Gabriel war auch unter den Teilnehmern. Gegen Ende der Veranstaltung sagte Ulrich Beck dann in einer Art Bilanz der Debatte: Was fehlt, ist ein politischer Kopf mit Vision und Überzeugungskraft. Wörtlich sagte er: »Wir brauchen heute einen neuen Willy Brandt.« Und dabei zeigte er auf Cohn-Bendit. Der ist vorsorglich ein wenig eingeschrumpft auf seinem Sitz, aber ich nehme an, Sie würden sich das schon zutrauen. Doch davon abgesehen: Wie weit ist die gegenwärtige Krise eine Frage der politischen Führung? Versäumen die politisch Verantwortlichen hier ihre Aufgabe? Wächst sie ihnen über den Kopf?

Hannes Swoboda:
Wir haben natürlich einiges versäumt. Ich bin der Meinung, dass wir in Österreich in den letzten Jahren zum Beispiel versäumt haben, auf der massiven Zustimmung aufzubauen und den Befürwortern der EU zu zeigen, wie recht sie mit ihrer Haltung hatten. Wir haben versäumt, ihnen in diesem Sinne offensiv Argumente zu liefern. Stattdessen hat man nach der Volksbefragung gesagt: Na ja, es hat ja doch fast 30 Prozent der Leute gegeben, die dagegen waren. Wir müssen auf die Gegner und Kritiker der EU Rücksicht nehmen und vorsichtig sein.

Man darf aber die Krise als Ursache für den Stimmungswandel nicht vergessen, Sie haben zu Recht darauf hingewiesen. Wir befinden uns in einer Wirtschafts- und Finanzkrise, die den Leuten Angst macht. Wo die Leute nach dem Muster »rette sich, wer kann« reagieren. Untersuchungen in Deutschland und Österreich zeigen, dass die Mittelschicht im Bewusstsein lebt, keinen Aufstieg mehr vor sich zu haben. Das ist eine völlig veränderte psychologische Situation. Da kannst du nicht einfach darüber hinwegsehen und sagen: Ja, wir müssen dies, wir müssen das.

Ich bin aber sehr einverstanden mit der Konvents-Idee, von der Dany spricht. Das ist ja das, was wir gemeinsam vorschlagen. Die Idee dahinter ist, dass wir glauben, die europäischen Parlamentarier und die nationalen Parlamentarier sollten sich möglichst ohne allzu viel Einfluss der Mitgliedsländer, vor allem der Regierungen, einfach zusammentun und diskutieren, wie wir dieses Europa, vor allem auch, was die gemeinsame Wirtschaftsregierung betrifft, demokratisch gestalten.

Wir haben die Situation, dass wir einerseits sagen, wir brauchen Maßnahmen wie Rettungsschirme etc. Das funktioniert aber nicht, solange die Einigung von der Stimmung und von taktischen Überlegungen in den einzelnen nationalen Parlamenten abhängt, unter anderem etwa davon, ob die Abgeordneten ihre jeweilige Regierung und deren Europapolitik nur unterstützen, weil die Legislaturperiode noch so und so lange dauern muss, damit sie ihren Pensionsanspruch erwerben, und ob sie zwei Monate später, wenn sie diese Frist geschafft haben, die Regierung auch stürzen lassen, weil ihnen Europa eigentlich egal ist.

Das sind zufällige Nebenaspekte, an denen Europa nicht scheitern darf. Also muss man überlegen, wie nationale Parlamentarier und Europa-Parlamentarier zusammen miteingebunden werden können. Derzeit müssen in vielen Fragen nationale Parlamentarier nachvollziehen, was im europäischen Parlament entschieden wird. In einer wichtigen Frage wie z. B. im Fall der Rettungsschirme, entscheidet das Europäische Parlament eigentlich überhaupt nicht.

Außer bei gewissen Grundgesetzgebungen, aber nicht im Einzelfall. Die Entscheidung liegt bei den nationalen Parlamenten. Daher brauchen wir diesen Konvent.

Nochmals zurück: Wir sind in einer Situation, wo wir uns neu überlegen müssen, wie wir an die Menschen herankommen. Das ist ein ganz schwieriger Prozess, wie man deren Unterstützung gewinnt. Ich kenne das ja hier von diesem Bezirk. Wenn man auf der Meidlinger Hauptstraße in der Fußgängerzone Wahlkampf macht, kommen viele Fragen zusammen. Man wird mit jeder Menge Themen konfrontiert, zum Beispiel: Das Christentum in der Verteidigung gegen den Islam, Probleme im Gefolge der Zuwanderung, jetzt ist es fast nur Griechenland. Wenn ich in der U-Bahn fahre und mit den Leuten ins Gespräch komme, wollen sie fast nur über Griechenland reden: Werden wir das aushalten? Sie sind verunsichert und suchen Antworten. Daher kommt auch meine Kritik: Die Regierung macht zwar das Richtige, aber sie erklärt es nicht. Das ist ein Fehler. Wir müssen immer wieder erklären!

Das Schlimmste ist vor allem die Aussage, dass es keine Alternative gäbe. Natürlich gibt es Alternativen. Es gibt die Alternative, Griechenland fallen zu lassen – trotz der damit verbundenen technischen Schwierigkeiten. Nur: Ist das eine wünschenswerte Alternative, die uns zugutekäme? Oder käme uns die nicht vielmehr teuer zu stehen? Was hieße das für die Banken in Frankreich, in Deutschland, und letztendlich für die Banken in Österreich? Aber es geht nicht nur um die Banken. Man stellt sich immer vor, die Bankdirektoren haben dann weniger zum Knabbern. Aber es geht in erster Linie um die normalen Kunden, die Guthaben haben, oder um kleine Geschäftsleute, die Kredite für ihre Investitionen brauchen, und die dadurch in Schwierigkeiten kämen. Das muss man erläutern.

Da bin ich völlig bei dir, Dany. Wenn das aber die politisch Verantwortlichen selber nicht verstehen – und ich meine nicht nur technisch nicht verstehen, sondern politisch einfach die Bedeutung und die Notwendigkeit nicht verstehen – wie sollen sie das erklären? In dieser Situation leben wir. Da haben wir als Mitglieder des Europäischen Parlaments eine besondere Aufgabe. Wir brauchen aber die Zusammenarbeit mit den nationalen Abgeordneten. Diese derzeitige Trennung – wir als »die G'scheiten aus Europa« und die anderen als die Interessenvertreter der Bevölkerung – ist unproduktiv und müssen wir überwinden. Wir schaffen das alleine nicht.

Daniel Cohn-Bendit:
Die Leute hören einem zu, wenn sie den Eindruck haben, hier redet jemand, der oder die wirklich ehrlich mit der Sache umgeht. Ich meine damit nicht nur die Sozialdemokraten, ich will auch die Grünen einbeziehen, da mache ich keinen Unterschied. Der Neoliberalismus, das heißt die Idee, der Markt regelt vieles besser als der Staat, hat doch viele von uns irgendwann einmal angeknackst. Dann haben wir alle gemerkt, dass das nicht klappt. Aber wir gehen nicht vor die Leute und geben zu: Hier, da haben wir alle einen Fehler gemacht! Diesen Fehler hat die Sozialdemokratie in Frankreich, die Sozialdemokratie in Deutschland gemacht. Auch die Grünen hatten ihre liberale Phase. Das müssen wir jetzt korrigieren und darüber müssen wir mit den Leuten reden – auch über die Folgen dieser Fehler und über das, was nun zu tun ist, um das wieder zu richten. Ich glaube, dass man mit den Leuten anders reden kann, wenn man offen über eigene Irrtümer spricht und über die Konsequenzen, die man daraus ziehen will. Sie haben das Vertrauen in die Politiker deswegen verloren, weil die ihre Irrtümer nie zugeben.

Das beste Beispiel ist, um die Sozialdemokraten zu entlasten, der französische Präsident Sarkozy. Er hat seine Wahl gewonnen mit dem einfachen Satz: Ich weiß genau, was ihr braucht und ich kann es. Mehr arbeiten für mehr Geld. Wunderbar! Mehr Arbeit für mehr Geld, haben die Leute gesagt, wollen wir. Nach fünf Jahren haben sie weniger Arbeit und weniger Geld. Er kann jetzt machen was er will, solange er nicht auftritt und sagt: Das war mein Fehler! Oder wenigstens sagt: Dann kam die Finanzkrise und deswegen wurde das alles falsch! Solange er nicht in der Lage ist, so zu den Franzosen zu reden, kann er nicht gewinnen, davon bin ich überzeugt. Die glauben ihm nicht.[3]

Das ist, glaube ich, generell in der Politik so. Wir haben auch unsere Probleme. Nehmen wir die Grünen und Berlin. Die Grünen haben ein sehr gutes Ergebnis. Da kommen die Piraten mit neun Prozent. Die ganze Welt ist baff. Was sind »die Piraten«? Ich sage, das ist eine Stimmung. Die haben im Berliner Wahlkampf ein tolles Plakat gemacht. Darauf sagten sie: Was soll ich euch sagen, was wir machen wollen, ihr geht doch nicht wählen. Die Leute haben gelacht und gesagt: Da haben die was! Die Grünen mit ihrer Spitzenkandidatin Renate Künast haben einen Wahlkampf nach dem Motto gemacht: Renate kämpft für euch, Renate denkt für euch. Alles sehr vernünftig. Aber dieses Rebellische von den Piraten, das konnten sie so nicht mehr einfangen.

Das ist ein Problem. Wie bekommt man Vernunft und Rebellion zusammen? Das ist das Problem der Grünen. Das Problem der Sozialdemokraten ist: Wie übernehmen sie Verantwortung im System und lösen sich gleichzeitig von den Pfründen dieses Systems? Wenn die Sozialdemokraten immer wieder in Skandale verwickelt werden, dann ist es in der Krise sehr schwer, den Leuten zu sagen: Wir sind besser in der Lage, die Krise zu meistern als die anderen. Das spielt alles mit, nicht nur in Berlin, nicht nur in Deutschland.

Ich fand es interessant, dass die Rechtspopulisten in Norwegen nach dem Anschlag von Oslo und Utøya rapide an Unterstützung verloren haben. Plötzlich wurde aus dem Spuk blutiger Ernst. Die Leute haben sich gefragt: Wenn man so konfrontativ in die Gesellschaft reingeht, kann das wirklich gut gehen? Die Menschen sind bereit umzudenken. Ja, du hast recht, wenn du an die von den Medien erzeugte Stimmung erinnerst, an die *Kronenzeitung* und die *Bild*-Zeitung. *Bild* war immer gegen die Sozialdemokraten in der Bundesrepublik. Trotzdem hat die SPD immer wieder eine Wahl gewonnen. Trotz der *Bild*-Zeitung. Die Schuld der Medien kann also nicht der Wahrheit letzter Schluss sein.

Ich glaube schlicht und einfach, dass wir manchmal Angst vor der Auseinandersetzung haben, die wir mit der Stimmung in der Bevölkerung führen müssen. Weil uns die Stimmung Angst macht. Natürlich macht einem das Angst, wenn man im Zug sitzt und sich irrsinnige Sachen anhören muss. Ich habe das ein paar Mal erlebt. Dann wurde ich angemacht. Ich weiß nicht, was ich schon alles war. »Du Freund aller Terroristen.« Dann habe ich angefangen zu diskutieren. Plötzlich wurde im ganzen Abteil diskutiert. Da habe ich gemerkt, dass ich gar nicht in der Minderheit war. Viele Leute sagen, das geht uns langsam auf den Keks. In Deutschland war das beste Beispiel die Sarrazin-Debatte. Sarrazin, *Spiegel*, *Zeit*, Pergers Chefredakteur Giovanni di Lorenzo, alle haben gesagt: Der sagt doch etwas Richtiges. Ich habe immer gefragt: Was sagt der denn Richtiges? Er sagt, Deutschland verkauft sich. Deutschland ist am Ende. Niemand hat ihm die Frage gestellt: Gut, falls Sie recht haben: Was folgt daraus?

Da hat er zwei Möglichkeiten. Die müssen eine bessere Schule machen. Also was jeder vernünftige Mensch sagt. Oder er sagt: Alle raus! Sieben Millionen Migranten raus, davon drei Millionen Moslems. Aber diese Debatten führt man nicht. Man hat Angst. Man sieht, es ist ein Problem und versteckt sich. Stimmt, es gibt diesen Fundamentalismus. Was mache ich damit? Nichts. Weil man nicht Farbe bekennt, weil man nicht in die Offensive geht in diesen zum Teil schwierigen Diskussionen, weil man sich immer denkt, ich kann mich noch erinnern an die Probleme im letzten Wahlkampf – aber so kommen wir aus der Sache nicht heraus.

Beispiel: »Transferunion« Europa. Ja, Europa ist eine Transferunion und war immer eine. Was sind die Sozialfonds? Was war der Agrarfonds? Das waren immer Transfers. Warum stehen wir nicht alle auf und sagen: Wir erklären euch, warum Europa eine Transferunion sein muss, wo die Griechen und die Iren Fehler gemacht haben. Griechenland: Das sind die Bösen. Die haben alles falsch gemacht. Irland. Du erinnerst dich genauso wie ich. Irland war das Musterbeispiel des Neoliberalismus: Unternehmensbesteuerung runter. Der irische Tiger! Guck mal, diese Wirtschaft. Ist ja ganz toll! Warum machen wir nicht alles wie die Iren? Wir hatten sogar einen irischen Kommissar namens Charlie McCreevy, der uns alle angepöbelt hat wegen des Sozialismus. Das haben alle mitgespielt. Alle Regierungen waren dabei. *Die Zeit* hat große Artikel geschrieben: Warum machen wir es nicht wie Irland? Das müssen wir wieder rausholen und sagen: Aha, der irische Tiger, was ist aus dem geworden, na mal sehen.

Spanien: Wahnsinnige Wachstumszahlen hatten sie immer gehabt. Übrigens haben sie tatsächlich eine viel geringere Verschuldung als viele Länder. Aber das ist was anderes. Spanien, das ist Beton, Beton, Beton. Das ist eine schwierige Diskussion. Denn Millionen von Europäern können dort Ferien machen für viel billigeres Geld in diesem Beton. Das ist der Grund, warum Spanien heute am Ende ist. Das muss man offensiv mit den Leuten diskutieren. Ihr habt davon profitiert in grauenhaften Betonblöcken an den Stränden Spaniens. Sie wurden für euch dahin gestellt. Das ist doch die Wahrheit.

Hannes Swoboda:
Ich möchte noch über den Vertrauensverlust sprechen, mit dem wir es zu tun haben. Das scheint mir die zentrale Frage zu sein. Diesen Vertrauensverlust bekommen wir nicht einfach damit weg, in dem wir den Leuten die Politik erklären.

Vor allem hat dieser Prozess des Vertrauensverlusts in die Politik schon vor längerer Zeit begonnen, vor der Finanzkrise.

Hannes Swoboda:
Und hat sich weiterentwickelt. Das wird sich verstärken, wenn die Leute sehen, wir machen zu wenig gegenüber den Finanzmärkten. Wie sollen sie diesem Europa vertrauen, wenn sie diese Untätigkeit beobachten? Wie du aber ganz genau weißt, ist es schwierig, konkrete Maßnahmen durchzusetzen – von den Regelungen für Rating-Agenturen bis zur Finanztransaktionssteuer. Vor einem halben Jahr noch hat die Kommission das kategorisch abgelehnt. Jetzt kommt sie mit einem Vorschlag, weil Grüne, Sozialdemokraten, andere und Gewerkschaften Druck ausgeübt haben.

Daniel Cohn-Bendit:
Vor einem Jahr hat auch Peer Steinbrück die Transaktionssteuer abgelehnt. Viele haben das gemacht.

Hannes Swoboda:
Ja, richtig. Aber wenigstens wir in Österreich nicht. Es ist aber noch nicht durch. Eurobonds wurden vor einem halben Jahr ebenfalls abgelehnt. Jetzt kommt der Präsident der Kommission zumindest mit Vorschlägen, wie man das machen könnte. Unsere wichtigste Aufgabe ist jedenfalls, dass wir den Finanzmärkten wieder einen stärkeren Rahmen mit Regeln geben. Das ist allein von Europa aus schwierig zu machen, aber dennoch müssen wir es tun. Leider sind die Mehrheiten nicht so, dass Grün und Rot mit einigen sozial denkenden Schwarzen und Liberalen die Mehrheit hätten. Das ist der Kampf, den wir führen müssen. Wenn wir den Leuten nicht zeigen können, dass wir mehr tun können, als nur in der Not zu helfen, sondern dass wir in der Lage sind, die Strukturen zu verändern, dann werden wir sie nicht überzeugen.

Die konservative Mehrheit hat gegen unsere Stimmen einiges entschieden, was strengere Budget- und Defizitregeln betrifft. Unsere Kritik an dem Konzept war ja nicht, dass wir gegen strengere Budgetregeln sind. Unser Gegenargument war, dass es kein Konzept dafür gibt, wie wir neben dem Sparen und einer strengeren Budgetdisziplin zu mehr Wachstum kommen. Die bürgerliche Mehrheit in Europa hat kein zukunftsorientiertes Konzept, wie wir in diesem Transformationsprozess neue Jobs schaffen. Auf diese Weise stellt sich dieses Europa heute so schwach dar und erscheint damit unfähig, auf die wirklichen Probleme einzugehen. Zum Beispiel wird extrem hohe Arbeitslosigkeit in einigen Ländern akzeptiert, da wird einfach gar nicht darüber gesprochen.

Dass die Einkommensverteilung sich in den letzten Jahren dramatisch verändert hat, müssen wir viel mehr zum Thema machen. Wir haben es mit einer wachsenden Kluft zwischen oben und unten zu tun. Für die Sozialdemokratie ist es ein ungemein wichtiger Aspekt der europäischen Entwicklung, dass wir eine ungerechter werdende Gesellschaft sind. Gerade auch was Einkommen und Vermögen betrifft. Die Sozialdemokratie muss dazu Alternativen aufzeigen. Es reicht nicht, dass wir bekennen, Fehler gemacht zu haben. Wir müssen vor allem klar machen: Bei den aktuellen Mehrheiten in Europa ist es schwer, die notwendigen Korrekturen durchzusetzen. Selbst in Amerika ist Präsident Obama in vielen dieser Dinge entweder selber gescheitert oder er will es gar nicht, wie z. B. die Transaktionssteuern. Darüber muss man offen diskutieren. Wir müssen gegen eine Wirtschaftsstruktur mobilisieren, die sich zu wenig von der Struktur unterscheidet, die uns in die gegenwärtige Krise geführt hat.

Wir haben über die Schwierigkeiten der politischen Kommunikation mit den Europaskeptikern und den Nationalisten gesprochen und über die Probleme, bei den Bürgern Vertrauen zurück zu gewinnen. Worüber wir noch nicht gesprochen haben, ist eine spezielle Gruppe in der europäischen Bevölkerung, nämlich die wachsende Zahl junger Menschen, die von der etablierten Politik nicht mehr erreicht werden, im Gegenteil. Sie lehnen sich jetzt auf gegen die existierende Ordnung, sei es, weil sie Stéphane Hessel und dessen Aufruf an die europäische Jugend mit dem Titel: »Empört euch!« gelesen haben, sei es, weil sie dieses Bedürfnis nach Empörung selbst entwickelt haben. Sie empfinden diese wachsende Ungerechtigkeit und Ungleichheit, von der Hannes Swoboda spricht, sehr stark. Aber die Sozialdemokratie ist für diesen Teil der jungen Generation kein politischer Faktor mehr, von dem sie eine Verbesserung ihrer Situation erwartet. Für die Jungen sind die Parteien der demokratischen Linken gestorben. Die »Empörten«, die »Indignados«, wie sie in Spanien heißen, wo diese neue Protestbewegung im Mai begonnen hat, suchen nach neuen Wegen der Einflussnahme. Diese Gruppe der Gesellschaft ist, wahlsoziologisch betrachtet, eigentlich das Potenzial für die demokratische Linke insgesamt. Müssen Sie die verloren geben?

Daniel Cohn-Bendit:
Kommen wir zunächst auf Stéphane Hessel zurück. Das ist spannend. Keiner, der das Büchlein[4] gelesen hat, glaubt, dass die Begeisterung von dem kommt, was er sagt. Das haben Hunderte von Leuten so schon vor ihm gesagt. Das Entscheidende ist sein Leben. Der Bote selbst ist die Botschaft – der Bote und sein Leben. Wieso diese Wirkung? Warum nimmt man ihm das ab? Stéphane Hessel ist in Deutschland geboren, ein Berliner Kind, mit seiner Mutter nach Frankreich gezogen, dort aufgewachsen, Franzose geworden. Dann hat er gegen den deutschen Faschismus, den Nationalsozialismus, gekämpft, kam nach Buchenwald, wurde von Deutschen und Österreichern im KZ gerettet und hat überlebt, war dann Mitverfasser der Erklärung des Widerstandes 1945, arbeitete für die neu gegründete Organisation der Vereinten Nationen, war federführend an der Verfassung der Erklärung der Menschenrechte beteiligt: Wenn

so ein Mensch sagt, das geht nicht mehr so weiter, es ist Zeit sich zu empören, dann hat das besondere Wirkung, weil der Mann durch sein Leben glaubwürdig ist. Diese besondere Glaubwürdigkeit ist es, die fasziniert. Da sagen die jungen Menschen nicht, der ist zu alt, der ist ja schon an die 90.

Jetzt zu den »Indignierten«. Da gibt es verschiedene, z. B. die von Ihnen zitierten *Indignados* in Spanien. Spanien hatte immer so eine Tradition, beispielsweise 1936 die spanischen Anarchisten. Sie wissen ganz genau: Wenn drei, vier oder fünf Prozent nicht wählen gehen, dann gewinnen die Konservativen, die das Schlimmere sind. Aber das nehmen sie in Kauf. Das ist ihnen egal. Es ist ihnen egal, weil sie eben nicht mehr an diese Sozialdemokratie glauben. Dieses Drama muss man sich einmal vorstellen: Die spanische Sozialdemokratie ist nicht einmal jetzt im Wahlkampf in der Lage, das, was sie geschaffen hat, zu verkaufen. Zum Beispiel, dass die baskische ETA, die ein dramatisches Problem in Spanien war, praktisch am Ende ist. Die haben durch eine konsequente Politik und Verhandlungen erreicht, dass diese Organisation sich von innen her politisch auflöst. Die Sozialdemokraten sind nicht einmal selbst in der Lage, darüber zu reden.

Ein anderes Beispiel für die Indignierten: Ich war gerade in Israel. Da gibt es diese Bewegung unter dem Titel »Tentifada« – der Aufstand der Zelte. Eine Gruppe junger Studenten, die alle keine Wohnung finden, hatten mitten in Tel Aviv ein Zelt aufgeschlagen, das war der Anfang. Inzwischen hat sich die Bewegung in ganz Israel ausgebreitet. Da gab es Demonstrationen von 500.000 Leuten. Man muss sich das einmal vorstellen: in Israel 500.000 Demonstranten! Wie viele Einwohner gibt es in Österreich? Acht Millionen. Könnt ihr euch einmal vorstellen: 500.000 Österreicher in Wien? Wann gab es das zum letzten Mal? Ich habe andere Massen hier in Wien im Kopf, aber das ist ein anderes Thema.

Die jungen Leute in Israel haben ein Problem: Sie fordern eine soziale Revolution. Sie wollen einen Sozialstaat. Sie wollen einen neuen Haushalt. Sie wollen alles. Aber sie haben Schwierigkeiten, die ebenfalls wichtige Frage der Palästinenser und der Besatzung und der jüdischen Siedlungen in den Palästinensergebieten in ihre Überlegungen einzubeziehen. Das würde die Bewegung spalten. Auch da sieht man: Die Menschen empfinden Ungerechtigkeit, aber dieses Empfinden von Ungerechtigkeit allein bietet noch keine tragfähige politische Perspektive. Das kann als Empfindung nach ganz rechts führen. Und die Stimmung verlangt ein Programm für mehr Gerechtigkeit. Das hat der Österreicher Strache aber auch – verbal! Er sagt: Ich mache es ganz anders. Das Problem ist: Wie vereinst du Gerechtigkeit mit einer anderen Form von solidarischem Leben. Das ist schwierig, weil wir lange der Tendenz zur Individualisierung der Gesellschaft gefolgt sind.

Ich will dem jetzt nichts entgegensetzen, aber diese Individualisierung braucht auf jeden Fall die Erfahrung einer kollektiven Anstrengung. Diese Erfahrung machen die *Indignados* auf den Plätzen, auf denen sie sich auf der Basis des gemeinsamen Empfindens von Ungerechtigkeit gesammelt haben. Das könnte eine neu erlebte solidarische Erfahrung werden, was sie lange nicht mehr kannten. Das ist unsere gemeinsame Schwierigkeit und unsere Aufgabe: die Empörung über die Schere der Ungerechtigkeit, die Hannes völlig richtig beschreibt, dahin zu lenken, dass sie zu einem Wunsch nach einem solidarischen Programm führt und nicht zur Suche nach einem individualistischen Ausweg wird. Das ist in vielen Gesellschaften die Schwierigkeit der Linken.

Der Populismus der Empörung, der diese jungen Leute verbindet, ist der Linken weit mehr verwandt als die weitverbreitete populistische »Empörung« gegen die Zuwanderung von Fremden, gegen Europa und gegen die Idee der Solidarität. Trotzdem sagen die Indignados*: Mit euch wollen wir nichts zu tun haben. Ist das nicht merkwürdig?*

Daniel Cohn-Bendit:
Ja und nein. Es gibt Situationen, wie immer in der Politik, da existieren Widersprüche, die nur politisch handelnde, reale Personen auffangen können. Da helfen keine politischen Programme, sondern es kommt darauf an, dass die Menschen diesen Personen vertrauen.

Damit sind wir wieder bei dem, was Ulrich Beck sagt: Wir brauchen einen neuen Willy Brandt.

Daniel Cohn-Bendit:
Da ist ja was dran. Wir brauchen die richtigen Leute, die der Aufgabe gewachsen sind, das stimmt.

Hannes Swoboda:
Ich glaube, dass noch Möglichkeiten zum Gespräch bestehen. Wir, also unsere Fraktion, haben hundert Leute nach Brüssel eingeladen. Darunter viele Jugendliche. Nicht nur *Indignados*. Wir haben sie nicht mit unseren Ideen und Vorstellungen belabert, sondern sie erst einmal reden lassen. Ich halte das für ganz wichtig, unabhängig davon, ob man die vorgetragenen Argumente und Ansichten teilt oder nicht. Man muss die Leute auch einmal reden lassen und sich anhören, welche Sorgen, welche Probleme sie haben. Die Politik stößt ja zum Teil auf Misstrauen auch deshalb, weil sie meint, auf alle Fragen immer schon eine Antwort zu haben. Oft ist es leider eine falsche Antwort. Oft geben wir Politiker nicht zu, dass wir etwas nicht genau wissen oder gar keine Antwort haben. Es gehört nicht nur dazu, dass man sagt, wenn man sich geirrt hat, sondern auch, wenn man für ein Problem keine Lösung hat. Das ist ein schwieriger Prozess, aber das ist absolut notwendig. Der Besuch der hundert Eingeladenen war wichtig, finde ich. Er hat immerhin gezeigt, dass die Bereitschaft zum Gespräch da

ist, jedenfalls bei einem Großteil der Leute. Sie wollen nicht immer nur Lösungen hören, mit denen sie wenig anfangen können.

Was Dany vorhin gesagt hat, führt zum Kern der Sache. Der Kern der Sache ist, dass wir Leute wie Strache und ähnliche, die unsere Gesellschaft in Inländer und Ausländer spalten wollen, zu lange haben wirken und machen lassen. Sie decken mit ihren Hetzkampagnen die wahren sozialen Konflikte zu. Wir müssen aber wieder zurückkehren zur Beschäftigung mit den wahren Konflikten unserer Gesellschaft. Wir brauchen eine Idee, wie wir das Bedürfnis nach Gerechtigkeit und Solidarität, nach Hilfe und nach Unterstützung wieder zum zentralen Thema unserer Politik machen können. Denn der wirkliche soziale Konflikt steckt darin, dass es Leute gibt, die sozial schwach sind, die in einer schwierigen Arbeitssituation sind, die wenig Einfluss und Möglichkeiten haben, ihr Leben zu verändern, während es andere gibt, die dieses Problem gar nicht kennen.

Dabei ist die Bildung ein zentraler Bereich: Was tragen Bildung, Erziehung, Schule dazu bei, Gleichheit zu fördern und eine gerechte Verteilung der Lebenschancen zu schaffen? Und wo trägt falsche Politik dazu bei, Lebenschancen weiterhin auseinanderklaffen zu lassen oder gar die Schere der Ungleichheit noch weiter zu öffnen? Das ist die entscheidende Frage für mich. Was können wir tun, um die existierende, in vielen Fällen wachsende Ungleichheit wieder abzubauen? Die Sozialdemokratie beziehungsweise die Linke insgesamt wird nur dann Erfolg haben, wenn sie das zum Thema macht und die Menschen überzeugen kann, dass das auch ein vorrangiges Problem ist, wenn sie willens und in der Lage ist, dieses Problem anzupacken und zu lösen. Das ist wichtiger als die Frage, ob jemand in Wien geboren ist oder in Belgrad.

Das ist das Thema, an dem wir jetzt die ganze Zeit arbeiten: Wie kann die Linke überhaupt Terrain zurückgewinnen? Denn darum geht es ja offenkundig: Die sogenannte Meinungsführerschaft zurück zu gewinnen, womöglich die »kulturelle Hegemonie« wieder herzustellen und, mindestens so wichtig, damit die parlamentarische Mehrheit zu erreichen. Im Moment sieht es ja für die Linke in Europa nicht so toll aus. Aber wie macht man das? Ein amerikanischer Kolumnist, den ich sehr schätze, hat dieser Tage eine Kolumne geschrieben, die unter entsprechend veränderten Bedingungen im Prinzip auch auf Europa anwendbar sein könnte, eine Kolumne mit der schönen Titelfrage: Can the Left stage a Tea Party? Kann die Linke wie die Tea Party agieren? Das ist in veränderter Form eine Frage, die in den USA schon früher diskutiert wurde, nämlich, ob es so was gibt wie good populism – *guten Populismus, einen demokratischen Populismus, einen »Populismus der Aufklärung«. Das heißt: nicht Linkspopulismus in Sinne von Alles-versprechen-und-für-nichts-gerade-stehen, sondern Populismus als Aufklärungsarbeit darüber, was für den Aufbau einer gerechten Gesellschaft nötig ist, wo die Grenzen des Machbaren sind und welche Mächte die Rückkehr zur Gleichheit und Gerechtigkeit verhindern wollen, also die Definition des Gegners. Populismus aber auch im demokratiepolitischen Sinn, wie wir das vorhin besprochen haben: als ständiger offener Meinungsaustausch mit den Bürgern. Die Frage ist nur: Schafft die europäische Linke das? Kann sie das leisten? Gibt es dazu Vorbilder, Beispiele, wo das klappt? Mit Wahlkampagnen allein, wie intensiv auch immer sie geführt werden, mit einem personalintensiven Wahlkampf von Tür zu Tür wird die Linke das verloren gegangene Vertrauen nicht wirklich zurückgewinnen können.*

Daniel Cohn-Bendit:
Es gibt ein Beispiel in Brasilien: Marina Silva. Sie ist eine Grüne, bekannt für ihren Einsatz zum Schutz des Urwalds im Amazonasbecken. Sie kommt aus ganz armen Verhältnissen, war eins von elf Kindern, arbeitete im Alter von 11 Jahren bereits als Kautschuk-

Sammlerin, war bis zum 16. Lebensjahr Analphabetin, und hat sich hochgearbeitet, studiert und gewerkschaftlich engagiert. Marina Silva war ursprünglich Mitglied in der brasilianischen Arbeiterpartei (PT) von Präsident Lula und unter ihm Umweltministerin, ist aus Protest gegen Lulas Nichtumweltpolitik zurückgetreten, hat die Partei verlassen und ist schließlich den Grünen beigetreten. 2010 hat sie für die Präsidentschaft kandidiert und im ersten Wahlgang fast 20 Prozent erreicht.

Ich war dort, ich habe Marina Silva gesehen und kennengelernt. Ich habe viele Probleme mit ihr. Aber ich habe ihre unglaubliche Fähigkeit gesehen, auf die Menschen zuzugehen und mit ihnen zu reden. Sie ist absolut glaubwürdig. Sie ist sehr religiös und sie ist beispielsweise gegen die Abtreibung. Sie ist kein Idol. Aber sie hatte sich den sozialen Gerechtigkeitsfragen voll gestellt. Sie weiß aus eigener Erfahrung, worum es da geht, was das bedeutet. Als sie als Präsidentschaftskandidatin anfing, hatte sie in Umfragen zwei Prozent. Dann hat sie sich entwickelt, kam auf vier Prozent, die Grünen als Partei hatten ein Prozent. Dann hat der größte TV-Sender, *O Globo*, beschlossen, die drei Kandidaten für die Nachfolge Lulas gleichzubehandeln. Deswegen haben sie Marina Silva zwei Mal in eine große Fernsehsendung eingeladen. Dann kam sie auf neun Prozent. In den letzten drei Wochen des Wahlkampfes ist sie dann auf 20 Prozent gekommen. Das war, wenn Sie so wollen, eine grüne *Tea Party*. Das war ein Schrei nach Gerechtigkeit, eine politische Emotion, die sie glaubwürdig hatte repräsentieren können. In den Slums, in den Favelas, war sie eine Heilige. Damit will ich sagen: Klar kann sich in bestimmten Situationen so etwas entwickeln.

Auf der anderen Seite: Merkel in Deutschland. Die deutsche Wirtschaft läuft eigentlich gut. 6,6 Prozent Arbeitslosigkeit, bei fünf Prozent spricht man schon von Vollbeschäftigung. Das heißt, die deutsche Wirtschaft ist eigentlich im Boom. Angela Merkel aber ist im Moment persönlich in den Umfragen so tief wie Nicolas

Sarkozy. Das ist das Interessante: Ob eine boomende Wirtschaft oder eine negative Wirtschaftsentwicklung – das Gefühl der Ungerechtigkeit bleibt unverändert! Das ist ein zentraler Punkt, ähnlich wie in der Umweltfrage. Die Menschen lassen sich von ihren Grundsorgen nicht mehr so einfach ablenken. Wer hätte gedacht, dass die Italiener diese 50-Prozent-Hürde bei dem Referendum schaffen und eine Niederlage für Berlusconi bewirken. Wofür? Wasser und Atomenergie.

Viele würden vielleicht vermuten, die Italiener interessiert sowieso nur das Geld und der Konsum: Nein. Die Sorge um das saubere Wasser war wichtiger. Faszinierend. Warum ist Merkel aus der Atomenergie ausgestiegen? Weil 80 Prozent der Deutschen gesagt haben: Wir wollen raus, auch wenn Energie teurer wird. Faszinierend.

Lass sie erst mal teurer werden.

Daniel Cohn-Bendit:
Egal. Die Debatte ist jetzt erledigt. Wir sollten die Menschen in unserer Vorstellung nicht darauf reduzieren, dass sie so schlicht sind: Energie wird teurer, dann werden sie protestieren. Wenn wir ein politisches Angebot machen und überzeugend darlegen, wir wissen zwar, dass in manchen Situationen Energie kurzfristig vielleicht teurer sein kann, aber dafür wissen wir auch, wie wir davon wegkommen und langfristig die Energieversorgung ohne Kernenergie sicherstellen, dann bietet das den Menschen eine Perspektive, mit der sie umgehen können. Und wenn wir über eine Entwicklung hin zu mehr Gerechtigkeit diskutieren, dann können wir sie auch von der Notwendigkeit einer Finanztransaktionssteuer überzeugen und davon, dass dieses Instrument politisch und moralisch richtig ist.

Noch ein Beispiel: Die Griechen revoltieren gegen die Sparauflagen. Die sind hart für sie. Aber wenn Europa ein bisschen Verstand hätte, wenn wir alle einfach sagten, drei Jahre lang wird jetzt das Bankgeheimnis in Europa aufgehoben – und wir zwingen die Schweizer und die Luxemburger mitzumachen –, dann würden ich weiß nicht wie viele Milliarden an griechischem Kapital, die dem Staat dort zurzeit verloren gehen, wieder zurückkommen. Vor einer Woche gab es ein Treffen zwischen Ministerpräsident Papandreou und Vertretern der Schweizer Banken, die genau diesen Druck spüren. Die Schweizer Banken haben Papandreou klar gesagt: Ja, es gibt viel griechisches Geld bei uns, aber das ganze Geld der Reedereien, das ist in London, weil das in London koordiniert wird. Dann haben sie verhandelt, welches Angebot die Banken freiwillig machen, um nicht ihr Bankgeheimnis öffnen zu müssen. Angenommen, es sind 200 Milliarden da, dann sagen sie, ihr Griechen bekommt zehn Milliarden. Dann wären sie die Gewinner der Geschichte. Wenn uns das gelänge, was glaubst du, welches Gefühl von Gerechtigkeit das in Griechenland schaffen würde, vor allem die Erfahrung: Aha, jetzt sind die auch dran! Das erzeugt ein anderes Gefühl von Gemeinschaft in der ganzen Gesellschaft.

Was wir den Menschen klar machen müssen, ist dies: Die Zustände und die Fehlentwicklungen, mit denen wir zu tun haben, sind abhängig von den nationalen politischen Mehrheiten, mit denen wir zu tun haben. Ich rege mich immer auf, wenn es heißt, Europa sei so langsam. Demokratie ist eben langsam und in Europa erst recht. Das Problem ist dieses Einstimmigkeitsprinzip. Wir sind alle dagegen, aber wir berufen uns darauf, wenn wir meinen, es nützt uns. Das ist wie im Mehrheitsprinzip: Viele Menschen sind für Reformen unter der Bedingung, dass es sie selber nicht betrifft. So sind alle gegen das Einstimmigkeitsprinzip unter der Bedingung, dass sie es, sobald sie es brauchen können, für sich selbst benutzen können. Das ist der Grund, warum wir es nicht abschaffen können.

Das ist eine wichtige Debatte und da hat Barroso zum ersten Mal recht gehabt: Es kann nicht sein, dass der Rettungsschirm an Malta scheitert. Das kann doch nicht sein. Jeder würde sagen: Quatsch, Malta. Ja, aber das ist so. Oder die Slowakei, die ist nicht viel größer. Oder Zypern. Damit will ich sagen: Das sind im Grunde genommen die Widersprüche der Mehrheiten in den jeweiligen Nationalstaaten, die wir knacken müssen. In diesem Widerspruch befinden wir uns zurzeit. Das ist der historische Moment.

Hannes Swoboda:
Ich möchte noch eine Bemerkung zum Phänomen der *Tea Party* machen und zum Populismus. Ich habe immer Angst, dass der Populismus, sobald er in den Einzelstaaten auftritt, dort relativ schnell zu einer antieuropäischen Bewegung wird und daraus seine politische Stärke bezieht. Nehmen wir Wien als Beispiel. Wenn in Wien gerade die Sozialdemokratie noch so stark ist, aber momentan keine absolute Mehrheit hat und wir daher mit den Grünen zusammenarbeiten, dann hängt das sicherlich auch mit einem gewissen Populismus zusammen. Das ist unvermeidbar. Man muss sehr aufpassen, dass dieser Populismus nicht zu einer antieuropäischen Haltung führt. Der Populismus neigt irgendwo dazu, einen Feind zu finden, den man schnell ausfindig macht. Das ist meine Sorge, was den Populismus in Europa angeht.

Eine zweite Bemerkung: Was uns fehlt oder was wir nicht mehr genügend haben, ist eine längerfristige Perspektive. Wir glauben, wenn irgendein Problem nicht gleich lösbar ist, dann suchen wir ein anderes Argument oder eine andere kurzfristige Lösung. Zum Beispiel das Bankgeheimnis. Wenn wir es in Zeiten der Mehrheit rechtzeitig geschafft hätten, das Bankgeheimnis in Österreich so zu durchlöchern, wie es dann im Laufe der Zeit ohnehin Stück für Stück geschehen ist – wenn auch immer noch nicht weit genug –, dann hätten wir zwar vielleicht eine Wahlniederlage hinnehmen müssen, aber das Bankgeheimnis, das im Wesentlichen nur einige Reiche schützt, wäre jetzt weg. Wenn Sie jetzt eine Zeitung besitzen und deshalb das Bankgeheimnis schützen wollen, ist das eine andere Frage. Aber die Oma, die ein Sparguthaben hat, hätte diese Sorge nicht, auch wenn ihr immer eingeredet wird, dein Sparguthaben, das du deinem Enkel vererben willst, ist durch die drohende Auflösung des Bankgeheimnisses akut gefährdet.

In ganz Europa ist das Bankgeheimnis, das die Steuerhinterziehung innerhalb der Union ermöglicht, absurd. Man muss gar nicht weit verreisen, um sein Geld am Staat vorbei zu schleusen. Das ist kein Vorteil für den Arbeitnehmer oder die Pensionistin von nebenan. Davon profitieren nur jene, die eben so viel Geld haben, dass es sich für sie überhaupt auszahlt, Steuer zu hinterziehen. Das ist etwas, wofür wir Linke, die Sozialdemokratie, die Grünen und die, die mehr wollen, diesen langen Atem wieder bekommen müssen. Notfalls müssen wir auch Reformen in Angriff nehmen, die uns in der Argumentation Probleme schaffen. Aber wenn die Leute merken, dass wir das Ziel des Wiedererstarkens der solidarischen Gesellschaft im Lande und darüber hinaus in Europa vor Augen haben, dann wird das die Kraft unserer Argumente stärken.

Eine Anmerkung noch zu unserer Kampagnenfähigkeit: Ein Problem der Sozialdemokratie ist, dass wir für einen flächendeckenden Wahlkampf, bei dem wir auch von Tür zu Tür ziehen, die Leute nicht mehr haben. Wir haben die Leute zum Teil auch nicht mehr, weil wir kein Ziel und keine Idee vermitteln. Wozu soll man dann noch rennen? Ohne Idee ist eine Kampagne oder Mobilisierung nicht mehr möglich. Ich denke aber, diese Idee kann Europa sein. Ich möchte dazu Peer Steinbrück zitieren, der sagt: Wir brauchen wieder eine politische Erzählung, eine sozialdemokratische Erzählung von Europa, die von unserer Idee einer gerechten Gesellschaft handelt.

Noch fehlen uns wichtige Elemente für die Kapitel dieser Geschichte. Aber zumindest das muss uns bewusst sein: Wenn wir keine Geschichte von dem zukünftigen Europa erzählen können, weil es immer nur um irgendwelche Details geht, wenn wir die Hilfe an Griechenland nicht einbauen können in eine solidarische Geschichte von Europa, dann wird uns das europäische Projekt nicht gelingen. Allein mit der rationalen, leidenschaftslosen Argumentation, wir müssen helfen, weil wir es müssen, kommen wir nicht weiter. Das ist zu wenig, wenn dahinter nicht eine größere verbindende Idee steckt.

Dany Cohn-Bendit, von den vielen Fragen, die an einem solchen Abend offenbleiben mussten, möchte ich Ihnen für Ihr Resümee unserer Diskussion noch eine mitgeben, die Hannes Swoboda am Anfang eher en passant eingebracht hatte: Sind die Grünen in Europa ein Teil der Linken?

Daniel Cohn-Bendit:
Wenn die Linke sich nur definiert an vergangenen Parametern, dann sage ich, hoffentlich nicht. Die Sozialdemokratie, sogar die Kommunisten, alle sagen, das geht nicht mehr. Unsere Geschichte haut nicht mehr hin. Deswegen sagt Hannes, ihr müsst Europa eine neue Geschichte geben. Irgendwie müssen wir uns verändern. Helmut Schmidt hat bis heute nicht verkraftet, dass es die Grünen gibt. Deren Existenz sei völlig ungerecht und überflüssig und er, Schmidt, wäre immer noch Bundeskanzler, wenn es die Grünen nicht gäbe.

Zumindest das Letzte habe ich von Helmut Schmidt noch nie gehört.

Daniel Cohn-Bendit:
Nein? Wenn so jemand wie ich ihm begegnet, schaut er ihn nicht an. Loki Schmidt war einmal dabei, die kam dann zu mir und sagte: Ach wissen Sie, so ist er, er ist sehr nachtragend.

Deswegen finde ich, dass diese Frage rechts-links uns nicht weiterbringt. Die Grünen sind in vielen sozialen Themen weiter. Auch in der Atomfrage. Die Atomfrage lässt sich aber nicht als Links-rechts-Frage deklinieren. Es gab zwei ganz komplizierte Parteitage der deutschen Sozialdemokratie, ehe die sich auf den Atomausstieg geeinigt haben. Gegen die Altvorderen. Es gibt die Frage der Einwanderung. Da wehre ich mich immer gegen die Linken, die das als Rechts-links-Problem sehen. In Deutschland gab es mal diesen absurden Spruch: »Liebe Ausländer, lasst uns nicht allein mit den Deutschen.« Die fühlten sich dabei mordsklug. Denen habe ich gesagt: Wenn das euer Problem ist, geht in die Türkei, da gibt es nur Türken. Das muss ganz toll sein. Da seid ihr nicht allein mit den Deutschen, sondern nur allein mit den Türken.

Damit will ich sagen: Es geht nicht um links-rechts, es geht um Gesellschaften, die sich geändert haben. Wer hat die Migranten denn hierher zu uns geholt? Das Kapital. Nicht die Kirchen, nicht die Linken, nicht die Gutmeinenden. Es wurden Arbeitskräfte gebraucht. Ludwig Erhard hat das in Deutschland gemacht – gegen die CDU, gegen alle, gegen die Gewerkschaft, gegen die SPD. Deswegen sage ich da, dieses Links-rechts-Schema bringt mich nicht weiter bei der Debatte darüber, was eine vernünftige Einwanderungspolitik ist, eine kluge Integrationspolitik und eine rationale Bildungspolitik.

Das sind auch bündnispolitische Fragen.

Daniel Cohn-Bendit:
Die Grünen können nur existieren als autonome Kraft und nicht als Bindestrich-Partei, als »Rot-Grün«. Sonst verlieren die Grünen ihre politische Lebensfähigkeit als eigene politische Kraft. Deswegen gibt es zwei Beispiele in Deutschland, wo die Grünen mit der CDU koaliert haben. Das eine, Hamburg, ist schief gegangen. Da gab es zwei große Konflikte, an denen die Grünen in dieser Koalition gescheitert sind, im Grunde aber auch die CDU.

Das zweite Beispiel ist die Stadt Frankfurt. In Frankfurt haben die Grünen vor sechs Jahren ein Bündnis mit der CDU gemacht. Das war unheimlich kritisiert worden, auch im grünen Lager. Ganz schwierige Diskussion. Die SPD hat gesagt: Das wird euer Tod sein. Das könnt ihr nicht verkraften. Fünf Jahre später gab es Kommunalwahlen. Die CDU verlor 13 Prozent, die SPD 12 Prozent, die Grünen verdoppelten sich. Waren die rechts, waren die links? Oder haben sie ein urbanes Gefühl politisch richtig artikuliert, so, dass die Leute gesagt haben: Die machen es richtig?

Damit sage ich nicht, dass die Grünen mit der CDU zusammengehen sollen, ich sage damit nur: Es kann doch nicht die politische Wahrheit sein, dass die Sozialdemokraten immer mit den Rechten können, aber wenn die Grünen das machen, heißt es: Seht ihr, die sind im Grunde rechts. Das ist nicht logisch. Bleibt bitte alle ein bisschen auf dem Teppich. Natürlich sind rot-grüne Mehrheiten wünschenswert für Deutschland, für Frankreich, für Österreich auch. Ob wir es schaffen oder nicht, wir werden ganz cool bleiben müssen.

In Deutschland kann es in zwei Jahren eine rot-grüne Mehrheit geben. Das hängt von den »Piraten« ab. Die sind so eine Art von *Tea Party*, über die wir vorhin sprachen. Das ist eine emotionale Situation, wo ich allen Grünen, die sich aufregen, sage: Cool bleiben. Es ist wenigstens besser als Sarrazin. Besser als Henkel. Das sind Leute, die sagen: Wir machen es demokratischer. Ok, werden wir sehen. Wenn es keine genuine rot-grüne Mehrheit gibt, dann kannst du keine Bundesregierung mit der *Tea Party*, also mit den Piraten, machen, auch keine mit der Linkspartei.

Dann wird eben Merkel entscheiden müssen: Mache ich es mit den Sozialdemokraten oder mache ich es mit den Grünen? Es wäre absurd von den Grünen zu sagen: Wenn ihr das macht mit ihr, seid ihr Verräter. Genauso umgekehrt. Das ist dann ein politisches Dealen. Kann sich ein Ansatz ökologischer Transformation mit

Norbert Röttgen entwickeln oder nicht? Oder gibt es die Notwendigkeit der sozialen Transformation, wo die Kanzlerin sagt, Merkel mit Steinbrück zusammen ist mehr Stabilität? Beides ist plausibel und möglich. Das wird man sehen. Wir sollten aufhören mit diesem »Wer ist Linker, wer ist Rechter«. Es sind verschiedene Ansätze, die sich dann aufgrund der politischen Verhältnisse klären müssen.

Letzter Punkt, zu der Frage, wie man Politik macht, wie man die Menschen am besten erreicht. Im Zeitalter von Internet entscheidet und ändert sich viel. Nicht, dass das Internet immer positiv ist. Die Rechten benutzen es. Das ist ganz schlimm, wenn man in deren Foren sieht, was es da alles gibt. Aber, auf der anderen Seite ist das Internet auch sehr wirkungsvoll. Ich merke es am Beispiel Europa. Wenn ich im Europaparlament interveniere, sagen die Leute hinterher zu mir: Warum bist du so emphatisch? Da sind 30 Hanseln im Saal oder 40, das lohnt sich doch nicht. Denen sage ich dann: Ja, aber es sind Hunderttausende, die das im Internet sehen. Eine Intervention zu Libyen, auf Arabisch übersetzt, ist in Nordafrika über 250.000 Mal geklickt worden. In Griechenland wurde eine aktuelle Intervention über 170.000 Mal geklickt, in Ungarn an die 200.000 Mal. Das ist eine neue Form der Öffentlichkeit. Das muss man immer im Kopf haben. Das müssen sich alle merken. Europa kannst du auch vom Parlament aus, mit einer ganz anderen Öffentlichkeit, ansprechen. Da muss man nicht auf die *Zeit*, auf die *Kronenzeitung* oder wen auch immer, warten. Die Atomentscheidung hier[5] ist ohne die *Kronenzeitung* aber nicht zu denken. Das muss man auch sagen.

Was ich sagen will, ist: Wir haben eine Möglichkeit heute, manche Dinge in Gesellschaften hineinzutragen und damit auch Denkprozesse auszulösen. Das, finde ich, sollte man nicht vergessen. Das kann man nicht von Tür zu Tür, sondern man soll sich schon der Möglichkeit der Modernität stellen. Dann, glaube ich, schaffen wir das und ihr schafft es hier auch. Es wird andere Mehrheiten in Europa geben. Und ich glaube, der Zenit der »wahren Finnen«, der »wahren Norweger«, der »wahren Holländer«, der »wahren Österreicher« ist erreicht, das kann man wieder runterkriegen. Man muss vor ihnen keine Angst haben, denn sie sind dumm. Wir haben die Argumente.

LITERATUR UND ANMERKUNGEN

1 Robert Menasse: »Über die Feigheit der europäischen Politiker«. http://www.zeit.de/politik/2011-09/europa-krise-menasse
2 Die Wahl am 15. September 2011 führte zur Ablösung der von der rechtspopulistischen »Dänischen Volkspartei« gestützten Mitte-rechts-Minderheitsregierung durch eine sozialdemokratisch geführte Mitte-links-Minderheitskoalition unter Helle Thorning-Schmidt, die von den drei links-unabhängigen Vertretern aus Grönland (zwei) bzw. von den Faröer-Inseln unterstützt wird. Die Sozialdemokraten hatten im Wahlkampf eine Auseinandersetzung mit der rigiden Ausländerpolitik der Rechtsregierung weitgehend vermieden.
3 In der französischen Präsidentschaftswahl unterlag Nicolas Sarkozy im zweiten Durchgang am 6. Mai 2012 mit 48,36 Prozent der Stimmen seinem sozialistischen Herausforderer François Hollande (51,64 Prozent). Die rechtsradikale Kandidatin Marine Le Pen war im 1. Wahlgang mit 17,9 auf den dritten Platz gekommen. In der Parlamentswahl am 10. und 17. Juni errang das Linksbündnis unter Führung der Sozialistischen Partei mit 331 von 577 Sitzen die absolute Mehrheit.
4 Stéphane Hessel: »Empört euch!« Ullstein. Berlin 2011
5 In einer Volksabstimmung am 5. November 1978 lehnte in Österreich eine knappe Mehrheit (50,47 Prozent bei einer Beteiligung von 64,1 Prozent) die Inbetriebnahme des bereits fertig gestellten Atomreaktors in Zwentendorf ab. Die *Kronenzeitung* hatte das Volksbegehren unterstützt.

NEUE BRÜCKEN GESUCHT

Die europäische Sozialdemokratie und Amerikas *Progressives* – Innenansichten eines transatlantischen Denkers

Norman Birnbaum

Progressives Denken ist eine breite und komplexe Strömung im Leben der gesamten Vereinigten Staaten, das die großen sozialen Reformen des vergangenen Jahrhunderts geschaffen hat, beginnend mit Theodore Roosevelt und Woodrow Wilson und gipfelnd im *New Deal* Franklin Delano Roosevelts und den *Great-Society*-Projekten Lyndon Johnsons. Vieles verdankt der amerikanische *Progressivism* zweifellos der weltlichen Fortschrittstheologie, er enthält aber auch wichtige Elemente des sozialen Katholizismus, protestantischer Vorstellungen von gesellschaftlicher Gerechtigkeit sowie des jüdischen Messianismus und der Gerechtigkeitsideen des Alten Testaments.

Seit den ersten Anfängen der Republik brachten Europäer ihre Vision einer selbstverwalteten Gemeinschaft Gleicher, in der die Arbeiterschaft frei war, in die Neue Welt mit. Thomas Paine und nach ihm Robert Owen waren unter den Ersten, denen viele folgten, die in der Alten Welt an den Revolutionen von 1848 teilgenommen hatten. Als Abraham Lincoln ins Weiße Haus einzog, fand sich vor allem ein ganzes Kontingent Deutscher unter seinen Anhängern, und es waren auch Deutsche, die sich im Bürgerkrieg und in den nachfolgenden Kämpfen um die völlige Gleichstellung der ehemaligen Sklaven hervortaten. Danach kamen mit dem großen Einwanderungsstrom zwischen Bürgerkrieg und Erstem Weltkrieg irische, schottische und englische Gewerkschafter, deutsche Sozialdemokraten, darunter auch Angehörige des jüdischen Bunds, sowie Griechen, Iren, Italiener und Slawen aus der österreichisch-ungarischen Monarchie. Deren politische Erziehung war geprägt von dem gewaltigen Gegensatz zwischen der amerikanischen Freiheitsideologie und den brutalen Anforderungen des neuen Industriekapitalismus.

Unter den Einwanderern fanden sich auch Angehörige jenes Segments der qualifizierten europäischen Arbeiterklasse, die sich selbständig eine gewisse Bildung angeeignet hatten. Sie stießen auf die geistige Grundhaltung der Bewegung zur Sklavenbefreiung, die Tradition der Frauenrechtsbewegung und ein frühes Interesse an Fragen der Umwelt, Gesundheit und an einem für alle gleich zugänglichen Schulsystem. Viele gebildete Amerikaner sahen in den Einwanderern tatsächliche oder potenzielle Verbündete im Kampf um die Verteidigung und Wiederherstellung der Grundwerte der Republik. Der Feind in diesem Kampf war die neue kapitalistische Klasse, der staatsbürgerliches Denken ebenso fremd war wie jedweder moralische Skrupel.

Die beiden eng miteinander verwandten Themen der moralischen Integration der neuen Arbeiterklasse und der Entwicklung eines neuen staatsbürgerlichen Ethos verschmolzen in einer breiten Koalition der Reform mit traditionelleren amerikanischen Vorstellungen einer agrarischen Demokratie. Es war die Gewalttätigkeit der Arbeitskämpfe des ausgehenden 19. Jahrhunderts, die den reflektierteren Angehörigen der älteren Mittel- und sogar der Oberschicht Anlass war, den Verfechtern eines amerikanischen Sozialismus wenn schon nicht mit uneingeschränkter Sympathie, so doch mit Verständnis zu begegnen. Gegen Ende seines Lebens meinte selbst Karl Marx, der im Unterschied zu Friedrich Engels die Vereinigten Staaten nie besucht hatte, dass die vom Dogmatismus der Europäer freien Amerikaner schneller zum Sozialismus voranschreiten könnten. Inzwischen waren durch wissenschaftliche, journalistische und politische Reisende europäische Ideen einer Reformierung der Gesellschaft mit dem Staat als regulierender Kraft und wichtiger Akteur der Umverteilung wieder nach Amerika gelangt.

Die neuen ländlichen und städtischen Bewegungen schlossen eine Eingliederung der meist besitzlosen und verarmten Afroamerikaner des Südens aus. Dort lebten die meisten Afroamerikaner bis zum Einsetzen der Migration nach Norden im 20. Jahrhundert. Der *New Deal* Franklin Roosevelts, der von den Wählerstimmen der Rassensegregation praktizierenden Südstaaten und deren Unterstützung im Kongress abhing, interessierte sich nicht unmittelbar für die Afroamerikaner, wenngleich diese in gewissem Ausmaß von seinem Wirtschaftsprogramm profitierten. Zuvor hatten sowohl Theodore Roosevelt als auch Woodrow Wilson, ein aus Virginia stammender Rassist, bereits eine amerikanische Version des Sozialimperialismus verkündet, die aller Wahrscheinlichkeit nach auch im Umfeld der britischen Labour Party auf die Zustimmung der *Fabians* stieß, die sich diesbezüglich selbst kaum Zurückhaltung auferlegten. Im weiteren Verlauf des 20. Jahrhunderts sollten Imperialismus und Rassismus sich denn auch als hohe Schranken für die Durchsetzung gesellschaftlicher Reformen in den USA erweisen.

Die Frage der Teilnahme der USA am Ersten Weltkrieg spaltete die soziale Reformbewegung – eine Kluft, die dann durch die unterschiedliche Einschätzung der sowjetischen Revolution und des Anspruchs des Kommunismus auf die internationale Führungsrolle noch größer wurde. Die vorgebliche Bedrohung durch den Kommunismus in den USA wurde von den Behörden mit Unterstützung der am Status quo interessierten Kräfte in beiden Parteien dazu benützt, einen großen Teil der Bewegung für ernsthafte gesellschaftliche Reformen nicht nur zu spalten, sondern zu zerschlagen. Dennoch waren die 1920er-Jahre in Staaten wie Kalifornien, Massachusetts, New York und Wisconsin eine Zeit des politischen und gesellschaftlichen Experimentierens. Gewerkschaften, Bürgerrechtsgruppen und eine ständig größer werdende Schicht von Staatsbeamten erprobten, was in den Dreißigerjahren zum *New Deal* werden sollte.

Zahlreiche Initiatoren und Akteure des *New Deal* hatten sich mehr oder weniger lang in Europa aufgehalten. Der Faschismus hatte inzwischen viele dem Kapitalismus dezidiert feindlich gegenüberstehende Europäer nach Amerika vertrieben, wo sie in der politischen Erziehung einer für die Ideen der radikalen gesellschaftlichen Umgestaltung sehr aufgeschlossenen Generation eine wichtige Rolle spielten. Der *New Deal* war ebenso ein Bündnis zwischen den Klassen aber auch zwischen gegensätzlichen ideologischen Strängen, von der Amerikanischen Kommunistischen Partei bis zum Sozialkatholizismus. Der Widerstand gegen die Einrichtung eines amerikanischen Wohlfahrtsstaats war stark (John Kenneth Galbraith durfte 1938 nicht an der Fakultät der Harvard University bleiben, weil er Keynesianer war). Die betreffende nationale Politik war jedoch Ergebnis einer umfassenden kommunalen und lokalen Mobilisierung. Heute würde sich allerdings kein Politiker einer klassenpolitischen Terminologie in dem Eifer bedienen, wie das Franklin Roosevelt tat.

Der *New Deal* hatte Modellfunktion für all jene, die den gesellschaftlichen Wiederaufbau Westeuropas nach dem Krieg planten. Das Projekt war 1938 zum Erliegen gekommen, als Roosevelt an der Reformierung des Obersten Gerichtshofs scheiterte und es ihm nicht gelang, die reaktionärsten demokratischen Gesetzgeber aus dem Süden zu schlagen (so wie seine Kürzung der öffentlichen Investitionen die wirtschaftliche Erholung abwürgte). So war die schließlich erreichte Vollbeschäftigung vor allem eine Folge der enormen Investitionen in die Rüstungsproduktion nach dem

Kriegseintritt der USA. Er ermöglichte es Roosevelts *New Deal*-Technokraten, eine Planwirtschaft zu entwickeln – in Zusammenarbeit mit Finanz und Industrie. Viele dieser Technokraten sollten später nach Westeuropa gehen, um dort den Marshall-Plan umzusetzen – nun gemeinsam mit amerikanischen Diplomaten und mit Geheimdienstagenten, deren Hautaufgabe es war, die Kommunisten aus der europäischen Politik auszuschließen.

Das Modell des *New Deal* wurde von der Politökonomie der Nachkriegszeit abgelöst, die von 1945 bis 1970 bestimmend blieb. Deren herausragendes und effektivstes Element war die Stärke der amerikanischen Gewerkschaften, denen damals mehr als dreißig Prozent der Arbeiterschaft angehörten (heute ist dieser Anteil um zwei Drittel gesunken). In streitiger Zusammenarbeit mit dem Kapital setzten die Gewerkschaften hohe Löhne und Vergünstigungen für ihre Mitglieder durch, die für den Rest der Wirtschaft den Standard bestimmten. Sie hatten auch entscheidenden Einfluss auf die Wirtschafts- und Sozialpolitik der demokratischen Präsidenten Truman, Kennedy und Johnson, den Republikanern Eisenhower und Nixon rangen sie im Ausgleich für ihre Zusammenarbeit große Zugeständnisse ab. Nixons Innenpolitik wies tatsächlich erhebliche Elemente des *New Deal* auf, unter anderem ein eher schlecht als recht als Steuerfreibetrag getarntes garantiertes Jahreseinkommen.

Es waren für Amerika Jahre einer starken, Kriegführung und Wohlfahrtsstaat verbindenden Zentralregierung. Demokraten und ebenso die Gewerkschaften gingen in ihrer Wahl europäischer Verbündeter ökumenisch vor und arbeiteten mit Sozialisten wie sozialen Christen auf jede erdenkliche Weise zusammen. Bedingung dafür war die Anerkennung der Vorherrschaft der USA auf dem Felde der internationalen Wirtschaft und in der NATO sowie des Dollars als Reservewährung. Dem Bündnis zur Verteidigung der Freiheit gegen den Sowjettotalitarismus gehörten auch das faschistische Portugal und die autoritäre Türkei an; Francos Spanien war seit der Präsidentschaft Eisenhowers *De-facto*-Mitglied.

Die wichtigste frühe Alternative zur Vorherrschaft der Vereinigten Staaten boten keineswegs die eingesessenen Parteien der Linken, sondern de Gaulle in Frankreich und der Vatikan mit Johannes XXIII., der sich um eine Öffnung des sowjetischen Blocks bemühte. Dem folgten bald die mit beträchtlicher Unterstützung Bruno Kreiskys und der österreichischen Sozialdemokratie von Willy Brandt begründete Ostpolitik. Ihr Erfolg rechtfertigte schließlich trotz der Skepsis, mit der Nixon und Kissinger die deutsche Initiative akzeptiert hatten, die umfassendere Politik der Koexistenz, die für die Beziehungen zwischen den Supermächten in den letzten beiden Jahrzehnten des Kalten Kriegs bestimmend war.

Die Ausrichtung der anderen europäischen sozialistischen und sozialdemokratischen Gruppierungen war in diesen Jahren alles andere als einheitlich. Die britische *Labour Party* war wie immer gespalten in ein nostalgisches, vom alten Weltreich träumendes und die Allianz mit den Vereinigten Staaten favorisierendes Lager und eine Gruppierung, die eine britische Variante des Gaullismus suchte. Als in Frankreich Mitterrand an die Macht kommen wollte, kaschierte er seinen resignierten Atlantizismus mit einer Rhetorik über die Einzigartigkeit Frankreichs. Die wirklich soziale demokratische Gruppierung in Italien war die Kommunistische Partei, die sich in ihrer Verteidigung der Besonderheit Europas dem Vatikan verbunden wusste. Demgegenüber setzte der Sozialdemokrat Bettino Craxi in den Verhandlungen über seinen Amtsantritt mit Washington auf Beschwörungen seiner Loyalität.

Diese Spaltungen entfalteten sich im größeren Zusammenhang der Spaltung innerhalb der Vereinigten Staaten selbst. Sie beruhte auf dem inneren Konflikt um den Krieg in Vietnam, der sich vom Genfer Friedensabkommen 1954 über Eisenhowers Verhinderung der Wahlen in Vietnam bis zum fluchtartigen Abzug der amerikanischen Streitkräfte aus dem Land im Jahr 1975 erstreckte (inzwischen kehren Amerikaner als militärische Verbündete gegen China zurück). Die Auseinandersetzungen um diesen Krieg gestalteten sich umso heftiger, als er sich nicht auf die Frage des US-Imperiums allein beschränkte. Der Konflikt ging weit darüber hinaus um die Selbstfindung und die Identität der Nation. Er umfasste alle Fragen der Autorität, Kultur und Politik, die von den sozialen Bewegungen in den späten Fünfziger- und frühen Sechzigerjahren aufgeworfen worden waren, die afroamerikanische Mobilisierung für Rassengleichheit, die Forderung der Frauen nach wirtschaftlicher Gleichstellung, das Eintreten junger Menschen für den Vorrang dessen, was Freud als »Lustprinzip« bezeichnet hatte, sowie die allgemeine Kritik an der repressiven Verblödung durch die Massenkultur.

Die Proponenten dieser Bewegungen, die jüngeren und älteren intellektuellen und politischen Außenseiter aus den Tagen des *New Deal*, definierten natürlich den korporativen Kapitalismus als Gegner. Sie brandmarkten allerdings auch den »korporativen Liberalismus«, den Post-*New-Deal*-Kompromiss des Kriegsführungs-Wohlfahrtsstaats mit dem Kapitalismus und dessen karrieristischen Profiteuren. Europäische Studenten kehrten nach ihrem Studienaufenthalt in den USA in ihre Herkunftsländer zurück, um dort die Rhetorik und Strategie der Erneuerung des demokratischen Protests in den 1960er Jahren in einer ganz anderen Form der Demonstration atlantischer Solidarität zu verkünden. Der Protest der französischen Studenten im Jahr 1968 war allerdings nicht unmittelbar von amerikanischen Vorbildern geprägt, sondern hatte seine Gründe vor Ort, auch in der Bewegung gegen den Krieg in Algerien in den frühen 1960er-Jahren. Der Motor der Mitte der Sechzigerjahre sich formierenden deutschen Protestbewegung steckte wiederum in der kritischen Auseinandersetzung mit der Generation der Eltern und Großeltern. Dennoch waren dieser neue transatlantische Brückenschlag der Bewegungen von ganz anderer Art als die offiziellen Verbindungen der Parteien und Politiker.

1956 legte das der britischen *Labour*-Abgeordnete Anthony Crosland sein äußerst einflussreiches Buch *The Future of Socialism* vor. Crosland sah die »Zukunft des Sozialismus« im Aufbau eines zivilisierten und der Umverteilung verschriebenen beziehungsweise gezügelten Kapitalismus. Zwei Jahre danach erschien John Kenneth Galbraiths *The Affluent Society.* Diese »Gesellschaft im Überfluss« zeichnete er als ätzendes Porträt des auf hohen Konsum ausgerichteten Amerika. Es stand in scharfem Gegensatz zu Croslands zurückhaltendem, aber entschiedenen Lob des amerikanischen Modells. Galbraith war ein amerikanischer Häretiker. Seine Bücher wurden in Europa weithin gelesen, wie auch, wenn auch in geringerem Ausmaß, die Werke von Michael Harrington, vor allem *The Other America*, und C. Wright Mills. Ihnen schloss sich ein Europäer mit hämischer Deutung seiner amerikanischen Erfahrung an: Herbert Marcuse, der das kapitalistische Europa für nicht wesentlich besser hielt. Auf verschiedene Weise und mit oft ganz eigenen, idiosynkratischen Schwerpunkten ging der neue Antikapitalismus mit einer umfassenden Kritik der kapitalistischen Kultur einher.

Zehn Jahre nach den Turbulenzen der Sechzigerjahre stellte eine strukturelle Krise des westlichen Wohlfahrtskapitalismusmodells den von den Erben des New Deal sowie den europäischen sozialdemokratischen und sozialistischen Parteien verwalteten Klassenkompromiss in Frage. Thatcherismus und Reaganismus kamen ins Amt, und 1982 brach Helmut Kohl zu seinem langen Marsch auf, um ein und dieselbe Stelle sechzehn Jahre lang zu behaupten. Mitterrand war von 1981 an vierzehn Jahre lang an der Macht, es würde jedoch der Nachweis schwer fallen, dass er ein verändertes Frankreich zurückgelassen habe. Er verwaltete den französischen Nachkriegskompromiss, nicht mehr und nicht weniger. Felipe González und die spanischen Sozialisten regierten von 1982 bis 1996: Sie konzentrierten sich auch die Europäisierung des Landes, setzten dem falangistischen Erbe ein Ende und machten die öffentliche Kultur Spaniens um vieles demokratischer und offener. Die Demokraten in den USA und die Parteien der europäischen Linken zeigten sich zur Unterstützung bereit, als die konservativen Regime, mit denen sie konfrontiert waren, erkennen ließen, dass sie vieles belassen würden, wie es war. In der Tat tastete Ronald Reagan das amerikanische Sozialversicherungssystem ebenso wenig an wie Margaret Thatcher das britische Krankenversicherungswesen. Sie waren jedoch – aufgrund innerer und äußerer Zwänge – nicht imstande, intellektuell und für die Wähler überzeugende wirtschaftliche Alternativen zu entwickeln.

In den USA wurde das industrielle Kernland von einer schleichenden Deindustrialisierung verwüstet. Die asiatische und vor allem die japanische Konkurrenz ließen den Absatzmarkt für amerikanische Produkte schrumpfen, gut bezahlte Arbeitskräfte in gewerkschaftlich organisierten Fabriken verloren ihre Anstellung, während Innovationen im Finanzsektor und Technologiebereich sowie im Dienstleistungsgewerbe allgemein nicht ausreichten, eine florierende Alternative zu schaffen. Dazu kamen schwerwiegende soziale Konflikte, welche die Demokraten die Treue und Loyalität genau jenes gesellschaftlichen Blocks kostete, den sie sich zu verteidigen bemühten, nämlich die weiße Arbeiterklasse.

Die Vereinigten Staaten mussten mit zwei Arten von Migrationswellen fertig werden. Im Land setzte sich der Zustrom von Afroamerikanern aus dem Süden fort, was den Rassismus im Norden schürte. Von 1968 an hatten die Demokraten im Süden weiße Wähler verloren, nachdem die Partei sich auf völlig honorige Weise für die *Civil-Rights*-Gesetzgebung eingesetzt hatte. Die Entrüstung darüber innerhalb der weißen Bevölkerung kannte keine regionalen Grenzen. Die Wahl Jimmy Carters, des Gouverneurs von Georgia, zum Präsidenten im Jahr 1976 war ein einmaliges, unwiederholbares Ereignis. Als die USA von wirtschaftlichen Turbulenzen in Form steigender Inflation und Arbeitslosigkeit heimgesucht wurden, verlor Carter die Unterstützung seiner ehemaligen Wählerschaft. Gleichzeitig kamen auch, in der zweiten Migrationswelle, neue Einwanderer ins Land, nicht aus Europa sondern aus Mittel- und Südamerika, Afrika und Asien. Innerhalb der weißen Arbeiterklasse vereinigte sich Xenophobie mit Rassismus, eine Entwicklung, in deren Folge die Vermittlung der Ideen eines demokratischen Klassenkampfes noch schwieriger war. Ab 1980 hatte die Partei der Demokraten innerhalb der weißen Schichten mit niedrigem Einkommen die Mehrheit fast vollständig verloren, vor allem unter den Männern.

Die politische Balance hing auch vom Einfluss anderer Faktoren ab: so beispielsweise von der weit verbreiteten männlichen Ablehnung der Frauenrechtsbewegung, ebenso von der Mobilisierung fundamentalistischer Protestanten (*Biblizisten*) und konservativer Katholiken, die sich gegen das Erbe des Zweiten Vatikanischen Konzils stellten und zur Verteidigung »traditioneller Werte« aufriefen. Darunter verstanden sie die Absage an die Trennung von Kirche und Staat, die Ablehnung systematischer naturwissenschaftlicher Methoden des Unterrichts in öffentlichen Schulen, besonders in Biologie (was oft einhergeht mit einer höhnischen Zurückweisung von Warnungen vor der globalen Erwärmung). Und sie forderten eine energische Einschränkung der Entscheidungsfreiheit von Frauen, was Abtreibung und teils sogar Empfängnisverhütung betraf. Homosexualität wurde mit fast mittelalterlichen Strafen geahndet. Für manche sozialen Gruppen – vor allem, aber nicht nur im Süden – waren diese Fragen entscheidend. Vor allem waren sie ihnen wichtiger als die – der Wahrheit entsprechenden – Klagen der Demokraten, dass diejenigen, für deren wirtschaftliche Interessen sie sich einsetzten, also die sozial Schwachen, bei Wahlen gegen sie stimmten.

Dieses Argument der Demokraten verlor allerdings auch zusehends an Glaubwürdigkeit. Teile der Demokratischen Partei im Repräsentantenhaus und im Senat, auf Gouverneursposten sowie in den Parlamenten der einzelnen Bundesstaaten akzeptierten und predigten immer häufiger die wirtschaftliche Ideologie des Kapitals: Staatsschulden seien gefährlich, Staatsausgaben überhaupt zweifelhaft, regulierende Eingriffe in den Markt häufig ein Hindernis für wirtschaftliches Wachstum. Jene Teile der Demokratischen Partei, die an der Tradition des *New Deal* festhielten, sahen diese innerhalb der eigenen Partei umstritten. Schlimmer noch: Sie befanden sich in der Defensive, mussten staatliche Rentenversicherung und *Medicare* (die staatliche Krankenversicherung für über 65-jährige) gegen jene verteidigen, die diese Programme abbauen oder überhaupt abschaffen wollten; häufig trat man dafür ein, den staatlichen Schutz durch irgendeine Form der privaten Versicherung zu ersetzen. Sie wurden von ihren Gegnern als Vertreter bestimmter Interessengruppen dargestellt, denen daher als Repräsentanten der gesamten Gesellschaft keinerlei Legitimität zukomme. Ihre Einwände auf diese Anschuldigung, die mit keinem größeren historischen Projekt in Zusammenhang gebracht wurde, verhallten ungehört.

Unter diesen Umständen mangelte es den Verbindungen zwischen Demokraten und den einer Reform der Gesellschaft verpflichteten europäischen Parteien an Dauerhaftigkeit und Gewicht. Nach der Wahl Reagans zum Präsidenten, aber noch vor seinem Amtsantritt, waren die Gewerkschaft *United Auto Workers* und eine kleine Gruppe amerikanischer Sozialisten, die als *Democratic Socialists of America/DSA* in der Demokratischen Partei aktiv waren, im Dezember 1980 Gastgeber einer beeindruckenden Runde europäischer Gäste: unter ihnen Willy Brandt, Felipe González, Olof Palme, François Mitterrand, Michel Rocard Joop den Uyl und Tony Benn. In der *Washington Post* erschien lediglich ein kurzer Artikel über das Treffen. Die *New York Times* brachte gar nichts darüber, nachdem ihr damaliger Chefredakteur, Abe Rosenthal, zuvor erklärt hatte, er habe keine Sympathien für die DSA. Noch bemerkenswerter war, dass Lane Kirkland, der Präsident des Gewerkschaftsdachverbands *AFL-CIO (American Federation of Labor and Congress of Industrial Organizations),* in unmissverständlicher Weise wissen ließ, dass er nicht an der Versammlung teilnehmen werde. Sein Nachfolger, John Sweeney, und inzwischen Richard Trumka waren und sind dagegen immerhin offen und bereit zur Zusammenarbeit mit europäischen Gewerkschaften und auch mit Vertretern der neuen Sozialbewegungen (Sweeney hatte in Seattle und Genua an den großen Protestkundgebungen gegen die kapitalistischen Globalisierung teilgenommen).

Es gab damals, Ende 1980, dennoch amerikanisches Publikum, darunter einige demokratische Abgeordnete aus dem *Congressional Black Caucus* und dessen weißen Verbündeten, dem *Progressive Caucus*, ein paar Gewerkschafter, eine größere Zahl von Mitarbeitern des demokratischen Stabs im Kongress sowie ein Grüppchen von Beamten der mittleren Ebene aus Regierungsstellen, die im letzten Monat der Präsidentschaft Carters noch von Demokraten geleitetet wurden. In großer Zahl waren die universitären amerikanischen Freunde der europäischen Sozialisten erschienen. Das mit der Geiselkrise im Iran beschäftigte Weiße Haus nahm von dem Ereignis offiziell nicht Notiz. Senator Edward Kennedy traf mit den aus Europa angereisten Politikern anlässlich eines Essens zusammen, nahm an den öffentlichen Sitzungen aber nicht teil. Dort, über dem Podium, hatte man tapfer ein Banner mit der Aufschrift »Eurosozialismus« befestigt. Die europäischen Besucher könnten gedacht haben, sie seien auf einem anderen Planeten gelandet – wie mir denn auch einige von ihnen damals in dieser oder jener Sprache zu verstehen gaben. Aber wer hätte es ihnen verübeln können?

Bis zum nächsten Treffen europäischer Sozialisten in Washington sollten neunzehn Jahre vergehen. Es war im Weißen Haus, wo sich Tony Blair, Massimo D'Alema, Wim Kok, Lionel Jospin, Göran Persson und Gerhard Schröder in ihrer Rolle als Regierungschefs versammelten, um mit Präsident Clinton über den Dritten Weg zu diskutieren. Über diesen Begriff und dessen Ursprünge in dem Bemühen, einen neuen Kompromiss zwischen den Modellen der Wirtschafts-und Sozialpolitiken auf beiden Seiten des Atlantiks zu finden, gäbe es viel zu sagen. Die Entstehung des Paradigmas des *Third Way* mag in engem Zusammenhang mit dem generellen kulturellen und ideologischen Vakuum zu sehen sein, das uns das Ende der Sowjetunion hinterlassen hatte. Die Diskussion über diesen neuen Weg traf zusammen mit der Deregulierung des Finanzmarkts in den USA und der Konsolidierung der Herrschaft der Londoner City über die britische Wirtschaft. Das Ziel war im Prinzip die ideologische Legitimierung dieser Entwicklung. In diesem Sinne war die in der New Yorker Erklärung der sozialdemokratischen Führer ausdrücklich festgehaltene Reduzierung der Rolle von Regierungen – der Wandel von einem Initiativen ergreifenden Akteur der Politik zur vermittelnden und ausgleichenden Instanz – vor allem eine fein abgestimmte Antwort auf das Offenkundige: auf den Verlust des Glaubens unter amerikanischen *Democrats* und europäischen Sozialisten und Sozialdemokraten an die Möglichkeit eines größeren Transformationsprozesses. Die Übel der Gesellschaft, die Interessen spezifischer Gruppen, sollten einzeln abgehandelt werden, ohne gesamtgesellschaftlichen Projektentwurf.

Immerhin, die gemeinsame Basis von Amerikanern und Europäern hat fast die gesamte Präsidentschaft Clintons hindurch viel mehr an Dialog zugelassen als je zuvor und danach, und das natürlich vor allem dann, wenn die jeweiligen Sozialdemokraten regierten. Es kam zu einigen eigens vereinbarten Zusammenkünften, doch das Treffen von Washington fand am Rande des 50. Jahrestags der Gründung der NATO im Jahr 1949 statt. In anderen Bereichen internationaler Kontrolle, also im Internationalen Währungsfond, bei der Weltbank, aber auch bei US-Behörden, durfte die überkommene Weisheit des Markts weiter den Ton angeben – und das nicht zuletzt deshalb, weil ihr weder der demokratische Sozialismus der Europäer noch die Programmatik der amerikanischen Demokraten ernsthaft etwas entgegenzusetzen hatten. Eine Ausnahme war das Umweltproblem: In diesem Fall boten die politische Herausforderung der Grünen in Europa, vor allem in Deutschland, sowie das ökologische Bewusstsein vieler gebildeter Amerikaner einen gewissen Ansporn zu interventionistischen Maßnahmen.

Nach dem Jahr 2000 widmeten sich sowohl Amerika als auch Europa den eigenen Sorgen. Ich würde den »Krieg gegen den Terrorismus« als spezifisch amerikanische Obsession bezeichnen. Die verbliebene Supermacht hat auf selbstzerstörerische Weise reagiert und dadurch ihre Macht und ihren Einfluss konsequent ausgehöhlt. Anzeichen für eine breite öffentliche Front, die sich für eine Einschränkung des enormen Rüstungsbudgets einsetzen würde, sind ebenso wenig auszumachen wie Rufe nach einem systematischen Überdenken der Annahme der globalen politischen Vormachtstellung der USA. Sie bildet noch immer den geistigen Kern der amerikanischen Außenpolitik. Es gibt zwar zusehends Zweifel, die teils auch ausgesprochen werden – für das Militär und die politischen Eliten, die fest in der Regierung verankert sind, macht es jedoch keinen oder kaum einen Unterschied, wer unter ihnen Präsident ist. Was den Kongress und den Senat betrifft, gibt es für alle Wahlbezirke oder Staaten immer noch einen Waffenvertrag zu vergeben.

Die Öffentlichkeit von heute wird von ungewöhnlich starken zentrifugalen Kräften bestimmt. Die Wahl eines Präsidenten mit einem afrikanischen Vater wurde ursprünglich als Beweis für den Rückgang des Rassismus in den USA dargestellt, was sie zweifellos auch war. Sie hat jedoch in Teilen der Gesellschaft einen bitteren

Unmut hervorgerufen, der einem allgemeinen Gefühl der Enteignung entspringt. Die wirtschaftliche Unsicherheit hat die Orientierungslosigkeit großer Teile der Bevölkerung verstärkt, die sich nicht als einem größeren Zusammenhang zugehörig sehen können. Am tatkräftigsten wird der »große Staat« von jenen als tyrannisch und verschwenderisch angeprangert, die ihn am notwendigsten brauchen. Auf eine andere Ausbildung abzielende Einrichtungen wie ein kritischer Unterricht an Schulen und Universitäten sowie ein unabhängiger Journalismus sind zwar in ihren Enklaven erfolgreich, die Mehrheit der Amerikaner erreichen sie aber nicht. Wenn sich Durchschnittsamerikaner etwa mit der Krise in Europa beschäftigen, schreiben sie diese dem verschwenderischen Charakter des Wohlfahrtsstaats zu.

Unter diesen Umständen helfen die Kontakte zwischen fortschrittlichen Demokraten und ihren europäischen Kollegen zwar, eine offene Kommunikation aufrechtzuerhalten, bieten aber keine Grundlage für ein neues politisches Bündnis. Amerikanische Teilnehmer an Veranstaltungen wie den Sozialforen haben besondere Beziehungen zu europäischen Gruppierungen, die wie sie am Rand des politischen Systems agieren. Die *Occupy Wall Street*-Bewegung ist im Augenblick abgeflaut, und es ist unklar, welche Form ein Wiederaufleben, sofern es eines geben wird, haben könnte. Fest steht, dass das Beispiel der spanischen *Indignados* der im Mai 2011 entstandenen Bewegung *Democracia Real Ya* (Wahre Demokratie Jetzt!) nicht der vorrangige Auslöser der amerikanischen Demonstrationen war. Sie haben ihre Wurzeln in heimischen Formen des Protests.

Amerika hat einen zusehends kosmopolitischeren Präsidenten, der allerdings in Indonesien und nicht auf dem Land in Frankreich oder in einer deutschen Industriestadt zur Schule ging. Seine Texte enthalten keinerlei eindeutige Hinweise auf den Einfluss europäischer Ideen oder gesellschaftlicher Erfahrungen. Seine Politik ist die eines (angeschlagenen) amerikanischen Technokraten, sein Bezugsrahmen der des amerikanischen politischen Systems und dessen Grenzen. Auch wenn die *Harvard Law School* tatsächlich der französischen *École Nationale d'Administration* entspricht, ist der Unterschied zwischen angloamerikanischem *Common Law* und kontinentalem *Civil Law* ausschlaggebend.

Im Handeln des Präsidenten zeigen sich keinerlei Spuren der von Blair und Clinton entworfenen Politik einer gemeinsamen Ausrichtung von *Labour Party* und Demokratischer Partei. Einige in Umwelt- und Wissenschaftsbehörden sowie im Arbeitsministerium tätige Regierungsbeamte schenken europäischen Vorstellungen und Strategien Beachtung. Die meisten tun das aber nicht. Der Präsident hat die Europäer aufgefordert, mehr Wert auf die Ausgabenseite zu legen, um die Wirtschaft anzukurbeln, und weniger auf budgetäre Zurückhaltung zu setzen. Viele Demokraten wären ihm dankbar, wenn er sich in den Diskussionen innerhalb der Partei zu diesen Themen entschlossener und direkter äußern würde. Im *Center for American Progress (CAP)*, einem wichtigen intellektuellen Bollwerk der Demokraten, empfängt der britische Labour-Programmdenker Matt Brown einen ständigen Strom von Besuchern. Auch in dem Büro, das die Friedrich-Ebert-Stiftung in Washington unterhält, ist immer etwas los. Auch die deutschen Grünen haben mit Hilfe der Heinrich-Böll-Stiftung eine gemeinsamen progressiven Kommunikationsebene entwickelt, auf der Gruppen der Zivilgesellschaften auf beiden Seiten des Atlantik zusammen kommen. Die Wirkung dieser Aktivitäten mag sich vielleicht in der Zukunft einstellen, im Augenblick ist sie nicht sehr groß.

Die Europäer müssen sich diese etwas unbefriedigende Situation größtenteils selbst zuschreiben. Für die Debatten in Europa, die einst für die moderne Politik insgesamt von zentraler Bedeutung waren, interessiert sich heute in Amerika allenfalls ein akademisches Publikum – und eine Handvoll für die Regierung tätiger Forscher, die sich fragen, ob sie, was ihre Karriere betrifft, nicht mit

Arabisch oder Chinesisch besser dran wären als mit Französisch und Deutsch. Die Gewerkschaften pflegen ihre transatlantischen Verbindungen, worum sich auch eine schwindende Zahl von Intellektuellen bemüht. In der amerikanischen Politik sind die Europäer jedenfalls weit weniger präsent als 1898, 1932, 1945, 1968 oder sogar 1998. Eine amerikanische Renaissance des eigenen fortschrittlichen Erbes steht aus. Auf beiden Seiten des Atlantiks wird es viel programmatische Arbeit brauchen, um die entstandenen Lücken an gemeinsamen Ideen und an Überzeugungskraft zu schließen. Bis dahin wird Europa weit mehr als einen Nachtflug entfernt bleiben.

Der Autor dankt Sidney Blumenthal, dem Berater Präsident Clintons in den Diskussionen um den Dritten Weg, für ein aufschlussreiches Gespräch.

LITERATUR

Norman Birnbaum: »American Progressivism and the Obama Presidency«, in: *The Political Quarterly*, Band 81, Nummer 4 (Oktober–Dezember 2010).
Norman Birnbaum: »Nach dem Fortschritt«, 2003.
Sidney Blumenthal: »*The Clinton Wars*«, 2003.
E. J. Dionne: »*Our Divided Political Heart*«, 2012.
Jacob Hacker und Paul Pierson: »*Winner Take All Politics*«, 2010.
Michael Kazin: »*American Dreamers*«, 2011.
James Kloppenberg: »*Uncertain Victory*«, 1986.
James Kloppenberg: »*Reading Obama*«, 2003.
Daniel Rodgers: »*Atlantic Crossings*«, 2003.
Daniel Rodgers: »*Age of Fractures*«, 2011.

NORMAN BIRNBAUM, geboren 1926, ist emeritierter Professor an der Georgetown University in Washington, D.C., Sozialwissenschaftler und Publizist, Berater amerikanischer und deutscher Politiker.

NACHBEMERKUNG

Karl A. Duffek

Zeiten ökonomischer Krise waren für die Sozialdemokratie meist wenig erquicklich. Gerechte (Um-)Verteilung setzt das Vorhandensein entsprechender Ressourcen vielleicht nicht voraus, gestaltet sich aber unter wachsender Prosperität wesentlich einfacher. Wenn sich der politische Spielraum wie heute verengt, so bleibt oft bloß, die Verteilung der Lasten zu verwalten. Das ist eine schwierige, undankbare, gleichwohl notwendige, vielleicht gar die politisch wichtigere, da für das politische Gefüge folgenreichere Aufgabe. Zumal die Sozialdemokratie im Kern die einzige politische Strömung ist, die das Gesamte der Gesellschaft im Blick hat, und nicht die Interessen einzelner Gruppen gegen andere in Stellung bringt.

Das Schmähen der politischen ›Mitte‹ als einem dem politischen Marketing geschuldeten Kampfbegriff verkennt, dass es nicht um eine Praxis geht, die es vermeintlich jedem und jeder recht macht, oder um die taktische Definition einer Zielgruppe, die an der Diversität der modernen Gesellschaft aus Hilflosigkeit vorbeisieht. Die Schimäre einer konfliktbereinigten Gesellschaft, in der alle an einem Strang ziehen, gern von rechter Seite ins Spiel gebracht, taugt nicht.

Unsere Gesellschaften sind bei weitem nicht frei von Auseinandersetzungen und Widersprüchen. Wer, wie die Rechtspopulisten, den Traum des Homogenen träumt, der irrt. Keine Ausländer, keine kritischen Intellektuellen, keine politisch Andersdenkenden, keine vom Mainstream abweichenden Lebensentwürfe, die Idealisierung einer ›guten alten Zeit‹, die es freilich nie gab – all dies brächte Eintracht hervor?

Das ist Unfug. Positionen, die sich Homogenität dergestalt herbeiphantasieren, sind vielmehr der Beweis dafür, dass die Einheit der einen ›guten Gesellschaft‹ mit eindeutigen Normen, Werten und statischer Verortung des Einzelnen unwiederbringlich verloren ist. Die Sozialdemokratie tut gut daran, dies zu erkennen. Politik der linken Mitte heißt, Konflikte einer Gesellschaft aufzugreifen, sie zivilisiert und öffentlich auszutragen und Vorschläge für tragfähige Kompromisse zwischen verschiedenen Gruppen mit berechtigten Ansprüchen zu entwickeln.

Frank-Walter Steinmeier warnt in diesem Band zu Recht davor, sich bloß jenen Kompetenzfeldern zu widmen, die der Sozialdemokratie traditionell zugerechnet werden. Zudem: Was sind denn beispielsweise heute *die* Arbeitnehmerinteressen, auf die im Zuge einer Art Rückbesinnung auf das vermeintlich goldene Zeitalter der Sozialdemokratie gerne rekurriert wird? Es gibt auch sie in geschlossener, einheitlicher Form nicht mehr.

Bloß, und hier ist wieder Steinmeier zuzustimmen, es ist die Aufgabe einer Partei der linken Mitte, solche Differenzierungen zu bearbeiten, und damit die wesentliche Stabilisierungsaufgabe einer »Volkspartei«, die sie in der Nachkriegszeit ausgezeichnet hat, fortzuführen. Sonst zersplittert das politische System eben in reine Interessensparteien. Die Konservativen sind nicht selten am Weg dorthin.

Diese Funktionsbeschreibung klingt zurückhaltend, sie ist es auch. Die Lust an großen Erzählungen oder Geschichten, laut denen Gesellschaften von politischen Eliten gesteuert werden können, war und ist im Mitte-Links-Spektrum immer groß. Solches Denken ist freilich überholt. Einerseits geriet die Idee einer politischen Position, die weiß, was für alle gut ist, aus historischen Gründen unter den berechtigten Verdacht, nicht mit der Demokratie kompatibel zu sein. Andererseits erweist sich tagtäglich, wie naive Steuerungswünsche der Politik qua Eigendynamik und Komplexität ins Leere laufen. Die Eurokrise ist hierfür nur ein Beispiel.

Wenn aber nun einfache Antworten und Steuerungsansprüche versagen, so bleibt nur die wenig romantische Auseinandersetzung mit der Realität der globalisierten und komplexen Weltgesellschaft. Eine unschätzbare Stärke der Sozialdemokratie liegt hierbei gerade darin, dass sie zum einen weiß, dass es unterschiedliche Interessen und Konfliktlagen in einer Gesellschaft gibt und dass sie zum anderen in besonderem Maße darauf zielt, in diesem Geflecht Ungerechtigkeiten zu beseitigen und ihr Verständnis von Interessen und Konflikten so offenzuhalten, dass sie auf Veränderungen in der konkreten Praxis reagieren kann.

Peer Steinbrück ist, wie er sagt, Visionen gegenüber sehr zurückhaltend. Gleichwohl entwickelt er im besten Sinne eine der Verbindung unterschiedlicher Pole und Positionen – ob im ökonomischen, im sozialen Kontext oder auch in Fragen der Möglichkeiten und Grenzen individueller Lebensführung.

Der Sozialdemokratie ist eben klar, dass es, so wir nicht die Weltrevolution in Kürze erwarten, wohl nur auf dem Wege des möglichst herrschaftsfreien Dialogs erreichbar ist, sich auf gemeinsame Lösungen zu verständigen und dabei sozialdemokratische Vorstellungen umzusetzen.

Denn hier wird nicht für ein bloß passives Moderieren im politischen Prozess argumentiert. Erst wenn die Sozialdemokratie weiß, was sie will, erst unter der Voraussetzung, dass sie in gesellschaftliche Innovationsprozesse eingeklinkt ist, sich in Bündnissen mit Dritten austauscht und, vor allem, die Differenziertheit der eigenen Klientel wahrnimmt, ist sie fähig, in diesen Diskurs einzusteigen.

Insofern ist es kein Zufall, dass de facto alle Diskutanten und Diskutantinnen der Sozialdemokratie das empathische Zuhören, oder gar Mitfühlen empfehlen. Gerade aus dem Mund eines sachlich trockenen Politikers wie Pär Nuder gewinnt diese Forderung besonderes Gewicht.

Es gibt ausreichend schlechte Beispiele für das Verfehlen von Realität: Der Katzenjammer darüber etwa, dass die Unterstützung für die Sozialdemokratie angesichts der Finanz- und Wirtschaftskrise nicht sprunghaft ansteigt, ist schlicht deshalb unberechtigt, weil weite Teile der linken Mitte selbst mit die Voraussetzungen dafür geschaffen haben, dass liberalisierte Finanzmärkte außer Kontrolle geraten sind. Das weiß auch die potentiell sozialdemokratische Klientel.

Hinzu kommt eine Politik(er)verdrossenheit, die neue Dimensionen erreicht. In Italien haben lediglich vier (!) Prozent der Bevölkerung noch Vertrauen in die Politik. Solcher Vertrauensverlust hat handfeste Gründe. Wenn ein Ministerpräsident versucht, die Gesetzeslage so zu verändern, dass seine Malversationen nicht gerichtlich verfolgt werden können, handelt es sich, zugegeben, um ein sehr krasses Beispiel.

Wenn aber die Politik, wie gerade während der gegenwärtigen Krise, wider besseres Wissen den Bürgerinnen und Bürgern keinen reinen Wein einschenkt – auch dies in mehreren Gesprächen thematisiert, unter anderem von Daniel Cohn-Bendit –, dann sollte die Verwunderung über das herrschende Misstrauen in Grenzen bleiben.

Dass unter solchen Voraussetzungen demokratische Grundfeste ins Wanken geraten, kann nicht überraschen. Expertenkabinette in Griechenland und Italien mit äußerst schwacher Legitimation, die Aushebelung von Grundrechten in Ungarn – solche Warnzeichen dürfen nicht ignoriert werden, auch deshalb, weil sie in unmittelbarem Zusammenhang mit den europäischen Krisenphänomenen stehen. Hier mögen vor allem die Parteien der rechten Mitte gefordert sein, ihr Verständnis von Demokratie zu schärfen, man sollte ihnen die Verantwortung aber nicht allein überlassen.

Freilich, die Sozialdemokratie kann auch berechtigt auf Erfolge verweisen. Die Weiterentwicklung des Sozialstaats etwa in Richtung eines stärker ermächtigenden und vorsorgenden Systems ist ihr, und nur ihr zu verdanken.

Wenn beispielsweise, vor allem bei Jutta Allmendinger, ein besonderer Akzent auf Bildungspolitik gesetzt wird, dann spiegelt sich dies durchaus in der politischen Wirklichkeit. Selbst in Österreich sehen sich die über Jahrzehnte verbissenen Ideologen der Rechten genötigt, objektive Erkenntnisse zu Fragen der vorschulischen Bildung, der ganztägigen Schulorganisation und weniger Selektion anzuerkennen. Dies umso mehr in der von Brigitte Ederer beschriebenen Situation, in der die Abwendung von der Politik, der oft ungerichtete Protest sowie die Perspektivlosigkeit der jungen Generation zunehmen.

Durchwachsener mag die Bilanz in Fragen der Integration wirken. Job Cohen zeigt aber, wie es in einer hoch irritierten Gesellschaft wie der holländischen, die angesichts eruptierender Gewalt versucht war, ihre liberale Tradition gänzlich über Bord zu werfen, den Blick aufs Reale zu schärfen und gleichzeitig humane Politik zu betreiben.

Dennoch: Solange die europäische Sozialdemokratie nicht in der Lage ist, eine vielleicht nicht große, aber immerhin kohärente »Geschichte« – im Sinne Henrik Enderleins oder Hannes Swobodas – anzubieten, die sich zunächst von der Krise einen Begriff macht, anschließend einen Weg aus dieser Krise weist, und diesen sodann im europäischen Verbund gemeinsam vertritt, solange kann sie allenfalls vom Versagen der politischen Kontrahenten profitieren. Das wäre nicht genug. Die Sozialdemokratie muss im Dialog definieren, welche Gesellschaft aus ihrer Sicht wünschenswert wäre. Diese Verantwortung kann ihr nicht abgenommen werden.